D1725275

Josef Freise/Eckehardt Fricke (Hg.)

Die Wahrheit
einer Absicht ist die Tat

Friedensfachdienste
für den Süden und den Norden

Reflexionen anläßlich des vierzigjährigen Bestehens
des Internationalen Christlichen Friedensdienstes Eirene

Die Deutsche Bibliothek – CIP-Einheitsaufnahme

Probleme des Friedens : politische Schriftenreihe / Hrsg.: Pax
Christi, Deutsches Sekretariat. – Idstein : Komzi-Verl.-GmbH.
Früher verl. vom Dt. Sekretariat der Pax-Christi-Bewegung, Frankfurt a.M. –
Von 1984 bis 1992 Schriftenreihe. Teilw. mit Nebent.:
Schriftenreihe Probleme des Friedens
ISSN 0939-7531
1997,2. Die Wahrheit einer Absicht ist die Tat – 1. Aufl. – 1997

Die **Wahrheit einer Absicht ist die Tat** : Friedensfachdienste
für den Norden und den Süden / [Mithrsg.: Forum ZFD.
Hrsg.: Josef Freise ; Eckehard Fricke]. – 1. Aufl. – Idstein:
Komzi-Verl.-GmbH, 1997
(Probleme des Friedens ; 1997,2)
ISBN 3-929522-39-X

Für Annik und Paul Genter

*»Die Wahrheit einer Absicht ist die Tat.« Dieser Satz kennzeichnet eine
Lebensmaxime von Annik und Paul Genter, denen der Internationale
Christliche Friedensdienst ›Eirene‹ dieses Buch als Dank für ihren
unermüdlichen und glaubwürdigen Einsatz widmet*

Impressum

Herausgeber:
Josef Freise, Eckehard Fricke (Eirene, Internationaler Christlicher Friedensdienst e. V.)

Mitherausgeber:
forum ZFD, Postfach 23 04, 32380 Minden

Druck:
Elektra GmbH, 65527 Niedernhausen

Buchbinderei:
Diehl & Co GmbH, 65199 Wiesbaden

Verlag:
KOMZI Verlags GmbH, Magdeburgstraße 11, 65510 Idstein,
Tel.: 0 61 26/36 03, Fax: 0 61 26/33 50

1. Auflage: Mai 1997

Abonnement:
›Probleme des Friedens‹ erscheint viermal jährlich.
Das Jahresabonnement kostet DM 50,– (einschließlich Versandkosten).
Einzelpreis dieser Ausgabe: 19,80 DM, ab 5 Exemplaren Rabatt.

Bestelladressen:
Für Abo und Einzelhefte: KOMZI Verlags GmbH, Magdeburgstraße 11, 65510 Idstein
Für Einzelhefte: Eirene, Engerser Straße 74b, 56564 Neuwied,
forum ZFD, Postfach 23 04, 32380 Minden,
Pax Christi – Deutsches Sekretariat, Postfach 13 45, 61103 Bad Vilbel
oder über den Buchhandel

ISBN: 3-929522-38-1

– Gedruckt auf 100% Recyclingpapier aus Haushaltssammlungen –

Inhalt

7

Zum Geleit

Zukunft als Frucht der Erfahrung

Eirene beschloß, zur Feier seines 40-jährigen Bestehens den Blick nicht in die Vergangenheit, sondern auf die Zukunft, auf jene Herausforderungen zu richten, die in der neuen Weltsituation auf die Entwicklungs- und Friedensarbeit zukommen. In dieser Perspektive ist in diesem Buch eine Vielfalt von Analysen, Arbeitsmodellen und Erlebnisberichten zusammengetragen. In Übereinstimmung machen sie eines deutlich: Die Notwendigkeit eines untrennbaren Zusammenwirkens von Entwicklungsarbeit und Friedensdiensten. Diese Notwendigkeit ist gegeben, um Gesellschaftsstrukturen und Sozialsysteme entfalten zu helfen, die Leben in Würde und Mitverantwortung für alle – vor allem jedoch für die Schwachen – mit demokratischen Spielregeln und gerechter Verteilung sicherstellen.

Richtet Eirene den Blick auf die Zukunft, so darf jedoch nicht vergessen werden, daß die Einsicht in diese Zusammenhänge Frucht der Erfahrung seiner langen Geschichte ist. Die Akzente der Arbeit lagen in den verschiedenen Phasen unterschiedlich bei Friedensdiensten bzw. Entwicklungsarbeit. Aufgrund seiner Praxiserfahrung erkennt Eirene, daß gewaltfreie Konfliktlösung und Ringen um Gerechtigkeit stets begleitet sein müssen von Initiativen, die die alternative Gesellschaft entfalten helfen, wie etwa Versöhnungsarbeit, Einübung in demokratischem Verhalten, selbstverantwortete wirtschaftliche Entwicklung, die auf die echten Bedürfnisse der Bevölkerung ausgerichtet ist. Auch die Nord-Süd-Problematik ist mit einbezogen. Eirene leistet mit dieser umfassenden Perspektive eine Pionierarbeit, die zweifellos auch für andere Organisationen beispielgebend sein wird. Im Grunde wurde sie uns ja bereits vor einem halben Jahrhundert von Gandhi gelehrt. Er begleitete den Kampf um die Unabhängigkeit mit einem, alle Gesellschaftsbereiche einschließenden konstruktiven Programm wie z. B. Shanti Sena, Landreform, Basis-Erziehung, demokratische Verantwortung in den Dörfern, auf die Bedürfnisse der Bevölkerung ausgerichtete Eigenproduktion usf.

Den Herausgebern ist es gelungen, in den Beiträgen zur Situationsanalyse, zu Konfliktbearbeitung und Versöhnung, wie in der Darstellung der Voraussetzungen für einen effizienten Friedensfachdienst und durch die praktischen Beispiele die großen und so dringlichen Herausforderungen deutlich zu machen, die sich den Kirchen und der Zivilgesellschaft wie auch den Regierungen des Nordens und des Südens heute stellen. Eirene weist konkrete Schritte, um Gewalt, Ausbeutung und Verelendung mit friedlichen Mitteln entgegenzutreten, sie einzudämmen, ja, zu überwinden.

In diesem Zusammenhang scheint es mir unabdingbar, daß die christlichen Kirchen über das in dem Sammelband aufgezeigte Engagement der Friedenskirchen hinaus endlich ihre im Evangelium verwurzelte Verpflichtung zum Dienst am Frieden in der Welt mit Entschiedenheit auf sich nehmen. Angesichts der wachsenden Gewalt im Süden wie im Norden müßten sie, um ihre Sendung nicht zu verraten, zu Pfeilern und Trägern der friedensschaffenden Kräfte werden. Ja, im Hinblick auf die Globalisierung, auf die immer engere Verknüpfung des Geschickes der Menschheit, ist die im Beitrag aus Niger dargestellte Erfahrung der Zusammenarbeit mit Muslimen von besonderer Bedeutung. Sie muß künftig ausgeweitet werden auf ein Zusammenwirken der ethischen Kräfte aller Weltreligionen, um der Haltung der Gewaltfreiheit immer stärker zum Durchbruch zu verhelfen. Möge das Beispiel von Eirene auch in diesem Sinne starke Impulse geben!

Ich möchte jedoch auch einige Fragen aufwerfen, die mir bei der Lektüre, vor allem des Praxisteiles, neu bewußt wurden, und deren Bedeutung in Zukunft voraussichtlich zunehmen werden. Sie betreffen die Beziehung zwischen uns Leuten des Nordens und den Menschen der südlichen Hemisphäre, in deren Gebieten wir Dienste leisten.

Auswahl und Ausbildung der MitarbeiterInnen von Eirene sind, wie dargestellt, zweifellos erprobt und den Erfordernissen entsprechend. Dennoch bleiben in der Praxis Fragen offen: Nicht alle NGOs arbeiten mit Einfühlungsvermögen; Geld aus dem Norden spielt oft eine negative Rolle, die Selbstverantwortung be- oder gar verhindern kann.

Unter den Menschen des Südens verschärft das wachsende Bewußtsein der eigenen Identität, ethnischer, religiöser oder politischer Zugehörigkeit nicht selten eine Distanzierung gegenüber den von außen kommenden Helfern. So lehnen etwa in Schwarzafrika zahlreiche junge Menschen der zweiten Generation seit der Entkolonialisierung nicht nur die Diktatur ab. Sie suchen ihre Vorbilder nicht mehr in Europa oder den USA, sondern trachten vielmehr danach, den technischen Fortschritt des Nordens einzubinden in ihre Kultur, in ihre eigenen Traditionen, Werte und Handlungsweisen. In dieser Situation wird es nur Europäern, die langfristige Dienste leisten, gelingen, Vertrauen aufzubauen und Wesentliches von der einheimischen Kultur und vor allem von deren friedensschaffenden Impulsen zu erkennen. Denn auf diese Werte müssen die notwendigen Initiativen zu Befreiung, Konfliktlösung wie zu Versöhnungsprozessen aufbauen. Bescheidenheit und geduldiges Lernen sind daher Voraussetzungen für uns Europäer, die wir mit dem Schatten der Kolonialherrschaft belastet sind. Unsere Bereitschaft, für die Vergehen unserer Vorfahren einzustehen, ist gefordert. Deshalb scheint mir ein wichtiger Hinweis der Praxisbeiträge dieses Bandes zu sein, daß künftige Friedens- und Entwicklungsarbeit im Süden mehr denn je auch Versöhnungsarbeit zwischen Süd und Nord einschließen muß.

Damit zusammen hängt die Einsicht, die in diesem Buch deutlich wird, daß Friedens- und Entwicklungsarbeit, die den Süden betrifft, eines gleichermaßen intensiven und beharrlichen Einsatzes im Norden bedarf, um wesentliche Ursachen der dramatischen Situation an einer ihrer Hauptwurzeln zu überwinden. So z. B. den Waffenhandel, die Mechanismen, die der Verschuldung zugrunde liegen oder die neo-liberale Wirtschaftspolitik von IWF und WTO usf.

Den Herausgebern sei dafür gedankt, daß sie uns einen so umfassenden und lehrreichen Einblick in friedensschaffende Wirkmöglichkeiten der Gegenwart und Zukunft vermitteln. Das Buch wird Friedens- und Entwicklungsfachkräften wertvolle Hilfe für ihre Orientierung sein. Doch darüber hinaus ist es ein ermutigender Beweis dafür, daß Eirene es vermag, prophetisches Wirken für Frieden und Gerechtigkeit in wirksamen, mit Fachkenntnis ausgestatteten Strukturen umzusetzen. Daß auch in Zukunft in diesen neuen Strukturen die Kraft der Wahrheit und der Geist der sich hinschenkenden Liebe, die die Haltung der Gewaltfreiheit kennzeichnen, lebendig bleiben mögen, das ist mein Wunsch für Eirene.

Hildegard Goss-Mayr
Ehrenpräsidentin des Internationalen Versöhnungsbundes

Das persönliche Friedenszeugnis bleibt unverzichtbar

Als sich am 18. Februar 1957 der damalige Generalsekretär des Ökumenischen Rates der Kirchen, Visser't Hooft, an das in Genf tagende Komitee der Historischen Friedenskirchen und des Internationalen Versöhnungsbundes mit der Bitte wandte, die Möglichkeiten für einen ›Dienst der Versöhnung zwischen den Völkern‹ auszuloten, da konnte noch keiner der Beteiligten vorhersehen, daß daraus eine Organisation entstehen würde, die in diesem Jahr auf vierzig Jahre ihres Bestehens zurückblicken kann. Eirene entstand als ein internationaler christlicher Friedensdienst aus dem Geist der Liebe, ohne politische und militärische Motive. Es waren massive Konfliktpotentiale, besonders im nördlichen Afrika, die eine Entwicklung von Formen gewaltfreien Handelns immer dringlicher machten. Eirene war eine der ersten nichtstaatlichen Organisationen, die sich dieser Aufgabe widmete.

Die Anfänge liegen weit zurück, und sie waren sehr bescheiden. Die Aktivitäten von Eirene haben jedoch inzwischen ein breites Spektrum angenommen, das nicht zuletzt in dem vorliegenden Jubiläumsbuch seine Würdigung erfahren soll.

Zu den unaufgebbaren Grundlagen der Arbeit von Eirene gehörte stets, daß sich wirksames Friedensengagement nicht in verbalen Appellen erschöpfen darf. Tatkräftige Hilfe bei der Konfliktbewältigung ist getragen von dem Impuls, daß die Humanisierung der gesellschaftlichen Verhältnisse überall dort, wo sie durch Friedlosigkeit geprägt sind, nur gelingen kann mittels eines unvertretbaren persönlichen Friedenszeugnisses. Eirene hat mit der kontinuierlichen Entwicklung ihrer Aktivitäten entschieden dazu beigetragen, daß die Option für den zukunftsweisenden Weg einer zivilgesellschaftlichen Beteiligung an Entfeindungs- und Versöhnungsarbeit in Konfliktregionen weiter entwickelt werden konnte.

Diese Option gewinnt unter den Bedingungen der Gegenwart eine hohe Priorität. Die begründete Hoffnung, das Ende des Ost-West-Konflikts würde für die Gesellschaften des Ostens nicht nur einen Zugewinn an Freiheit, sondern auch eine Verminderung der friedensbedrohenden Konfliktpotentiale bedeuten, hat sich bisher leider nicht erfüllt. Der Krieg im ehemaligem Jugoslawien gehört zu den tragischsten Zeichen eines Erosionsprozesses, der in Europa erst nach 1989 offenkundig geworden ist. Mit ihm rückt die Frage nach einem zivilen Beitrag zum Frieden auf neue Weise ins Zentrum.

Für die zivile Konfliktbearbeitung bedeutete diese Entwicklung eine neue Herausforderung. So ist es nur konsequent, daß nicht zuletzt von Eirene selbst die Diskussion über neue Möglichkeiten für fachlich qualifizierte Friedenseinsätze vorangetrieben wird. Besonders hervorzuheben ist die Beteiligung an dem Forum ›Ziviler Friedensdienst e.V.‹. Dieses verfolgt laut Satzung das Ziel: »Fortentwicklung und Verwirklichung der Idee eines zivilen Friedensdienstes als staatlich geförderter Dienst von ausgebildeten weiblichen und männlichen Fachkräften in pluraler gesellschaftlicher Trägerschaft«. Das ›Forum Ziviler Friedensdienst e.V.‹ will also ein Instrument zivilgesellschaftlichen Handelns in nationalen und internationalen Konflikten zur Verfügung stellen. Ein erstes Ausbildungsprojekt für gewaltfreie Konfliktbearbeitung wird im Jahr 1997 erstmalig mit 400.000 DM von der Landesregierung Nordrhein-Westfalen gefördert. Die Aufgabe des zivilen Friedensdienstes soll sein, mittels ausgebildeter Fachkräfte gewaltvermeidend und -vermindernd auf Konflikte im In- und Ausland einzuwirken.

Die vorliegende Veröffentlichung ist nicht zuletzt als ein Beitrag zu verstehen für eine vertiefende Auseinandersetzung mit den Konzepten des zivilen Friedensdienstes und anderer Friedensfachdienste. Bestimmend ist die Überzeugung, daß wir in Deutschland mehr tun können, als Soldaten in Konfliktgebiete zu schicken. Gemeinsam ist den Autoren die Einsicht: Die militärische Begleitung von Friedensprozessen genügt nicht. Entscheidend ist die Arbeit am Wiederaufbau, ist Vertrauensbildung, ist Versöhnung.

Ich denke voller Respekt und Dankbarkeit an den Dienst von Eirene in den vergangenen vier Jahrzehnten. Dieser Dienst bleibt auf dem Weg zu neuen Formen des zivilen Friedensdienstes auch weiter nötig.

Bischof Wolfgang Huber

Im Geiste der christlichen Versöhnungsbotschaft

Der 40. Geburtstag des Internationalen Christlichen Friedensdienstes Eirene ist ein willkommener Anlaß, über die geradezu unerschöpfliche Ökonomie der Versöhnung nachzudenken, die Menschen zu unterschiedlichen Zeiten und bei ganz unterschiedlichen Anlässen zu den jeweils fälligen und politisch hochaktuellen Zeugnissen der Versöhnung inspiriert Als 1957 der damalige Generalsekretär des Ökumenischen Rates der Kirchen, Visser't Hooft in Genf einen ›Dienst der Versöhnung zwischen den Völkern‹ vorschlug, war das der Beginn eines ganz spezifischen Versöhnungs-Weges in die von Krieg und Gewalt geprägten Auseinandersetzungen des Algerienkrieges. Aus der Perspektive der heute vierzigjährigen Geschichte von Eirene läßt sich rückblickend sagen: Es war ein prophetischer Impuls. Viele Friedens- und Versöhnungswege der jüngeren Geschichte beginnen in der vorausschauenden Phantasie und Widerständigkeit von Menschen, die sich mit den unerträglichen Zuständen von Haß, Feindschaft und Krieg nicht abfinden und aus der christlichen Versöhnungsbotschaft den entscheidenden Impuls zur Veränderung gewinnen: Veränderung der Herzen, des Denkens, aber eben auch der Verhältnisse und Strukturen.

So ist es für mich als Präsident der deutschen Sektion von Pax Christi ein aus tiefer Überzeugung kommendes Anliegen, Eirene für die Versöhnungswege in den vergangenen vierzig Jahren zu danken und ihr zugleich die besten Wünsche für künftige Schritte und Entwicklungen auf ihrem Weg zu überbringen. In guter Nachbarschaft und geschwisterlicher Verbundenheit darf ich sagen: Pax Christi ist eine ältere Schwester von Eirene, die andere Wege gegangen ist – das ist unter Geschwistern ganz normal –, die aber in ihrer familiären Herkunft unverkennbar die gleichen Eigenheiten zeigt. Denn auch die Geschichte von Pax Christi ist eine Geschichte gelebter Versöhnung. Ohne die große Versöhnungsgeste französischer Christinnen und Christen gegenüber ihren deutschen Nachbarn am Ende von Nazi-Diktatur und Zweitem Weltkrieg wäre Pax Christi heute nicht eine weltweite ökumenische Friedensbewegung. Und neidlos erkennen wir an, daß Eirene auf ihrem Weg Konzepte und Strukturen einer qualifizierten Entwicklungsdienst- und Friedensdienst-Arbeit entwickelt hat, von der unsere eigenen Schritte und

Bemühungen, Friedensdienste angesichts heutiger Herausforderungen zu praktizieren und zu profilieren, viel Nützliches und Wertvolles lernen können.

Entstanden zu ganz verschiedenen Zeiten und aus unterschiedlichen Anlässen, sind Pax Christi, Aktion Sühnezeichen/Friedensdienste und Eirene Kinder einunddesselben Gedankens: daß Gerechtigkeit und Frieden ganz wesentlich aus der Bereitschaft zur Verständigung und Versöhnung leben. Das macht den 40. Geburtstag von Eirene zu einer großen ökumenischen Familienfeier. Es ist dabei gar nicht entscheidend, wie viele Akteure auf diesem Fest heute katholisch oder evangelisch sind. Entscheidend ist vielmehr, daß das Friedenszeugnis von Eirene selber ein Ergebnis versöhnter Verschiedenheit ist und von daher seine Glaubwürdigkeit und Ausstrahlung bezieht.

Ich wünsche Eirene und allen christlichen Friedensinitiativen, daß sie erfinderisch und veränderungsbereit genug bleiben, um aus der unerschöpflichen Ökonomie der Versöhnung das jeweils Notwendige, Zeitgemäße und Mögliche zu erkennen – und es dann auch zu tun.

Bischof Hermann Josef Spital
Präsident der Deutschen Sektion von Pax Christi

Vorwort

Nach dem Zusammenbruch der bipolaren Weltordnung sind zunehmend vordergründig ethnisch geprägte Gewaltkonflikte und Kriege in den Blick der Weltöffentlichkeit gekommen, insbesondere in Afrika, den Ländern der ehemaligen Sowjetunion und in Ex-Jugoslawien. Der Ruf nach militärischer Intervention durch UNO und NATO ertönte nicht nur von denen, die nach dem Wegfall des kommunistischen Feindbildes eine willkommene Gelegenheit sahen, dem Militär eine neue Rolle und Identität zu geben, sondern auch von friedensbewegten Menschen, die nur im militärischen Eingreifen eine Chance zur Beendigung von Massakern sahen. Diese Debatte führte zu heißen Auseinandersetzungen und Zerreißproben in Organisationen, die sich der Herstellung und Erhaltung des Friedens verschrieben haben.

Hier soll nicht diskutiert werden, ob bzw. wann der Einsatz internationaler Militär- oder Polizeikräfte sinnvoll und nötig ist. Unabhängig von diesem Problem stellt sich die Frage nach zivilen Konfliktregelungsmöglichkeiten immer dringlicher. Es ist inzwischen weitgehend Konsens, daß der Einsatz militärischer Mittel vielleicht einen Waffenstillstand, nicht aber friedliche Verhältnisse erzwingen kann. Welche positiven Einwirkungsmöglichkeiten haben internationale Nichtregierungsorganisationen auf gewaltsam ausgetragene Konflikte? In Deutschland haben die Ev. Kirche in Berlin-Brandenburg und der ›Bund für Soziale Verteidigung‹ die Initiative ergriffen und die Einrichtung eines Zivilen Friedensdienstes gefordert. In Abgrenzung zu anderen Formen des Friedensdienstes wurde als weiteres Stichwort die Verwirklichung eines Friedens*fach*dienstes angeregt. Die Arbeitsgruppe der Evangelischen Kirche in Deutschland zur ›Zukunft der christlichen Friedensdienste‹ beschreibt Friedensfachdienste als »die fachlich qualifizierte aktive Mitwirkung in einem Prozeß ziviler Konfliktbearbeitung im Zusammenhang mit einem bestimmten Konflikt«. Die Deutsche Ökumenische Versammlung in Erfurt vom 13. bis 16. Juni 1996 hat dazu in einer Arbeitsgruppe gefordert: »In Ergänzung der bestehenden Friedensdienste zum sozialen Lernen in der lokalen und regionalen Friedensarbeit und zu Friedenserziehung sind zusätzlich längerfristige Friedensfachdienste zur zivilen Konfliktbearbeitung einzurichten. Die neuen Friedensfachdienste sollen dafür eigens qualifizierte Männer und Frauen zur zivilen Konfliktbearbeitung im In- und Ausland zur Verfügung stellen. Aufgaben wären im wesentlichen Konfliktprävention, -beobachtung, -vermittlung und -nachsorge.«

Der Internationale Christliche Friedensdienst Eirene hat diese Anfrage aufgegriffen, führt sie doch das Grundanliegen unserer Organisation weiter! Das vierzigjährige Bestehen von Eirene, das wir 1997 feiern, kann bei einem Friedensdienst nicht Anlaß für selbstzufriedene Rückschau sein, sondern soll Gelegenheit geben, nach neuen qualifizierten Friedenswegen zu suchen. Als Entwicklungsdienst hat Eirene Erfahrungen mit fachlich qualifizierten Einsätzen; als Friedensdienst engagiert sich Eirene gerade in Konfliktgebieten wie Nordirland und Bosnien und bleibt auch in der Entwicklungszusammenarbeit dann vor Ort präsent, wenn – wie im Niger in der Region Agadez – andere Entwicklungsorganisationen sich zurückziehen, weil gewaltsame Konfliktaustragung die Durchführung von Entwicklungsarbeit erschwert.

Wir haben den Friedensfachdienst zum Thema dieses Buches gemacht, um damit die Diskussion über fachlich qualifizierte Friedenseinsätze voranzubringen. Dazu wurden konzeptionelle wie auch erfahrungsbezogene Beiträge zusammengetragen.

Jochen Hippler steckt ideologiekritisch den Rahmen ab: Wurden Konflikte und Kriege bis 1989 aufgrund des Ost-West-Gegensatzes als Stellvertreterkriege der Supermächte interpretiert, so stellt heute das ethnische Muster zur Erklärung kriegerischer Auseinandersetzungen ein nicht weniger ideologisches und oft ebenso unzutreffendes Konstrukt dar. Den Gewaltausbrüchen liegt in der Regel die Verschärfung des Gegensatzes zwischen Armen und Reichen in den jeweiligen Gesellschaften zugrunde, und internationale Friedensorganisationen tun nach Auffassung Hipplers gut daran, präventive Arbeit zu leisten und die internationale Wirtschaftsordnung einzubeziehen. Hipplers Analyse kann vor einem naiven Glauben bewahren, der Einsatz von Friedensfachkräften sei der Schlüssel zur Schaffung des Weltfriedens, so wie man in den sechziger Jahren fälschlicherweise glaubte, die Entwicklungshilfe sei der Schlüssel für die Überwindung der Unterentwicklung. Tilman Evers sieht Friedensfachdienste als eine Form internationaler Sozialpädagogik, verglichen mit der Entwicklungszusammenarbeit als internationaler Sozialarbeit. Sozialarbeit und Sozialpädagogik bekämpfen auch im Inland nicht direkt die politischen Ursachen von Gewalt und Armut, sondern setzen bei den Opfern an und unterstützen diese im Engagement zur Verbesserung ihrer Situation. So wie sich die Wirtschaft globalisiert, müssen sich auch nach Evers' Ansicht Entwicklungsarbeit und Friedensarbeit internationalisieren und zwar beide entsprechend ihren je eigenen und unterschiedlichen Zielsetzungen. Der mennonitische Friedensforscher John Paul Lederach aus den USA kann bei seinen konzeptionellen Überlegungen zum Beitrag einer neutralen dritten Kraft in Konflikten auf eigene Erfahrungen zurückgreifen, und er kommt zu einer Kritik des kurzzeitigen diplomatischen Top-level-Krisenmanagements. Für wesentlich effektiver hält er die Langzeitvermittlung durch einheimische Multiplikatoren, die sowohl zur Basis, als auch zur Führungsspitze des Landes Kontakt haben. Diese Vermittler brauchen auch nicht strikt neutral zu sein, doch sollten sie das Vertrauen beider Seiten genießen, und im Vermittlerteam müssen beide Seiten angemessen vertreten sein. Ausländische Friedensfachkräfte haben seiner Ansicht nach nur beratende Funktion. Lederach kommt aus einer der historischen Friedenskirchen, deren Erfahrungen Wilfried Warneck als wegweisend für die Großkirchen beschreibt. Bisher haben nur die historischen Friedenskirchen den Friedensdienst als christliche Berufung wirklich ernst genommen. Warneck erläutert die Geschichte der christlichen Friedensdienste und fordert die Großkirchen auf, die Friedensdienste aus der randständigen Existenz in ihre Mitte zu holen, weil auf diesem Weg die Kirche zum Kern ihres eigentlichen Auftrags gelangt.

Zu Beginn des Praxisteils verdeutlicht Eckehard Fricke anhand der Erfahrungen bei Eirene, wie ein Friedensfachdienst den langen Atem der Entwicklungszusammenarbeit übernehmen kann. Unabhängig von der Frage, ob es zur Einrichtung eines öffentlich geförderten Friedensfachdienstes kommt, prüft Eirene Entwicklungsprojekte anhand präziser Kriterien, inwieweit sie sich friedensfördernd oder friedenshemmend auswirken. Bei der Entsendung von EntwicklungshelferInnen in Krisengebiete wird darauf geachtet, daß diese auch ›Friedensdienstqualifikationen‹ mitbringen. Josef Freise beschreibt die persönlichen Voraussetzungen, die Friedensfachkräfte bei Eirene mitbringen müssen: ausgeprägte interkulturelle Kommunikationsfähigkeiten, Kenntnisse zu Theorie und Praxis der Gewaltfreiheit und einen persönlichen Zugang zu einer Spiritualität der Gewaltfreiheit. Die institutionsspezifischen Überlegungen schließen Jürgen Deile mit der Darstellung des Sonderprogramms der Friedensfachdienste beim evangelischen Personaldienst ›Dienste in Übersee‹ und Uwe Trittman mit der Vorstellung des ›Forums Ziviler Friedensdienst‹ ab. Aus der Sicht der Partnerorganisationen beschreiben Priscille Ndjérareou (Tschad) und Martin O'Brien (Nordirland) ihre Sicht der Friedensarbeit. Den Einsatz von ausländischen Friedensfachkräften begrüßt Martin O'Brien ausdrücklich, warnt aber zugleich davor, von außen kommend Patentrezepte mitbringen zu wollen.

Friedensfachkräfte brauchen eine solide Ausbildung. Ausgehend von ihren gemeinsamen Erfahrungen der Bildungsarbeit in der ›Kurve Wustrow‹ im Wendland erläutern Hagen Berndt und Jill Sternberg Konzepte und Methoden des praxis- und erfahrungsbezogenen internationalen Trainings. Wie konkrete Friedensarbeit, die ausländische Fachkräfte leisten, aussehen kann, wird deutlich in Berichten von Angela Bähr (Nicaragua), Geneviève Spaak (Niger), und Abel Hertzberger (Tschad). Daß Friedensfachkräfte nicht nur im fernen Ausland Aufgaben haben, macht abschließend Tilman Metzger klar: Nach einem Eirene-Friedensdienst in Nordirland vor elf Jahren studierte Metzger Jura mit dem Ziel, das Konzept der konsensorientierten Vermittlung, der Mediation, in Deutschland zu fördern. Es ist erstaunlich, was daraus geworden ist.

Während dieses Buch in Druck geht, werden bosnische Flüchtlinge aus Deutschland in ihre Heimat abgeschoben, obwohl es nur für die wenigsten unter ihnen dort eine realistische Zukunftsperspektive gibt – und zugleich gestaltet sich die Finanzierung von Projekten zum Wiederaufbau und zur Versöhnung in Bosnien außerordentlich zähflüssig und schwierig. Dieses Buch versteht sich somit auch als Appell an politische und kirchliche Entscheidungsträger, den Reden Taten folgen zu lassen, denn »die Wahrheit einer Absicht ist die Tat«.

Neuwied, im April 1997
Josef Freise, Eckehard Fricke

24

Theoretische
Reflexionen

Jochen Hippler

Gewaltsame Konflikte, Ethnizität und Möglichkeiten von Solidarität und Hilfe

In der Vergangenheit schien es so, als würden fast alle Konflikte der Welt vom Ost-West-Gegensatz bestimmt. Wann immer in Mittelamerika, Afghanistan, Angola oder an den anderen Krisenpunkten der Dritten Welt Konflikte ausbrachen, schien im Osten wie im Westen automatisch klar, daß die jeweils andere Seite dahinterstecken mußte.

Das hatte zwei politisch wichtige Folgen: Erstens prägte es die Wahrnehmung von Journalisten, Wissenschaftlern und staatlichen und nichtstaatlichen Beobachtern. Deshalb wurden bei der Analyse von regionalen Konflikten lokale oder regionale Faktoren häufig vernachläßigt. Der Ost-West-Gegensatz tendierte dazu, anderes an den Rand zu drücken. Zweitens aber wirkte es als ›self-fulfilling prophecy‹: Je mehr man sein Denken und die eigene Politik auf den Ost-West-Gegensatz konzentrierte, um so mehr formte man die Konflikte der Dritten Welt tatsächlich in diesem Sinne. Schließlich richteten selbst viele Akteure der Konflikte im Süden ihre politischen Koordinatensysteme entsprechend aus. ›Marxistisch-leninistische‹ Parteien und Regierungen in der Dritten Welt oder ihre ›demokratischen‹ Gegenspieler bezogen ihre Waffen, Wirtschaftshilfe und Ideologien immer mehr von den Supermächten oder ihren Verbündeten. Insgesamt setzte sich eine Tendenz durch, in der eigentlich lokale Konflikte häufig als ›Stellvertreterkriege‹ aufgefaßt wurden, in denen es um das Prestige und die Macht der Großmächte ging.

Von dieser Ausgangslage ist nichts geblieben. Da mit dem Ende des Kalten Krieges aus der früher bi-polaren Weltordnung für eine gewisse Übergangsphase ein historisch ›uni-polarer Augenblick‹ geworden ist, in dem die USA das internationale System weitgehend dominieren, fällt die Systemkonkurrenz als Faktor in Regionalkonflikten fort.

Im Moment dieser grundlegenden Umgestaltung des internationalen Systems, also in den Jahren von ca. 1988 bis 1992, wurde von vielen Seiten erwartet, daß die Zukunft durch das Ende des Kalten Krieges friedlicher verlaufen würde, daß Zahl und Intensität regionaler Konflikte abnehmen und die Vereinten Nationen zusätzlich eine konfliktmindernde Rolle spielen würden. Damals wurde viel von einer ›Neuen Weltordnung‹ gesprochen, in der friedliche Konfliktbeilegung unter der Federführung der UNO zur Regel werden sollte. Die Hoffnung auf eine friedlichere Welt war weit verbreitet. Notfalls würden UNO und Großmächte durch sogenannte humanitäre Interventionen den Frieden und das Völkerrecht auch mit Waffengewalt durchsetzen.

Es kam allerdings ganz anders: Der Golfkrieg war der Paukenschlag, der endgültig den Übergang von der bi-polaren ›Nachkriegsordnung‹ zur ›Neuen Weltordnung‹ symbolisierte. Auch ohne die Konkurrenz des Ost-West-Gegensatzes gingen die Konflikte nicht zurück: Weder ihre Zahl – diese stieg sogar noch um ein Viertel auf über 50 lokale Kriege an – noch deren Intensität waren rückläufig.

Heute läßt sich noch deutlicher als früher erkennen, daß die bi-polare Welt des Kalten Krieges nicht nur für Kriege und deren Verschärfung verantwortlich war, sondern sie in vielen Fällen auch verhindert, eingedämmt oder ›tiefgefroren‹ hat. Neben den destruktiven Aspekten des Kalten Krieges sind auch dessen mäßigende Wirkungen verschwunden. Man könnte formulieren, daß die unipolare Welt zwar in der Lage zu sein scheint, große Konflikte zwischen Großmächten zu verhindern, aber die zahlreichen kleineren Regionalkonflikte nur in Ausnahmefällen kontrollieren kann.

Dabei läßt sich feststellen, daß die neuen Konflikte zunehmend unter den Gesichtspunkten von Nationalismus, Ethnizität, Ethno-Religiosität, religiöser Identitäten, Stammes- und Clanstrukturen und damit verbundener Erklärungsmuster wahrgenommen werden. Das gilt nicht nur für die Beobachter im Norden (bzw. Westen), sondern auch für die Beteiligten. Die Konflikte um kulturelle Identitäten scheinen damit den alten Antagonismus zwischen Ost und West, zwischen Kommunismus und Kapitalismus, zwischen Marxismus-Leninismus und Liberalismus abgelöst zu haben.

Hinter dieser scheinbar so klaren Veränderung der Konfliktdynamiken verbergen sich allerdings erstaunliche Kontinuitäten. Kulturelle und ethnische Faktoren haben auch in der Vergangenheit häufig eine Rolle gespielt, ihr Auftauchen ist alles andere als neu. Aber bis vor wenigen Jahren wurde die ethnische Dimension der Konflikte fast immer unterbetont oder gar zugunsten ›ideologischer‹ (›Kommunismus‹ vs. ›Antikommunismus‹) Aspekte unterschlagen.

Umgekehrt ist es heute so, daß die ethnische Dimension von Konflikten systematisch überbewertet wird. Schlagen heute ›irgendwo fern hinter der Türkei die Völker aufeinander‹, dann sind sich die Beobachter schon bald sicher, daß ethnische und Stammeskonflikte dafür verantwortlich sein müssen. Diese Reduzierung der Konfliktursachen auf die Ethnizität ist ebenso unsinnig wie die frühere auf die Systemkonkurrenz. Beides sind Schemata, die leichte Erklärungsmuster bereitstellen sollen, um sich einer schwierigen Analyse nicht unterziehen zu müssen. Komplexitätsreduktion durch plausible Übervereinfachung könnte man dieses bequeme Verfahren in beiden Fällen nennen. Wichtig ist nämlich, zwei Dinge scharf voneinander zu trennen: Ob ein Faktor (etwa der Kalte Krieg oder die Ethnizität) *eine Rolle* im jeweiligen Konflikt *spielt*, oder ob dieser Faktor für den Konflikt *verantwortlich* ist. In fast jedem Konflikt der Vergangenheit gab es tatsächlich eine Prägung durch den Kalten Krieg – und durch dessen Allgegenwärtigkeit hat man dann kurzerhand darauf geschlossen, daß er der entscheidende oder ursächliche Faktor war. Diese Annahme mag plausibel gewesen sein, logisch oder zutreffend war sie nicht. Genauso muß heute immer wieder und in jedem Einzelfall geprüft werden, ob ein Konflikt nur von einer ethnischen Dimension beeinflußt oder mitbestimmt wird, oder ob der ethnische Faktor der wichtigste, entscheidende oder kausale Faktor ist. Sehr häufig wird man auf ethnische Aspekte, ethnische Faktoren und Einflüsse treffen – und sehr selten auf eine tatsächlich ethnische Ursache eines Konfliktes.

Was ist ›Ethnizität‹?

Was genau will man eigentlich unter ›Ethnizität‹ verstehen, und was unterscheidet ›ethnische Konflikte‹ von anderen? Dem Alltagsbewußtsein stellt sich Ethnizität als eine ganz einfache Sache dar: Unterschiedliche Kategorien von Menschen unterscheiden sich durch ihre Hautfarbe, ihren Körperbau, bestimmte Eigenarten des Aussehens sowie durch ihre Sprache, Religion und Gebräuche. Ethnische Zugehörigkeit wäre demnach eine Frage der Vererbung bestimmter gemeinsamer Merkmale, plus die gesellschaftliche Weitergabe von Einstellungen und Verhaltensweisen.

Ein Problem dieser Sichtweise besteht unter anderem darin, daß ›objektive‹, oft physiologische Unterschiede zwischen den Ethnien häufig nicht auszumachen sind. Deutsche sind eben nicht immer blond und blauäugig, 80 Prozent der schwarzen US-Bürger haben heute auch europäische, weiße Vorfahren, und britische, französische und polnische Staatsbürger nur an ihrem

29

Äußeren zu erkennen, ist keine sonderlich sichere Methode. Auch religiöse oder sprachliche Kriterien sind ausgesprochen unsicher: In manchen Fällen zuverlässig, sind sie in anderen vollkommen nutzlos.

Nehmen wir als ein Beispiel die bekannten ethnischen Unterschiede in Ruanda, die ja nach allgemeinem Konsens für den Krieg und die Massaker zwischen Hutus und Tutsi verantwortlich sind. Aber wie unterschiedlich sind die beiden Gruppen eigentlich, wodurch unterscheiden sie sich? Warum werden sie überhaupt als ›ethnische‹ Kategorien betrachtet?

Die Friedensforscher Günther Bächler und Catherine Schiemann Rittri üben Kritik an der vorherrschenden Sichtweise des Konfliktes in Europa: »So wurde der Völkermord in Ruanda, der im April 1994 eskalierte und zum Genozid an den Tutsi, zu grauenhaften Massakern an den gemäßigten Hutu und zu riesigen Fluchtbewegungen führte, von den Medien als rein ethnischer Krieg porträtiert, sozusagen als ein Paradebeispiel des Hobbes'-schen Kampfes aller gegen alle. Und dieser Kampf schien zu bestätigen, daß der Mensch von Natur aus zu jeder Greueltat fähig und bereit ist. Versteht man unter Ethnien Gemeinschaften, deren Mitglieder eine unterscheidbare und andauernde kollektive Identität teilen, die auf kulturellen Zügen und Lebensweisen basiert, dann handelt es sich bei den Kriegsparteien in Ruanda nicht um zwei verschiedene ethnische Gruppen. Tutsi und Hutu sprechen die gleiche Sprache, beide Gruppen bekennen sich größtenteils zur katholischen Kirche, leben in den gleichen Siedlungsräumen und Mischehen waren häufig. Die Bezeichnungen Hutu und Tutsi sind vielmehr soziale und politische Kategorien, die mehr auf Privilegien und der ungleichen Verteilung von Vermögen und Machtposten beruhten als auf der ethnisch-familiären Abstammung.«[1]

Ethnizität und ethnische Konflikte haben mit der ›Unterschiedlichkeit‹ von Menschengruppen zu tun. Wären alle Menschen mehr oder weniger gleich, dann wären beide Begriffe sinnlos. Allerdings: Die Existenz von Unterschieden allein begründet noch keine Ethnizität. Menschen unterscheiden sich praktisch immer voneinander, und zwar nach fast allen nur denkbaren Kriterien. Die Existenz von Unterschieden zwischen den Menschen zu bestreiten, wäre offensichtlich unsinnig. Die Menschen unterscheiden sich nicht nur individuell voneinander, sondern können nach ihren Unterscheidungen in Gruppen oder Kategorien eingeteilt werden. All das ist höchst trivial. In manchen gesellschaftlichen Zusammenhängen wird allerdings aus solch schlichter Kategorisierung eine brisante Angelegenheit: Plötzlich kann die Augen- oder Hautfarbe über Reichtum oder Armut eines Menschen, über Leben und Tod entscheiden. Wie einzelne der vielen existierenden Unterschiede existentielle Bedeutung erlangen können, ist für das Verständnis von Ethnizität von hoher Wichtigkeit. Ethnizität bedeutet eben nicht einfach die Zugehörigkeit zu einer bestimmten ›Gruppe‹. Dies kann völlig bedeutungslos sein. Ethnizität entsteht dort, wo bestimmte Unterschiede im Gegensatz zu anderen eine besondere, herausgehobene Bedeutung zugewiesen wird, und sie mit der eigenen ›Identität‹ positiv oder negativ verknüpft werden. Schwarz zu sein oder weiß, Jude oder Christ zu sein, ist dann nicht länger eine Trivialität einfacher menschlicher Unterschiede, sondern Teil der Identität, die mich von anderen abgrenzt oder durch die ich von anderen ausgegrenzt werde. Jetzt ist es von entscheidender Bedeutung, ausgerechnet schwarz oder weiß, Jude oder Christ zu sein. Es geht also bei der Ethnizität nicht primär um die Existenz wirklicher Unterschiede, sondern um die Definition von identitätsbezogener Bedeutung von realen oder fiktiven Unterschieden. In Ruanda oder Burundi kann es eine Überlebensfrage sein, ›Hutu‹ oder ›Tutsi‹ zu sein, selbst wenn kaum noch jemand einen Unterschied festzustellen vermag. Erkennbaren oder nur mikroskopischen Unterschieden wird eine überragende Bedeutung zugemessen, die historisch zu- oder abnehmen und sogar verschwinden kann.

Ethnische Konflikte nach dem Kalten Krieg

Wie sieht es nun mit der Zunahme ethnischer Konflikte nach dem Ende des Kalten Krieges aus? Es läßt sich sicherlich feststellen, daß die Zahl der Konflikte erkennbar gestiegen ist, meist als direkte oder indirekte Folge des Auseinanderfallens der sowjetischen Supermachtposition. Es ist ebenfalls kaum bestreitbar, daß viel mehr Betroffene in den jeweiligen Konflikten in den letzten Jahren ethnische Zugehörigkeiten und Argumente für die Konflikte verantwortlich machen. Beides ist allerdings kein Beleg dafür, daß heute tatsächlich eine ›Zeit ethnischer Konflikte‹ angebrochen ist. Wenn man nämlich zwischen der Beschreibung und der Form der Konflikte und ihren tatsächlichen Ursachen unterscheidet, sieht es wesentlich komplizierter aus: Sowenig, wie früher alle Konflikte der Dritten Welt durch die Sowjetunion und die USA verursacht wurden (was deren Instrumentalisierung nicht ausschloß) und trotzdem immer in das Schema der Systemkonkurrenz gepreßt wurden, sowenig entstehen heute die Kriege und Konflikte wegen ethnischer Identitäten. Ethnizität mag eine – auch wichtige – Rolle spielen, wie wir am Beispiel Ruandas gesehen haben. Sie mag auch von den Beteiligten in den Vordergrund gestellt werden und einem Konflikt seine äußere Verlaufsform geben. Aber trotzdem bedeutet dies kein einfaches Verhältnis von Ursache und Wirkung.

Nehmen wir zur Illustration das Beispiel Somalias. Krieg und Hungersnot sind in vielen Medien gewohnheitsmäßig in einen Zusammenhang archaischer und ethnischer Sozialstrukturen gestellt worden. Dabei ist Somalia eines der ethnisch homogensten Länder der Welt: Jeweils zwischen 98 und 99 Prozent der Bevölkerung sind ethnische Somalis, sprechen Somali und sind sunnitische Muslime. Verglichen damit sind die meisten europäischen Länder ethnische Flickenteppiche. Trotz dieser fast unvergleichlichen Homogenität kam es zum Krieg. Seine Ursache lag im Zerfall der Diktatur Siad Barres, die wiederum durch den Wegfall äußerer Unterstützung nach dem Ende des Kalten Krieges bedingt war. Die verschiedenen ›Clans‹, ethnisch nicht unterscheidbare Gruppen realer und fiktiver ›Verwandtschaftsbeziehungen‹ kämpften um die Beute – und darum, daß kein anderer Clan den Staatsapparat für sich allein nutzen konnte. Alles das sind rein ›politische‹ Konfliktlinien.

Das Phänomen der ›Clans‹ ist für uns sehr interessant. Es teilt mit dem der ›Ethnizität‹ seine identitätsstiftende Funktion, ohne allerdings überhaupt noch auf ›reale‹ Unterschiede verweisen zu können. Die Clan-Loyalität wird nicht mehr durch tatsächliche Differenzen von Religion, Sprache oder Gebräuchen legitimiert, sondern nur noch durch den Glauben an gemeinsame Abstammung und die Existenz von Abhängigkeitsnetzwerken. Und da auch der Wechsel zu einem anderen Clan – im Unterschied zur eigenen Abstammung – unter bestimmten Bedingungen möglich ist, bleibt an realen Differenzen kaum etwas übrig – außer soziale und politische Kategorien wie die höhere Kommunikationsdichte und Loyalität innerhalb eines ›Clans‹. Strukturell allerdings ist ›Clan‹ nichts anderes als ›Ethnizität‹: Beides sind eingebildete oder konstruierte Gemeinschaften (»imagined communities«, um den Begriff von Anderson zu nehmen[2]) zur Identitätsbildung. Nur, daß bei den Clans selbst die Fiktion realer Unterschiede zu anderen Gruppen auf einen kümmerlichen Rest geschrumpft ist. Dies ist erhellend, da ja auch in vielen ethnischen Konflikten wirkliche Unterschiede zwischen den Gruppen kaum auszumachen sind. Wir können hier an Hutu und Tutsi oder an den vorgeblich ethnischen Konflikt in Bosnien denken: Die verfeindeten Muslime und Serben unterscheiden sich ethnisch praktisch nicht. 80 Prozent der Muslime sind Serben, die im 19. Jahrhundert während der osmanischen Herrschaft aus pragmatischen oder opportunistischen Gründen zum Islam konvertierten. Ihr Unterschied ist also fast völlig religiös. Trotzdem hat ein Prozeß eingesetzt, aus diesen Differenzen der religiösen Zugehörigkeit jetzt ›ethnische‹ Differenzen zu machen. Unterschiede der Religionszugehörigkeit, Hautfarbe oder Sprache führen aber, wie wir wissen, nicht automatisch zu Konflikten oder Kriegen – sind also keine Ursache für diese. Im Gegenteil muß untersucht werden, wie aus realen Unterschieden ethnische werden, wie und warum ihnen also eine Bedeutung zugeschrieben wird, die sie zuvor nicht hatten; und wie und warum aus diesen ethnischen Unterschieden ein kriegerischer Konflikt entstehen kann. Denn schließlich sind ethnische Unterschiede in fast allen Ländern der Welt die Regel, und nicht die Ausnahme – ohne, daß in allen Ländern deswegen Kriegszustand herrschen würde.

Konfliktursachen und sozialer Streß

Wenn man annimmt, daß die Unterschiedlichkeit von Menschen konfliktverursachend ist – und alles andere wäre hochgradig absurd –, dann stellen sich zwei Fragen: Erstens muß erklärt werden, wodurch Konflikte denn sonst verursacht werden, und zweitens, auf welche Art sie mit ethnischen Faktoren verknüpft sind.

Will man nicht einen Schematismus (z.B.: ›Konflikte entstehen durch ethnische Unterschiede‹) durch einen anderen ersetzen, dann werden beide Fragen nicht mit einfachen Formeln zu beantworten sein. Gewaltsame Konflikte entstehen nicht immer auf die gleiche Weise, und Konfliktdynamiken laufen nicht immer nach dem gleichen Muster ab.

Grundsätzlich kann man aber davon ausgehen, daß dem Ausbruch gewaltsamer Konflikte und Kriege innerhalb von Staaten und Gesellschaften (im zwischenstaatlichen Bereich sieht alles etwas anders aus) eine Periode länger andauernden ›sozialen Stresses‹ vorausgehen muß. Das staatliche oder gesellschaftliche Gefüge muß bereits Spannungen und Belastungen ausgesetzt sein. Wenn Staat und Ökonomie leistungsfähig sind – in dem Sinne, daß sie die Bedürfnisse und Erwartungen der übergroßen Mehrheit der Bevölkerung erfüllen und zugleich ein gewisses Maß an Gerechtigkeit und Rechtssicherheit besteht –, dann werden auch größere Unterschiede an Hautfarbe, Sprache oder Religion kaum zu sonderlichen Auseinandersetzungen führen. Falls eine Gesellschaft allerdings unter einer der denkbaren Formen sozialen oder ökonomischen Stresses leidet, dann gibt es einen Ansatzpunkt dafür, daß Fragmentierung und ethnisch gefärbte Konflikte sich entwickeln können. Schrumpfen beispielsweise die vorhandenen wirtschaftlichen Verteilungsressourcen oder öffnet sich die Schere zwischen Erwartungen und wirtschaftlichen Möglichkeiten, dann ist eine klassische Vorbedingung für sozialen Streß bereits vorhanden. Allerdings reichen solche ökonomischen Schwierigkeiten allein in der Regel nicht aus. Wenn allerdings eine ungerechte, evtl. auch willkürliche politische Grundstruktur dazukommt, etwa die Herrschaft einer Diktatur oder Oligarchie, findet die sonst diffuse Unzufriedenheit leichter ein Ziel. Und wenn eine solche ungerechte Herrschaft im scharfen Kampf um die knappen Ressourcen auch noch parteilich sich selbst und andere Eliten auf Kosten der Bevölkerungsmehrheit begünstigt, dann sind die wichtigsten Bedingungen für scharfe innenpolitische Konflikte vorhanden. Schließlich könnte man auch noch einen psychologischen Faktor betonen: Falls nämlich solche Verhältnisse als insgesamt schlecht, aber dauerhaft empfunden werden, wird Widerstand schwieriger sein, als wenn diese Verhältnisse als potentiell veränderbar oder instabil wahrgenommen werden. Auch die Zukunftserwartungen spielen eine Rolle: Wenn die Bevölkerung ohnehin mit einer düsteren Zukunft rechnet, wird sie die miserable Lage weniger stark den Herrschenden anlasten, als wenn ihre Hoffnungen auf rasche Verbesserungen massiv und immer wieder enttäuscht werden.

Dieses skizzierte Szenario gilt selbstverständlich nicht für alle denkbaren Konfliktgenesen, trägt aber doch für eine bedeutende Zahl idealtypischen Charakter. Nicht in allen Konfliktfällen werden alle hier erwähnten Faktoren eine Rolle spielen, spezifische andere mögen hinzukommen. Aber als Abziehbild eines bestimmten, häufigen Konflikttypus ist es doch brauchbar.

Ein Konflikt, der sich entlang der hier vorgezeichneten Linien der Ressourcenverknappung plus ungerechter Verteilungs- und Herrschaftsstrukturen entwickelt, trägt bis zu diesem Punkt keinerlei ethnische Charakteristika. Wenn wir nun allerdings in unserem konstruierten, idealtypischen Fall annehmen, daß die fragliche Gesellschaft ethnisch nicht homogen, sondern fragmentiert ist, ändert sich das Erscheinungsbild des Konfliktes sofort. Nehmen wir zwei denkbare Fälle: Einmal, daß die beschriebenen, ungerechten Machtstrukturen zufällig oder nicht zufällig von einer ethnischen oder ethno-religiösen Minderheit dominiert sind; und zweitens, daß die Gesellschaft aus zwei annähernd gleich großen ethnischen Gruppen besteht, von der keine die Macht monopolisiert. Im ersten Fall würde der Konflikt, trotz seiner ökonomischen und politischen Ursachen, fast unvermeidlich eine ethnische Färbung und Verlaufsform annehmen: Der Widerstand gegen Mangel, Armut, Ungerechtigkeit und Unterdrückung würde mit großer Wahrscheinlichkeit als Kampf gegen die herrschende ethnische Minderheit gedeutet und so eine zusätzliche, simplifizierende Rechtfertigung finden. In den Augen zahlreicher Akteure wären die Umstände gerade deshalb so negativ, *weil* die Herrschaft in den Händen dieser ethnischen Minderheit liegt, die *deshalb* kein Interesse an einer Verbesserung der Lage der Mehrheit habe. Eine solche ethnische Deutung des Konfliktes ist weder automatisch richtig noch automatisch falsch. Sie muß am jeweiligen Fall konkret geprüft werden. Im zweiten Fall – einer Gliederung der Gesellschaft in zwei gleichstarke ethnische Gruppen – sind sehr unterschiedliche Verlaufsformen denkbar: sowohl die Möglichkeit einer Verständigung, eines gleichberechtigten Nebeneinanders als auch ein besonders harter Verteilungskampf, in dem jede Gruppe auf Kosten der anderen ihre Interessen durchsetzen möchte. Welche dieser Varianten sich durchsetzen, oder ob es sich um eine Mischform handeln wird, hängt von einem komplexen Zusammenspiel psychologischer, historischer, sozialer, politischer und ökonomischer Faktoren ab, und kann deshalb hier nicht weiter verfolgt werden.

Der Zweck unserer idealtypischen Betrachtung ist aber erfüllt: Er lag darin, anhand des allgemeinen Beispiels über den Zusammenhang ethnischer und anderer Konfliktfaktoren nachzudenken. Dabei ist erneut deutlich geworden, daß Ethnizität tatsächlich alles andere als unwichtig für Konfliktverläufe ist, daß ihre Relevanz aber viel stärker in der Formgebung und Interpretation von Konflikten liegt, weniger in ihrer Verursachung. In vielen Fällen nämlich werden die Ursachen chronischen oder akuten Stresses einer Gesellschaft entweder ›unpersönlich‹ erscheinen (etwa Naturkatastrophen) oder aber so abstrakt sein, daß sie für Schuldzuweisungen und die Entwicklung von Widerstand kaum taugen (z.B.: Weltmarktstrukturen – wie will man gegen solch eine Kategorie rebellieren?).

Es gibt ein Bedürfnis, die eigenen Erfahrungen und Ängste von Not und Unterdrückung zu kausalisieren, also die Verantwortung und Verursachung zu begreifen und zu benennen. Wenn eine direkte Verantwortung für das Elend nicht erkennbar oder gesellschaftlich nicht akzeptabel ist (etwa der ›Verrat‹ durch die eigenen sozialen oder religiösen Eliten), dann werden Tendenzen zunehmen, durch Projektion die Verantwortung nach ›außen‹ abzuschieben, also etwa auf externe ethnische oder religiöse Gruppen. Häufig kommt es dazu, daß fremde, ethnische Gruppen eine Art ›Sündenbockfunktion‹ übernehmen müssen.

Neue Kriegsformen

Die Verschiebung regionaler Konflikte vom Ost-West-Gegensatz zur stärkeren Betonung ethnischer Konfliktlinien hat eine Modifizierung der Kriegsformen zur Folge gehabt. Die ›klassischen‹ Fälle von Regionalkonflikten in der Dritten Welt sind weiterhin Aufstände und Guerillakrieg, Aufstandsbekämpfung und die damit verbundenen Interventionsformen – wenn man von der eher seltenen Kategorie konventioneller Kriege (Korea, Golf) einmal absieht. Zu diesen Konfliktformen hat der Verfasser in der Vergangenheit ein Reihe von Veröffentlichungen vorgelegt, so daß hier auf die Wiederholung verzichtet werden kann. Schon immer gab es Kriege und Bürgerkriege, in denen eine politische, ideologische oder ethnisch begründete Partei gegen eine staatliche Zentralgewalt kämpfte, um diese zu stürzen oder Autonomie oder Unabhängigkeit für sich durchzusetzen. Aber eine andere Konfliktform hat an Bedeutung gewonnen: Gewaltsame Auseinandersetzungen, die mit dem Zerfall einer Gesellschaft oder eines Staates verknüpft sind.

In zunehmendem Maße sind Konflikte nicht von klaren Grenzlinien, durch leicht identifizierbare Akteure gekennzeichnet, sondern von Situationen des Chaos. Ethnisch-religiöse Auseinandersetzungen sind oft dadurch bestimmt, daß niemand sie tatsächlich kontrolliert, weil sie eine Eigendynamik entwickeln, die sich politischer Leitung entzieht. Häufig ist auch feststellbar, daß Parteien, Organisationen, staatliche Instanzen und andere Akteure nur relativ kleine Sektoren des Konfliktes kontrollieren. Schließlich ist es auch keine Seltenheit, daß Kontrolle und Einfluß auf die Entwicklungen einfach unklar sind und auch nicht geklärt werden können. Welches Land hat Abu Nidals Terrororganisation zu welchem Zeitpunkt kontrolliert? Irak, Syrien, Libyen, Saudi Arabien, Kuwait – sie alle haben Abu Nidal finanziert. Aber haben sie Kontrolle ausgeübt, Anweisungen gegeben? Welche afghanische Mudschahedingruppe läßt oder ließ sich eigentlich wirklich – und in welchem Maße – von ihren Geldgebern kontrollieren?

Konflikte sind oft dann besonders blutig und schwer zu mäßigen oder zu beenden, wenn sie buchstäblich ›außer Kontrolle‹ geraten sind, wenn sie in zerfallenen Staaten und Gesellschaften vor sich gehen. Wenn Clan gegen Clan, Gruppe gegen Gruppe, Stamm gegen Stamm, Religionsgemeinschaft gegen Religionsgemeinschaft und Miliz gegen Miliz kämpft, wenn ethnische Minderheiten sich gegenseitig massakrieren und eine Regierung wirkungslos ist oder praktisch nicht mehr existiert – dann sind Regionalkonflikte am hoffnungslosesten. Brutale Regierungen sind eine Gefahr für ihre Bürger, aber der Zerfall einer Gesellschaft und staatlicher Ordnung kann noch gefährlicher sein.

Allerdings sollte man nicht den Fehler begehen, die Fragmentierung von Gesellschaften und Staaten und Situationen des Chaos automatisch mit ethnischen Konflikten zu identifizieren. Ethnische Identitäten können, je nach den Bedingungen, sowohl zusammenführen, als auch spalten. Pan-germanische, pan-arabische oder pan-slawische Bewegungen zielen ja gerade auf die Herstellung größerer, ethnisch angeblich homogener Einheiten. Umgekehrt tendieren Ethnizität und Nationalismus im Kontext von Vielvölkerstaaten offensichtlich dazu, subversiv und fragmentierend zu wirken. Darüber hinaus bedeutet der Anspruch ethnischer Homogenität natürlich nicht, daß ethnische Bewegungen deshalb homogen oder auch nur organisatorisch verknüpft sein müßten. Gerade dort kann es auch zahlreiche konkurrierende Organisationen, Parteien und Milizen geben, die jeweils den Anspruch auf ethnische Alleinvertretung erheben. Umgekehrt ist es ebenso möglich, daß ethnische Bewegungen und Organisationen es schaffen, Interessens- und Klassenunterschiede in der jeweiligen Bezugsgruppe zu kaschieren, zu verdrängen oder zeitweilig zu unterdrücken. Gegen einen äußeren Feind müssen dann die internen Unterschiede zurückstehen, solange die Politik von der Konfrontation mit diesem ›anderen‹ bestimmt wird. In einem solchen Fall wird Ethnizität die jeweiligen Subgruppen nach innen integrieren, aber nach außen von anderen ethnischen Gruppen scharf abspalten.

Die Tendenz zur Fragmentierung von Gesellschaften, die im Extremfall zu Situationen des Chaos führen kann, wird also nicht durch den ›ethnischen Charakter‹ eines Konfliktes ›erklärt‹. Sie ist unabhängig davon erklärungsbedürftig, wie ja das somalische Beispiel bereits belegte. Fragmentierung und Chaossituationen sind Ausdruck übersteigerter politischer Konkurrenzen, die unterschiedliche Verlaufsformen (etwa religiöser, politisch-ideologischer, stammesgebundener, rein interessengeleiteter oder eben ethnischer Art) annehmen können. Fragmentierungen deuten entweder auf geringe Notwendigkeit oder hohe Kosten der Integration hin, oder auf eine Durchsetzung zahlreicher konkurrierender Gruppenegoismen. In der Regel ist sie eng an die egoistischen Interessen einzelner Führungseliten gebunden, die durch Integration innerhalb oder sogar über ethnische Grenzlinien hinweg an Einfluß verlieren würden. Häufig stellt übertriebene Fragmentierung auch die Reaktion auf eine Position der politischen Schwäche dar, die durch besondere ideologische oder ethnische Reinheit kompensiert werden soll.

Auf die Probleme von staatlichem und gesellschaftlichem Zerfall und sozialer Fragmentierung wurde hier vor allem hingewiesen, weil sie die Möglichkeiten von internationaler Hilfeleistung stark einschränken, manchmal sogar verhindern kann. Externe Interventionstruppen haben solche Erfahrungen im Libanon und Somalia gemacht, aber auf einer anderen Ebene existiert das Problem natürlich noch stärker für externe Hilfsorganisationen – wenn diesen auch Wege aus dem Dilemma offenstehen, die jeder bewaffneten Truppe versperrt bleiben müssen.

Konfliktvorbeugung

Es ist außerordentlich schwierig und oft sogar aussichtslos, einen voll entbrannten, unter ethnischen Kennzeichen geführten Konflikt einzudämmen oder zu beenden. Diese Aufgabe darf natürlich nicht ignoriert werden, aber es ist doch viel aussichtsreicher, sich über die Vorbeugung und präventive Konfliktentschärfung Gedanken zu machen.

Dabei allerdings darf man beides nicht gegeneinander ausspielen. Im Gegenteil: Beide sind zwar in unterschiedlichen Phasen des Konfliktverlaufes relevant, aber es besteht doch ein enger Zusammenhang. Selbst eine teilweise gescheiterte Konfliktprävention kann durch ihre Teilerfolge noch verbesserte Bedingungen für eine spätere Konfliktbearbeitung ermöglichen. Trotzdem aber bleibt eine Konfliktprävention aussichtsreicher und mit geringeren Opfern verbunden als eine spätere Politik zur Kriegsbeendigung.

Es bleibt also in der Vorphase eines gewaltsamen Konfliktes vor allem der Versuch, die gesellschaftlichen Spannungen, den sozialen Streß vorbeugend zu reduzieren. Erst auf der Grundlage eines verminderten realen Konfliktpotentials (also etwa einer Verbesserung der Wirtschaftslage) werden andere, politische Vermittlungsversuche aussichtsreich. Politische und wirtschaftliche

Konfliktbearbeitung sind beide nötig, allerdings ist der politische Spielraum oft vom sozialen und ökonomischen Konfliktpotential abhängig. Damit gelangen wir zur Frage zurück, worin der sozioökonomische Streß überwiegend besteht, und welche seiner Anteile von außen am besten zu beeinflussen sind. Man kann davon ausgehen, daß ein großer Teil direkt oder indirekt ökonomische Ursachen hat. Verteilungskämpfe um knappe Ressourcen, Konkurrenz um Märkte, Kredite oder die Nutzung von Infrastruktur, die Größe der Verteilungsmasse, Verfügungsmöglichkeiten über Devisen, die Besetzung strategischer Machtpositionen in der Nationalökonomie oder die globale Größe und Struktur der Volkswirtschaft setzen entscheidende Rahmenbedingungen für die Entstehung und Austragungsform von Konflikten. Viele dieser wirtschaftlichen Variablen hängen mittelbar oder unmittelbar mit Fragen des Außenhandels, der Währungsparitäten, der internationalen Konkurrenz und insgesamt mit der Einbindung des jeweiligen Landes in den Weltmarkt zusammen. Ein Steigen der Rohölpreise, die Fehlernte eines wichtigen Konkurrenten, ein plötzliches Fallen oder Steigen des Dollarkurses, technologische Fortschritte, eine Veränderung des internationalen Zinsniveaus, die sinkende Nachfrage für bestimmte Rohstoffe und die Veränderung der ›terms of trade‹ sind Faktoren, die für ein Land der Dritten Welt schon jeweils einzeln den Unterschied von wirtschaftlichem Erfolg und Scheitern bedeuten können. Länder, die nur zwei oder drei Rohstoffe zu exportieren haben, können bei sinkenden Rohstoffpreisen und zugleich steigenden Energiekosten, Zinsen und einem hohen Dollarkurs in eine wirtschaftliche Schieflage geraten, die durch innenpolitische Maßnahmen kaum noch aufzufangen ist. Unabhängig von internen Faktoren, etwa der Kompetenz oder Inkompetenz der Regierung, dem Geschick der Wirtschaftselite, der Korruption oder Unbestechlichkeit der Entscheidungsträger kann ein solches Land allein durch außenwirtschaftliche Belastungen einem beträchtlichen ›sozialen Streß‹ ausgesetzt sein. Wenn ein Land der Dritten Welt mittel- oder längerfristig sinkenden Einnahmen und steigenden Importkosten gegenübersteht, sind eine schrumpfende Verteilungsmasse und verschärfte Verteilungskämpfe kaum zu vermeiden. Durch Fehler, Schwächen oder Inkompetenz einer Regierung werden solche Tendenzen natürlich weiter zugespitzt. Auch eine schwache Infrastruktur oder ein niedriges Bildungsniveau vermindern den Reaktionsspielraum auf solche Probleme. Kurz und gut: Länder der Dritten Welt sind durch ihre ökonomische Schwäche, Verwundbarkeit und Abhängigkeit noch weit stärker von den Schwankungen des Weltmarktes im allgemeinen und insbesondere dessen unkontrollierbaren Abwärtstendenzen ausgesetzt als Industrienationen. Da gerade diese Länder überhaupt keine oder nur sehr marginal entwickelte soziale Sicherungssysteme aufweisen, schlagen ökonomische Probleme sehr häufig direkt auf die Bevölkerung durch, die bereits bei ›normalen‹ oder günstigen wirtschaftlichen Rahmenbedingungen unter schwierigen oder elenden Verhältnissen lebt.

Wer also eines der besonders wirksamen Faktorensysteme für sozioökonomischen Streß vermindern oder beseitigen möchte, sollte sein Hauptaugenmerk auf den Zusammenhang von weltwirtschaftlichen Faktoren und die Konfliktentstehung in der Dritten Welt lenken. Er ist einerseits von besonderer Wichtigkeit, zugleich aber auch aus den Ländern des Nordens am besten zu beeinflussen: Sie dominieren die Weltwirtschaft und sind bereits durch ihre Außenhandelspolitik entscheidende Machtfaktoren im Süden, ohne dort direkt intervenieren zu müssen. Eine Reduzierung des konfliktverschärfenden sozialen Stresses im Süden sollte also sinnvollerweise im Norden ansetzen. Die Umstellung des Außenhandels auf eine Art, die ihn im Süden weniger destruktiv wirken läßt, die Gewährung von Schonräumen für die schwachen Volkswirtschaften des Südens vor der übermächtigen Konkurrenz der nördlichen Konzerne und des von ihnen dominierten Weltmarktes, der Abbau nördlicher Handelsschranken (während man zugleich die Märkte des Südens brachial öffnet), die Stabilisierung und Verbesserung der ›terms of trade‹ und eine Zins- und Kreditpolitik, die dem Süden nicht die wirtschaftliche Luft abschneidet – all das sollten Selbstverständlichkeiten sein, bevor man über eine ›Hilfe‹ für den Süden und eine Konfliktprävention spricht. Wenn der Norden darauf verzichten würde, die wirtschaftliche Lage im Süden durch Instrumente wie die ›World Trade Organization‹ (WTO) und ›Internationaler Währungsfonds‹ (IWF) immer unhaltbarer zu machen – dann wäre schon viel gewonnen. Der Verzicht auf Destruktivität und die Schwächung sozialer und ökonomischer Strukturen im Süden durch nördlicher Wirtschaftsdominanz, das allein würde den sozialen Streß im Süden drastisch reduzieren und Spielräume für humanitäre und entwicklungspolitische Hilfe eröffnen. Die Grundstrukturen des Weltmarktes aber immer mehr den neo-liberalen Ideologien anzupassen, bei denen die Stärksten gewinnen und die Ärmsten notwendigerweise verlieren (das Prinzip der gleichen Konkurrenz zwischen Stark und Schwach), das schafft immer neue Konfliktpotentiale und Voraussetzungen für soziale Explosionen in der Dritten Welt, für welche die ›IMF-riots‹ oder Hungerrevolten in den verschiedenen Ländern Lateinamerikas und Afrikas nur einen leichten Vorgeschmack bilden. Wer der Dritten Welt helfen will, muß genau hier ansetzen: in der Beeinflussung und Veränderung der Politik des Nordens gegenüber dem Süden.

Für Konfliktprävention fehlt es auf der angesprochenen Ebene nicht an Möglichkeiten, aber an politischem Willen.

Zusammengefaßt läßt sich die Krisenbekämpfung bei Regionalkonflikten folgendermaßen systematisieren:

- Langfristige ökonomische und soziale Konfliktvorbeugung durch Änderung der weltwirtschaftlichen Rahmenbedingungen. Dieser Punkt ist entscheidend für die Wirksamkeit der sonst noch unternommenen Maßnahmen.

- Bei bereits herangereiftem Konfliktpotential kommt es darauf an, konkrete Anreize (wirtschaftlicher, sozialer und politischer Art) für kooperatives Verhalten der potentiellen Konfliktgegner zu schaffen. Diese sollten mit Anstrengungen zu einer Verminderung des sozialen Stresses in der Gesellschaft verknüpft sein. (Entwicklungspolitisches Beispiel: Ländliche Bewässerungssysteme, die nur durch enge Kooperation der potentiellen Konfliktparteien funktionieren; sicherheitspolitisches Beispiel: Aufkauf oder Tausch von Waffen gegen Nahrungsmittel, Saatgut oder Geräte.) Es ist offensichtlich, daß ein solcher Ansatz nur in einer frühen Phase, weit vor Ausbruch eines gewaltsamen Konfliktes, funktionieren kann.

- Negative Maßnahmen, die auf die Verlangsamung oder Verhinderung einer Konfliktdynamik zielen. Dabei kommt es darauf an, wann immer möglich die Parteinahme für eine der Konfliktparteien zu vermeiden und stattdessen völkerrechtlich gültige Prinzipien zu verteidigen, also gegen Völkermord und Menschenrechtsverletzungen, für die Gleichheit vor dem Gesetz und auch gegen die Verletzung sozialer Menschenrechte einzutreten, Hunger Verelendung, Mangel an Bildungschancen und Unterkünften. Diese Kriterien müssen deutlich ausgesprochen, gegen alle Seiten im gleichen Maße angewandt und durch eine Mischung von ›Sanktionen‹ und Förderung unterstrichen werden. Es könnte sich auch anbieten, schon vor dem Ausbruch eines akuten Konfliktes einen internationalen Gerichtshof einzurichten, der Verbrecher auf allen Seiten abzuurteilen hat.

- Die Konfliktbearbeitung und Versuche der Konfliktlösung können in der nötigen Kürze nicht allgemein skizziert werden, da sie in hohem Maße von der Situation im konkreten Einzelfall abhängen. Wer in Afghanistan, im türkischen Teil Kurdistans, in Zaire, Peru, Somalia oder Sri Lanka mit den gleichen Rezepten ›Frieden bringen‹ wollte, sollte sein Scheitern schon einkalkulieren. Hier ist ohnehin eine gewisse Demut angebracht: Kriegsparteien einen Frieden aufzuzwingen, die zur Weiterführung des Krieges nicht nur entschlossen, sondern auch dazu in der Lage und daran interessiert sind, ist weder durch militärische, noch durch zivile Mittel möglich. Allerdings bedeutet der Verweis auf den Einzelfall selbstverständlich nicht, daß aktive Friedensarbeit vor Ort überflüssig wäre. Im Gegenteil: Wenn oben von einigen wirtschaftlichen Mechanismen möglicher, präventiver Konfliktvermeidung gesprochen wurde, müssen diese hoffentlich eröffneten Chancen auch politisch genutzt werden. Da die Akteure vor Ort nicht selten entlang erstarrter Fronten denken, und neue politische Chancen unterschätzen, können externe, nicht selbst in den Konflikt verwickelte Kräfte, nützlich sein.

Fazit

Insgesamt ist die Welt nach dem Ende des Kalten Krieges weder komplizierter noch gefährlicher geworden, auch wenn dies manchem so scheinen mag. Es sind uns nur bestimmte ideologische Krücken abhanden gekommen, die uns eine einfache Welt vorgaukelten. Heute besteht die Gefahr, daß wir uns selbst neue Krücken anlegen, die uns wieder ein scheinbar einfaches Bild von der Welt liefern: das eines Zeitalters ›ethnischer Konflikte‹. Wer aber an der Verhinderung oder der Überwindung von Gewalt interessiert ist, sollte sich mit solchen Schemata nicht zufrieden geben. Sie verstellen nicht selten den Blick auf die einem Konflikt tatsächlich eigene Dynamik. Auch ethnische Konflikte entstehen nicht durch Vererbung, Abstammung oder archaische Faktoren, die uns fremd wären. Hinter ihnen verbergen sich handfeste Interessen wirtschaftlicher, sozialer oder politischer Art, die sich des ›ethnischen‹ Arguments oft nur zur Verschleierung und Legitimation bedienen. Wer sich gegen die blutigen Konflikte engagieren möchte, sollte sich vor allem auf deren Prävention konzentrieren Viele konkrete Konfliktursachen entstehen erst durch die Überforderung eines Landes der Dritten Welt im Rahmen der Weltwirtschaftsordnung. Konfliktprävention in Regionalkonflikten hat fast nichts mit Militär zu tun und sehr wenig mit klassischer Entwicklungspolitik – um so mehr aber damit, die wirtschaftlichen Grundbeziehungen zwischen Nord und Süd zu verändern. Auf dieser Grundlage kann es dann den Menschen des

42

Südens gelingen, selbst für die zweite Voraussetzung des Friedens zu sorgen: die innere Gerechtigkeit. Diese ist von außen nur in seltenen Ausnahmefällen herzustellen.

Anmerkungen

1) Bächler, Günther / Schiemann Rittri, Catherine; Eine Welt voll ethnischer Konflikte? – Über die machtpolitische Kanalisierung von Konflikten und wie sie gelöst werden könnten; in: Dialog – Beiträge zur Friedensforschung, Bd. 28, Heft 1-2/1995, S. XI-XIX, hier S. XIf.

2) Benedict Anderson, Imagined Communities – Reflections on the Origin and Spread of Nationalism, London 1993, ist noch immer ein Klassiker.

John Paul Lederach

Der Beitrag Dritter
beim Aufbau des Friedens

Eine Perspektive des ›Friedens von unten‹ *

In einem der UN-Universität in Japan vorgelegten Manuskript »Sicherung des Friedens: Dauerhafte Versöhnung in geteilten Gesellschaften« habe ich einen umfassenderen Weg zur Friedenssicherung beschrieben. Einige Elemente dieses Manuskripts stellen einen guten Ausgangspunkt für die hier zu führende Diskussion dar.

Zuerst einmal ist es nützlich, verschiedene Typen von Akteuren und Wegen zur Friedenssicherung analytisch zu betrachten, wie sie in einer Pyramide der von dem Konflikt betroffenen Gesellschaft dargestellt werden (siehe Abb. 1). Für mich ergab sich diese Sichtweise aus den Erfahrungen mit der Versöhnungskommission bei den Bemühungen, in den Jahren 1985 – 1990 zwischen den aufständischen Misquito an der Ostküste von Nicaragua und der sandinistischen Regierung zu vermitteln. Es gehörte zu diesen Bemühungen, daß wir an einem Tag mit hochrangigen Beamten am Verhandlungstisch saßen und am nächsten Tag mit ihnen draußen entlang den Dschungelflüssen in den Dörfern an der Ostküste arbeiteten. Dadurch, daß wir uns zwischen dem Diplomatentisch und dem vom Krieg zerstörten Dorf hin- und herbewegten, wurde uns die Existenz der vielschichtigen Realitäten klar, die ganz eng verbunden waren und auch gleichzeitig auftraten, jedoch in ihrer Art, ihrem Stil und Ablauf radikal verschieden waren. Sie wiesen hin auf den Unterschied zwischen einer hierarchischen Diplomatie, die auf einer Kultur und einer Politik der offiziellen Repräsentation aufbaut, und den organischen Abläufen von Versöhnung und Wiederherstellung des Lebens und der Beziehungen der Menschen, die das tägliche Brot des örtlichen dörflichen Lebens sind.

In Abb. 1) wird einfach eine Betrachtungsweise in drei Stufen dargestellt, die diese unterschiedlichen Realitäten wiedergibt und an der Akteure von hohem Rang, aus dem mittleren Bereich und der untersten Stufe beteiligt sind. Dementsprechend stellt jede Stufe eine grundlegende Möglichkeit des Zu-

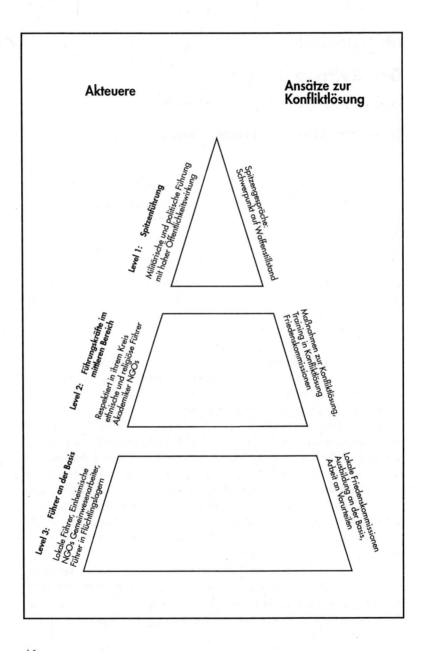

gangs zum Friedensaufbau von oben nach unten, von der Mitte nach außen und von unten nach oben dar. Ich setze mich für einen umfassenden Weg zum Friedensaufbau ein, mit dem die einzigartigen Bedürfnisse und Notwendigkeiten jeder Stufe und letztendlich auch die wechselseitigen Abhängigkeiten dieser drei Stufen verstanden werden können, d. h. mit keiner Stufe allein ist es möglich, Frieden oder eine breite soziale Umwandlung herbeizuführen. Ich bin dabei der Meinung, daß vom Standpunkt der Dauerhaftigkeit aus gesehen der mittlere Bereich am wenigsten verstanden wird, aber das größte Potential zur Sicherung einer Infrastruktur des Friedens enthält. Unser Interesse wendet sich der Bedeutung des unteren und mittleren Bereichs zu, Bereichen, die sowohl Chancen als auch Gefahren beinhalten.

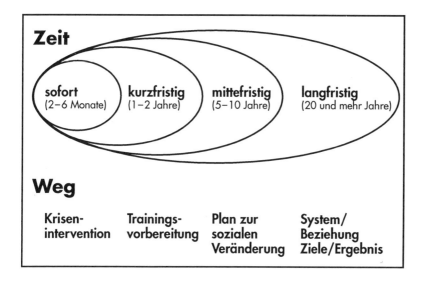

Abb. 2) befaßt sich mit dem zeitlichen Rahmen des Friedensaufbaus. Hier meine ich, daß wir oft stillschweigend mit unterschiedlichen Zeitbezügen arbeiten, wenn wir eine gegebene Konfliktsituation betrachten. Unsere wirksamsten Tätigkeiten scheinen die zu sein, die mit der ›Krisenintervention‹ zusammenhängen, bei der wir in sehr kurzen Zeiträumen denken. Hilfsaktionen in komplexen Notfällen, wie z. B. in Somalia oder in Ruanda, sind darauf gerichtet, schnell etwas zu unternehmen, um das große Leid der Bevölkerung zu

lindern. Sie umfassen gewöhnlich einen Zeitraum von 2 – 6 Monaten. ›Krisenvermittler‹ meinen oft, daß ihre Arbeit darin bestehen soll, Gespräche für eine Feuereinstellung einzuberufen und sich dann auf einen politischen Kompromiß zuzubewegen. Bei diesem ›Krisenblickwinkel‹ hören wir am meisten über Vermittlung/Mediation, doch das ist oft kurzsichtig. Das Konfliktlösungsfeld hat noch eine weitere Komponente, die sprunghaft wächst, nämlich die des ›Trainings‹ im Umgang mit dem Konflikt. Dieser Zeitraum verlängert die Aktivitäten auf eine Dauer von 1 – 2 Jahren, in denen Programme aufgebaut werden, um die Leute auf einen besseren Umgang mit dem Konflikt und – sagen wir – der ethnischen Vielfalt vorzubereiten. Schließlich haben wir am Ende des Spektrums eine langfristige Sichtweise, die ich die ›Generationendenkweise‹ nennen würde. Elise Boulding hat viele Jahre an der Idee einer ›Zukunftsvorstellung‹ gearbeitet und auf die Notwendigkeit hingewiesen, eine Vision zu schaffen, die wir anzusteuern versuchen. Den ›mittleren‹ Bereich bezeichne ich als ›Dekadendenkweise‹. Das Wichtigste hierbei ist, die Fähigkeit zu entwickeln, die Abläufe der gewünschten sozialen Veränderung zu denken. Diese Fähigkeit ist meiner Meinung nach zum Aufbau des Friedens am wichtigsten, jedoch am wenigsten verstanden und praktiziert. Die meisten derzeitigen bewaffneten Konflikte beruhen auf einer Geschichte des aktiven Kampfes, die Jahrzehnte und sogar Generationen zurückgeht. Ich glaube, daß wir genauso viel Zeit brauchen werden, aus diesen Situationen herauszukommen, wie gebraucht wurde, um dort hineinzugeraten. Daher brauchen wir die Fähigkeit, strategisch in unterschiedlichen Zeiträumen zu denken.

In den Mittelpunkt möchte ich den Gedanken der Konflikttransformation stellen. Dabei ergibt sich die grundlegende Frage: Wie gelangen wir von der Krise zu der gewünschten Veränderung? Die Transformation wird als permanenter Prozeß auf der Struktur der mittleren Stufe aufgebaut: Man denkt strategisch über soziale Veränderungen in längeren Zeiträumen nach und verfolgt Initiativen, die die Infrastruktur der Basis schaffen. Das Wesentliche meiner kurzen Ausführungen zusammenfassend meine ich, daß der mittelfristige Weg eine einzigartige Infrastruktur zur Erhaltung des Friedens darstellt.

Mit dieser Diskussion entstehen eine Reihe von Schlüsselfragen, die uns dazu führen, über die Beiträge einer ›dritten Kraft von unten‹ nachzudenken. Was haben die Aktivitäten Dritter mit der Schaffung einer Infrastruktur zur Friedenserhaltung zu tun? Inwieweit hängen sie zusammen mit dem Gefüge, der Kultur und dem Aufbau der bürgerlichen Gesellschaft? Welcher zeitliche

Rahmen wird für die Arbeiten vorgesehen und wieviel Zeit wird auf den verschiedenen Stufen benötigt? Gibt es Indikatoren dafür, wann verschiedene Rollen und Akteure am nützlichsten sind und am meisten gebraucht werden? Wie weit hängen sie bei einem integrierten Weg zusammen? Arbeiten bestimmte Drittakteure auf bestimmten Stufen besser? Stehen bestimmte Abläufe und Wege in einem besseren Verhältnis zu bestimmten Arten von Konflikten?

Diese Fragen gehen über den Bereich, den ich hier darstellen soll, hinaus. Ich möchte meine Beobachtungen im Hinblick auf Eigenschaften und Bedeutungen der Aktivitäten Dritter auf die Ziele der Friedenserhaltung und die Schaffung einer Friedensinfrastruktur konzentrieren. Dabei beziehe ich den gesellschaftlichen und kulturellen Kontext und den zeitlichen Rahmen der entsprechenden Aktivitäten mit ein. Um unsere Diskussion weiter voranzubringen, möchte ich meine Beobachtungen in Thesenform vortragen. Die Thesen müßten noch auf breiterer Basis geprüft und verglichen werden.

Ein heutiger bewaffneter Konflikt wird

- vermutlich innerhalb eines Nationalstaates ablaufen, obwohl er oft durch Waffenhandel, die Vertreibung von Menschen und den Standort der kämpfenden Gruppen internationalisiert ist,
- wahrscheinlich stattfinden zwischen Gruppen mit seit langem bestehenden Animositäten und direkten Erfahrungen von Greueltaten, die die tiefsten Ängste ihrer Feinde verstärken. Diese Gruppen sind häufig einander benachbarte Gemeinschaften, seltener sich fernstehende Nationen,
- oft dazu führen, daß eine Aufsplitterung von Identitäten und Autoritäten entsteht, was als tiefgehende Trennung und diffuses Machtgefüge empfunden wird und die Bildung neuer Gruppen zur Folge haben kann,
- sich nicht ohne weiteres für eine Intervention von außen eignen, selbst wenn ein Mandat für eine offizielle Intervention von außen vorliegt.

These 1

In vielen heutigen Konflikten stellen wir fest, daß wir uns nicht ausschließlich auf die ›nationalen‹ Aktivitäten auf der obersten Stufe verlassen können. Dies gilt, wenn die zentrale Autorität sich in einer Krise befindet oder gar zusammengebrochen ist, wenn der Konflikt örtlich begrenzt ist und eine scharfe Trennung durch die jeweiligen Gruppen geht. Entsprechend wird es zunehmend komplizierter und notwendiger, die kulturell verwurzelten Lösungswege für die Bewältigung des Konflikts zu erkennen, eine Zustimmung für sie zu finden und sie in Angriff zu nehmen. Dieser Realität muß sich der Friedensprozeß stellen, und er muß die ganze Pyramide über die mittlere Stufe bis hin zur untersten Stufe einschließen.

Die These basiert auf zwei grundlegenden Beobachtungen. Erstens stimmt es, daß sich die internationale Diplomatie den Fragen von Kultur und Kontext (Struktur, Gefüge) zugewandt hat. Es ist aber ebenso klar, daß eine internationale diplomatische Kultur entstanden ist, die viele Wechselwirkungen auf offizieller Ebene prägt. Die ›Kultur der offiziellen Diplomatie‹ mag nicht immer anwendbar sein, noch mag sie für die Art der in dem jeweiligen Konflikt vorherrschenden Strukturen, Kulturen und Gruppen gut geeignet sein. Zweitens wird es, wenn man sich zu dem Ort der Arbeit hin bewegt, immer wichtiger, Friedensprozesse zu entwikkeln, die den Realitäten und den kulturellen Strukturen, in denen sie ablaufen, entsprechen. Das deutet darauf hin, daß man den Blickwinkel einnehmen muß, von dem aus man die Ressourcen für die Sicherung des Friedens sieht, die verfügbar, akzeptiert und erfolgversprechend sind. Oft geht es nicht darum, Einheimische in eine vorgegebene Praxis, Frieden zu schaffen, einzufügen. Vielmehr ist die Frage, wie der Frieden in ihrem spezifischen Kontext und im Rahmen ihres kulturellen Erbes aufgebaut werden kann.

Das ist in vielfacher Weise die große Lehre von Somalia. Wir haben uns als internationale Gemeinschaft Somalia mit der Sichtweise genähert, den Frieden durch die üblichen Verfahren der internationalen Diplomatie zu schaffen, z. B. durch die Einladung der erkennbaren Milizenführer zu Konferenzen in ausländische Hauptstädte. Dadurch haben wir nicht nur das Wesentliche dessen, was in der Struktur geschah, übersehen. Wir versäumten auch die Gelegenheit, auf dem aufzubauen, was in der Gesellschaft vorhanden war, was hätte helfen können, einen dauerhaften Frieden zu sichern. Angesichts einer zusammengebrochenen zentralen Autorität hätten wir nach Wegen suchen müssen, die sowohl verfügbar als auch in diesem Kontext realistisch waren. Die Friedensbemühungen scheiterten oft, weil wir nicht den Blickwinkel hatten nachzufragen, wie diese Wege aussehen könnten, wie sie funktionieren, wie sie unterstützt und bestärkt werden könnten. Wenn wir die Entwicklung dieses Blickwinkels ernst nehmen wollen, müßten wir unseren Weg hin zum Frieden von unten nach oben und von innen nach außen aufbauen und dabei sorgfältig versuchen, die kulturellen und strukturellen Implikationen zu verstehen.

50

Dies kann zum Beispiel erforscht werden, indem wir im Fall von Somalia die Rolle der Ältestenkonferenzen oder der Frauenvereinigungen verstehen, wobei keine der beiden als ›Dritte Kraft‹ im traditionellen diplomatischen Sinn anzusehen wäre, wo aber beide wesentlich zu einem dauerhaften Frieden in diesem Kontext beitragen konnten. Wir hätten zum Beispiel das kurzfristige politische Ziel, ein Ende der Feindseligkeiten zu erreichen, mit strukturell-kulturellen Zielen verbinden müssen. Wer hat innerhalb der Gesellschaft die Fähigkeit, Mechanismen wiederherzustellen oder einzuführen, die einen Gemeinschaftssinn schaffen, wer könnte helfen, einen Sinn für eine ordnungsgemäße Vertretung zu festigen und wer würde die Fähigkeiten haben, als eine Art verbindliche Autorität anerkannt zu werden? Unsere Annahmen bezüglich des ›nationalen‹ Prozesses im Kontext der Lokalisierung von Politik, des traditionellen Lehnswesens und der kurzlebigen Clanbeziehungen in Somalia führten uns dazu, Modelle einer Dritten Kraft anzuwenden, die oft ungeeignet und unzureichend für die Aufgabe waren. Modelle, die aus dem Land selbst kamen und die Möglichkeit boten, mit der Situation konstruktiv umzugehen, wurden übersehen. Meine These mit anderen Worten wiederholend: Wenn in einem Konflikt die zentrale Macht zusammengebrochen ist und sich die Macht und Autorität lokal aufsplittert und umverteilt, dann muß die Vielzahl der am Konflikt beteiligten Menschen in die Konfliktbearbeitung einbezogen werden. Wir müssen auf der unteren Ebene des Konfliktes arbeiten und auf Beiträgen Dritter aufbauen, die gerade aus dieser Struktur und diesen kulturellen Quellen kommen.

These 2

Interventionsmodelle von Dritten aus dem mittleren und unteren Bereich bieten ein größeres Potential für eine die Zusammenhänge berücksichtigende, längerfristige Intervention. Sie laufen weniger Gefahr, daß es zu einem kurzzeitigen Eingreifen bei der Mediation in Krisenfragen kommt, und sie sind gerade durch ihren Entstehungsort besser in der Lage, zwei wesentliche Aufgaben in dem Friedenssicherungsprozeß wahrzunehmen: Sie ermöglichen den oft langsamen und mühseligen Prozeß, die Menschen darauf vorzubereiten, sich auf Verhandlungen hinzubewegen, und sie unterstützen die Menschen dabei, die getroffenen Vereinbarungen auch wirklich umzusetzen.

Wir sprechen hier zwei Aspekte der Beiträge Dritter von unten an. Es ist erstens die Frage, wer diese Dritten sind, und zweitens die Frage der Zeit. Wir – generell wir im Westen – arbeiten allgemein mit der Vorstellung, daß die Intervention Dritter bei der Friedenssicherung, besonders auf dem Gebiet der Schlichtung und Vermittlung, am besten von einer Person oder einem Team durchgeführt wird, die von außerhalb kommen und neutral sind. Das bedeutet, daß wir die Frage ›wer?‹ dadurch beantworten, daß wir eine Lösung durch einen neutralen Outsider vorziehen, was nach unserer Meinung einen fairen Prozeß ergibt. Ich habe in meiner Arbeit in Mittelamerika sowohl auf örtlicher als auch manchmal auf nationaler Ebene des mittelamerikanischen Friedensprozesses (1986-1990) festgestellt, daß oft ein anderes Modell ablief. Es hängt zusammen mit zwei wichtigen kulturellen Konzepten: ›confianza‹ und ›cuello‹, Vertrauen und Beziehungen. Konflikte werden oft angegangen, indem jemand gesucht wird, der das Vertrauen aller Beteiligten genießt, d. h. eine Person, die Beziehungen hat, mit deren Hilfe man an das Problem und die beteiligten Menschen nahe herankommen kann. Dies wurde in dem Fall der Schlichtungskommission, die zwischen den Kämpfern der nicaraguanischen Ostküste und der Sandinista-Regierung vermittelte, in einen breiter angelegten Prozeß übertragen. An dieser Kommission waren Leute als Individuen beteiligt, weil sie das Vertrauen der Menschen auf der einen oder anderen Seite besaßen und tiefgehende Beziehungen zu ihnen hatten. Man konnte von den einzelnen Personen im Team sagen, daß sie der einen oder der anderen Seite näherstanden, aber im Team bestand ein Gleichgewicht. Das habe ich als eine Lösung durch einen parteilichen Insider bei der Schlichtung durch Dritte bezeichnet.

Dadurch, daß mit Komponenten gearbeitet wurde, die eher informell waren und auf Beziehungen beruhten, war der Lösungsweg sowohl im Hinblick auf die tatsächlichen Funktionen und Aktivitäten als auch auf die Zeit allgemeiner orientiert. Der langsame und schwierige Prozeß, die Leute von Verhandlungen zu überzeugen und die prozeduralen Mechanismen zu schaffen, entwickelte sich über Jahre, nicht nur Monate. Die Einsetzung von Gesprächen geschah dagegen ziemlich kurzfristig. Die Folgegespräche unter Einbeziehung der breiten Bevölkerung auf der unteren Ebene gingen jedoch auch noch weiter, als die Kameras inzwischen verschwunden waren und CNN kein Interesse mehr hatte. Mit anderen Worten: Die Dritte Kraft bildeten Vertrauensleute, die in Schlüsselpositionen des Konfliktfeldes saßen. Deren Zeitrahmen war so bemessen, daß die Vorbereitung, die offiziellen Verhandlungen und die Unterstützung bei der weiteren Beobachtung Jahre dauern konnten. Es gab kein kurzzeitiges Eingreifen in den Konflikt oder die Arbeit. Gerade durch die Art ihrer Beziehungen, die Vernetzungen und die Örtlichkeit waren sie ›über die Zeit‹ anwesend.

Hierin liegt der wichtige Beitrag bei dieser These. Der Ort der dritten Partei beeinflußt ihre Meinung zu dem Zeitrahmen. Modelle Dritter, die sich im Konfliktfeld befinden, bieten eine größere Möglichkeit, die notwendige Arbeit der Friedenssicherung zu schaffen und zu bewahren.

These 3

Eine Intervention durch Dritte an der Basis eignet sich besser, um an der Transformation des Konflikts zu arbeiten. Eine solche Transformation muß bei den heutigen Konflikten Mechanismen einschließen, mit deren Hilfe man tiefsitzender Furcht, langjährigem Haß und Identitätsaufsplitterung begegnen und eine Beteiligung an der Gemeinschaft entwickeln kann. In anderen Worten, eine solche Intervention wird nicht nur Aktivitäten auf der ›politischen Tagesordnung‹, sondern auch die Aufgabe der sozialen Versöhnung in Angriff nehmen können.

Diese These spricht einfach die Art des Umfeldes von derzeitigen bewaffneten Konflikten an. Eine Reihe von Autoren hat es in letzter Zeit so ausgedrückt: Viele dieser heutigen Situationen ähneln mehr einem kommunalen als einem typischen internationalen Konflikt. Menschen, die sich im Kriegszustand befinden, sind direkte Nachbarn, und obwohl die Gräben der Trennung, des Hasses und der Feindseligkeit tief sind, bleiben sie doch in vieler Hinsicht voneinander abhängig.

Lassen sie uns den Balkan betrachten. Die Menschen dieser Region und sicherlich viele derjenigen, die in direkter Nachbarschaft miteinander leben, sind letztlich immer noch voneinander abhängig – auch wenn sie sich tief in ein Gefühl des Schmerzes und der unverdienten Unterdrückung vergraben haben, für das sie ihre Feinde quer durch alle Gruppen verantwortlich machen. Sie sind voneinander abhängig in der Beziehung der einzelnen Dörfer untereinander (von Märkten über die Landwirtschaft bis hin zum Transportwesen), in bezug auf die Region selbst und auch gegenüber einem größeren Europa und der Weltwirtschaft und -struktur. Vor diesem Hintergrund ist es wichtig zu erkennen, daß langfristig Mechanismen erarbeitet werden müssen, mit denen Raum für eine soziale Versöhnung geschaffen wird und der Prozeß ihrer

Entwicklung gefördert werden kann. Das wird dann einen Einfluß auf die Frage haben, wie der Konflikt bearbeitet und transformiert werden kann.

Dies, so glaube ich, geschieht am besten dadurch, daß eine Vielzahl von Dritten auf verschiedenen Ebenen arbeitet und sich dabei den Realitäten auf jeder Ebene anpaßt. Besonders wichtig ist das jedoch auf der unteren Stufe, auf der sich das Leben der Menschen direkt abspielt. Wenn wir ein Beispiel aus Nordirland nehmen, so sehen wir, daß es dort viele Aktivitäten Dritter gibt, die alle Stufen der Gesellschaft berühren und die sich in den letzten zehn Jahren entwickelt haben. Es gibt, wie Mari Fitzduff herausgefunden hat, eine Vielzahl von ›Friedensteilstücken‹, die in Nordirland eine Rolle spielen, und zwar solche, die auf die kulturellen Traditionen abzielen, andere, die Polizeiaktivitäten betreffen, bis hin zu Aktivitäten, die sich auf den bewaffneten und politischen Kampf beziehen. Dritte treten auf in Form von Kirchenführern, örtlichen Vermittlungszentren, früheren paramilitärischen Gruppen, die als Team arbeiten, in Form von politischen Führern, Psychologen und Akademikern. Damit wird eine Basis geschaffen für den Umgang mit den vielen Facetten des Konflikts und den vielen hier vorliegenden Bedürfnissen, damit nicht nur die Feindseligkeiten beendet werden, sondern auch das zerrissene soziale Gefüge wiederhergestellt wird.

Diese These will sagen, daß Friedenserhaltung nicht nur darin besteht, den Kampf zu beenden. Vielmehr muß auch die persönliche, wirtschaftliche und politische Umwandlung der Menschen und Strukturen ins Auge gefaßt werden. Daraus ergibt sich, daß man sich Konzepten Dritter auf einer breit angelegten Basis und nicht auf einem schmalen Pfad nähern muß. Die Behauptung unterstreicht den wesentlichen Punkt, daß es für die Versöhnung und den langfristigen Wiederaufbau von wechselseitigen Abhängigkeiten und Beziehungen notwendig ist, auch den Wiederaufbau der bürgerlichen Gesellschaft als eine Aufgabe zu berücksichtigen, für die die Drittparteien auf der unteren Ebene inmitten der Gemeinschaft die Rolle eines Geburtshelfers übernehmen.

These 4

Die Initiativen Dritter auf der mittleren und der unteren Ebene können helfen, eine Infrastruktur des Friedens zu schaffen und nicht nur eine Lösung von Problemen herbeizuführen.

Alles, was oben gesagt wurde, gipfelt schließlich in diesem Gedanken. Frieden wird nicht auf einer utopischen Wunschvorstellung errichtet. Er wird wie ein Haus aufgebaut und dauerhaft erhalten, weil es eine Vision davon gibt, wie der Frieden aussehen kann, weil es eine Infrastruktur zu seiner Erhaltung und einen Plan zur Entwicklung dieser Infrastruktur gibt. Solange wir die Rolle Dritter so auffassen, daß sie Mittelsmänner bei Gesprächen sind und Vereinbarungen – besonders Waffenstillstandsvereinbarungen – ermöglichen, werden wir, wie es ein somalischer Freund formuliert hat, zwar ein Haus mit einem weithin sichtbaren Dach, jedoch ohne Fundament bauen.

Lassen sie mich ein letztes Beispiel aus Nicaragua anführen. Während der letzten Jahre haben wir mit dem ›Center for International Studies‹ bei seiner bahnbrechenden Arbeit mit versprengten Soldaten aus den früheren miteinander verfeindeten Armeen der Sandinista und der Contra zusammengearbeitet. Die Grundidee der Arbeit des Center beruht auf einem einzigen wichtigen Vorschlag mit zwei Aspekten: Frühere Soldaten müssen aktiv als Teilnehmer in die Umwandlung der eigenen Persönlichkeit und der Gesellschaft eingebunden werden. Dies hat man erreicht, indem man das ›Network for Peace and Development‹ aufgebaut hat. Die beiden Strategien, um zu diesem Ziel zu gelangen, sind darauf ausgerichtet, erstens ein Training in Konfliktlösung und -vermittlung für Soldaten anzubieten und zweitens eine Vorbereitung auf die Entwicklung von Miniunternehmen in örtlichen Gemeinschaften zu ermöglichen, die von einem Fonds unterstützt werden, der wiederum durch eine Stiftung von früheren Soldaten unterhalten wird. In allen Fällen arbeiten frühere Feinde in Gruppen zusammen, wo sie vermitteln, neu entwickeln und die Stiftung als Aufsichtsratsmitglieder verwalten. Vor dem Hintergrund ungeheurer wirtschaftlicher Not und tiefer sozialer Brüche werden die früheren Soldaten und ihre Familien nicht als eine unerwünschte Belastung, als eine Art sozialer Parias angesehen. Vielmehr werden sie angesehen und sehen sich auch selbst als Menschen mit der einzigartigen Fähigkeit, in gewalttätigen Konflikten zu vermitteln (zum Beispiel in ihren örtlichen Gemeinschaften mit dem Phänomen der Wiederbewaffnung umzugehen) und die Führung im Wiederaufbau auf örtlicher Ebene zu übernehmen. Die Idee dabei ist, eine aktive soziale Struktur zu schaffen, die zur Transformation der Person (vom Soldaten zum Bürger) ermutigt, die einen wichtigen Beitrag zur Transformation der Gesellschaft leistet, und dies alles mit dem Ziel, eine friedliche Abkehr vom Krieg zu unterstützen.

Hier sehe ich den Kernpunkt dieser These. Wir müssen über die Wege nachdenken, wie Dritte an der Entwicklung von Mechanismen der Infrastruktur beteiligt werden können, die strategisch zur Unterstützung des Friedens hin orientiert sind. Es ist zu beachten, daß wir bei dieser Frage ›Dritte‹ eher umfassender als eng definieren. So haben wir in dem nicaraguanischen Beispiel eine Selbsthilfeorganisation als Dritte Kraft, die ein Netzwerk aus früheren Feinden aufbaut, die ihre Notlage aufarbeiten und Arbeitsperspektiven entwickeln. Es sind Vermittlerteams als Dritte, die aus früheren Kämpfern in örtlichen Konflikten gebildet wurden. Es gibt Dritte, die geholfen haben, Informationen und Training anzubieten, um sie auf ihre Aufgabe vorzubereiten, Dritte, die geholfen haben, Verbindungen mit Mosambik und Angola zu schaffen, so daß Gedanken ausgetauscht und andere, die in ähnlichen Situationen leben, unterstützt werden können.

Meine Schlußfolgerung ist sehr einfach. Ich glaube, daß viele wichtige und sehr unterschiedliche Aktivitäten Dritter jenseits der stark in den Vordergrund tretenden Bemühungen der Diplomatie auf hoher Ebene vorhanden sind. Kenneth Boulding sagte einmal: »Wenn etwas existiert, so ist es möglich.« Ich möchte im Zusammenhang mit Friedenssicherung hinzufügen: Wir brauchen eine strategische Infrastruktur, um das, was in einer visionären Bewegung für den Frieden vorhanden sein kann, zu unterstützen. Ich glaube, daß Dritte auf der unteren Ebene ein wesentlicher Bestandteil dieser Infrastruktur sein werden.

Anmerkung

*) Die Übersetzung stammt von von Mechthild Köhn-Jonas.

Tilman Evers:

Vorboten einer
sozialen Weltinnenpolitik

Zum Verhältnis von Friedensdienst und Entwicklungsdienst

Konfliktbearbeitung und Entwicklungsdienst

Zahlreiche gesellschaftliche Kräfte, darunter Vertreter beider großer Kirchen, schlagen heute in Deutschland die Gründung eines zivilen Friedensdienstes als staatlich geförderten Fachdienst in pluraler gesellschaftlicher Trägerschaft vor. Auch im Bundestag wird der Vorschlag von Abgeordneten aus allen Fraktionen unterstützt.

Dieser Aufgabe dienen die Initiativen, die sich zum Ziel gesetzt haben, in Deutschland einen zivilen Friedensdienst zu gründen.

Nicht zufällig hat daher auch die Entwicklungspolitik ein wachsendes Augenmerk auf Fragen der Menschenrechte, Demokratie und gewaltfreien Konfliktbearbeitung gelegt. Zahlreiche heutige Projekte der Entwicklungsdienste können mit Recht als Aufgaben der Friedenswahrung und -schaffung bezeichnet werden.[1]

Es kann nicht darum gehen, die enge Verflechtung von Frieden und Entwicklung in Frage zu stellen. So hat beispielsweise der ›Konziliare Prozeß der Kirchen für Gerechtigkeit, Frieden und Bewahrung der Schöpfung‹ den unauflöslichen Zusammenhang zwischen einer sozial gerechten Weltordnung, einer ökologisch verträglichen Wirtschaftsweise und der Wahrung von Frieden verdeutlicht. Dabei wurde jedoch auch klar, daß keines dieser drei Ziele einem anderen untergeordnet werden kann. So falsch es wäre, Frieden und Entwicklung zu trennen, so fragwürdig ist es, beide ineinszusetzen.

Gefragt ist also eine genauere Bestimmung von Nähe und Abstand zwischen beiden Aufgaben. Wenn in Deutschland ein ziviler Friedensdienst gegründet werden soll, muß sein Verhältnis der Zusammenarbeit und wechselseitigen Ergänzung zu den bestehenden Entwicklungsdiensten geklärt werden. Im Mittelpunkt steht die Frage: Was ist das Besondere eines Friedensdienstes? Darum kreisen auch die folgenden Überlegungen.

Einen Zugang bietet – wie oft – ein Blick auf die historischen Entstehungsbedingungen beider Dienste. Daraus wird die besondere Blickrichtung der Friedensdienste und die daraus folgenden Gewichtungen ihrer Arbeit im Verhältnis zu den Entwicklungsdiensten deutlich. Die Folgerung wird lauten: Entwicklungs- und Friedensdienste sind Vorboten einer sich herausbildenden Weltsozialpolitik; sie müssen eng kooperieren, benötigen aber für ihre unterschiedlichen Zugänge je eigene institutionelle Formen.

Der geschichtliche Kontext

Entwicklungspolitik – Entwicklungsdienste
Die heute in Deutschland bestehenden Entwicklungsdienste sind konzeptionell und in ihren organisatorischen Grundzügen eine Schöpfung der 60er Jahre.[2]

Ihre erste großangelegte Umsetzung erlebte diese Konzeption in dem von Kennedy inspirierten amerikanischen Peace Corps. In ihm verband sich der Appell an jugendlichen Idealismus mit ökonomischem Entwicklungsoptimismus und einem missionarischen Antikommunismus, der auch vor geheimdienstlicher Inanspruchnahme nicht zurückschreckte. Diese Vermischungen sowie flüchtige Ausbildung und Projektfindung führten dazu, daß die Mehrzahl der Projekte scheiterte. Zum Vertrauensverlust trug auch die politische Diskreditierung der USA durch den Vietnamkrieg bei. Von diesem Rückschlag hat sich die amerikanische Entwicklungspolitik bis heute nicht erholt. Es gibt dort keinen den europäischen Entwicklungsdiensten vergleichbaren professionellen Fachdienst in zivilgesellschaftlicher Trägerschaft.

In Deutschland – und allgemein in Europa – ging der Aufbau von Entwicklungsdiensten langsamer, dafür fundierter vonstatten. Von den 60er Jahren an war das Konzept eines professionellen Fach-dienstes mit staatlicher Finanzierung, aber weitgehend in pluraler gesellschaftlicher Trägerschaft, unbestritten. In ihren Grundzügen haben sich die damals grundgelegten Strukturen bis heute als tragfähig erwiesen.

Immer wieder in Frage gestellt wurde freilich die gesellschaftliche Zielstellung sowie deren konkrete Umsetzung. Der Vietnamkrieg sowie die Welle der Militärdikaturen in vielen Ländern der ›Dritten Welt‹ mit ihren gemeinsamen Wurzeln in der Doktrin der ›counterinsurgency‹ verhalfen ungewollt zu der Einsicht, daß Unterentwicklung und Entwicklung nicht aufeinanderfolgende Phasen, sondern Kehrseiten derselben kapitalistischen Weltwirtschaft darstellten. Die ernüchternde Erfahrung vieler Projekte rückte die politisch-gesellschaftlichen, auch kulturellen Bedingungen der jeweiligen Länder als entscheidend für Erfolg oder Mißerfolg von ›Entwicklung‹ in den Blick. So wurden Demokratie und Menschenrechte indirekt zu Kriterien und Aufgaben von Entwicklungspolitik.

Schrittweise trugen weitere Faktoren zur Relativierung wirtschaftlicher Entwicklung als zentralem Zielwert bei: Die in den späten 70er Jahren beginnende ökologische, feministische und pazifistische Diskussion nahm der Leitidee des Fortschritts – ideengeschichtlicher ›Vater‹ des Entwicklungsgedankens – viel von seinem vorigen Glanz. Einige der bislang unterstützungsbedürftigen Länder, insbesondere in Ostasien, entwickelten sich zu wirkungsvollen Konkurrenten auf dem Weltmarkt, während andere – besonders in Afrika – in eine soziale, politische und ökologische Auflösung fielen, der gegenüber ›Entwicklungshilfe‹ allenfalls noch als Katastrophenhilfe vorstellbar war. Dazu kam, daß über Wohl und Wehe wirtschaftlicher Entwicklung zunehmend auf globalisierten Finanzplätzen und immer weniger im nationalstaatlichen oder überhaupt politischen Rahmen entschieden wurde und wird.

So befindet sich die deutsche Entwicklungspolitik – bei insgesamt soliden finanziellen und institutionellen Strukturen und vielen weiterhin durchaus sinnvollen Einzelprojekten – seit einigen Jahren in einer Orientierungskrise. Mit ihrer klassischen Aufgabe der wirtschaftlichen Entwicklungszusammenarbeit steht sie gleichsam auf einer abschmelzenden Insel, von der nach beiden Seiten Regionen wegbrechen: Solche, die Entwicklungshilfe nicht mehr brauchen, und solche, denen sie nicht mehr hilft. Und auf dem, was von der Insel bleibt, wird ›Entwicklung‹ westlichen Typs nicht mehr unkritisch gesehen. Verständlich, daß sie sich nach einem neuen Selbstverständnis, auch neuen Aufgaben umsieht.

Friedenspolitik – Friedensdienste

Demgegenüber haben friedenspolitische Initiativen in Deutschland eine weitaus gebrochenere Geschichte. Der heutige Vorschlag eines zivilen Friedensdienstes ist neuesten Datums und damit ›jünger‹ als Entwicklungspolitik; aber zivilgesellschaftliche Friedenspolitik sowie einige der heutigen Friedensdienste sind weitaus älter: Einige von ihnen entstanden bereits in den 20er Jahren als Antwort auf die Schlachten des Ersten Weltkriegs (z.B. der ›Internationale Versöhnungsbund‹); andere wurden nach 1945 aus einem antifaschistischen Engagement gegründet (z.B. ›Aktion Sühnezeichen‹).[3]

In all den Jahrzehnten hat dieses friedenspolitische Engagement seine Anlässe und Formen entsprechend den jeweiligen politischen Herausforderungen immer wieder geändert. Um nur die Nachkriegszeit der (alten) Bundesrepublik zu nehmen: Es führt ein langer, gewundener Weg vom Widerstand gegen die deutsche Wiederbewaffnung über die Anti-Atom-Kampagnen der frühen Ostermärsche, die Anti-Vietnamkriegs-Demonstrationen, die Nachrüstungsdebatte der frühen 80er Jahre mit ihren Großdemonstrationen und Menschenketten bis hin zur heutigen Auseinandersetzung um ›out-of-area-Einsätze‹ der Bundeswehr sowie deren mögliche Umwandlung in ein Berufsheer.

Deutlich unterscheidet sich die Geschichte der Friedensinitiativen von derjenigen der Entwicklungsdienste in ihrem Verhältnis zum Staat: Während sich im Bereich der Entwicklungspolitik spätestens unter der Ägide des Entwicklungsministers Eppler eine enge Zusammenarbeit zwischen staatlichen Instanzen und ›privaten‹ Projektträgern herausbildete, blieben in der Friedenspolitik engagierte Bürger hie, Staat da in kritischer, bisweilen feindseliger Gegenüberstellung. Ein Grund dafür war, daß aus konservativstaatsrechtlicher Sicht Friedenswahrung zu den Aufgaben der Außen- und der Sicherheitspolitik gehören – also zum Arkanbereich des Staates, in den Bürgerinnen und Bürger nicht dreinzureden haben. Nicht zufällig sind Diplomatie und Militär ›demokratiefreie‹ Räume und in besonderem Maße gegenüber der Öffentlichkeit abgeschirmt. Das trug dazu bei, daß unter den friedenspolitischen Initiativen oft in spiegelbildlicher Polarisierung ein radikaler Pazifismus meinungsführend war.

Friedensdienste konnten angesichts dieser Spaltung nur auf rein ›privater‹ Grundlage bestehen. Ökonomisch bedeutete dies eine Arbeit auf der prekären Grundlage von Spenden, Mitgliedsbeiträgen und kirchlichen Zuschüssen. Staatliche Projektgelder waren nur sporadisch erhältlich für Maßnahmen, die sich anderen Förderkategorien wie denen der Völkerverständigung, der Erwachsenenbildung oder der Entwicklungshilfe subsumieren ließen. Damit gewannen viele dieser Friedensdienste zwar eine reichhaltige Erfahrung in konkreten Einzelfeldern; den gemeinsamen Zentralbereich einer kontinuierlichen, politischen Friedensarbeit konnten sie dagegen konzeptionell und praktisch nur unvollkommen wahrnehmen.

Manche der heute anerkannten Entwicklungsdienste verstehen sich nach ihrem Herkommen (auch) als Friedensdienste – so insbesondere ›Dienste in Übersee‹, ›Eirene‹ und ›Weltfriedensdienst‹.[4] Bei ihnen setzt sich die Trennung in der Weise fort, daß sie nur für Entwicklungsprojekte staatliche Förderung erhalten und friedens-fördernde Projekte aus anderen, weitaus bescheideneren Eigenmitteln finanzieren müssen.

Zivile Konfliktbearbeitung – Das Proprium der Friedensdienste

Trotz ihres zum Teil unterschiedlichen Herkommens gibt es heute zwischen den Aufgaben der Entwicklungsdienste und denjenigen eines Friedensdienstes so viele Berührungspunkte, daß die unterscheidende Zuordnung von Tätigkeitsbereichen und Arbeitsweisen auf den ersten Blick nicht leicht fällt. Dazu kommt eine methodische Schwierigkeit: Während die Entwicklungsdienste seit Jahrzehnten existieren, ist der Friedensdienst als staatlich geförderter Fachdienst bislang ein Projekt. Wie lassen sich die vielfältigen praktischen Erfahrungen im Entwicklungsbereich mit einer bloßen Absicht vergleichen? Hier hilft nur die gedankliche Vorwegnahme, für die es allerdings gute Anhaltspunkte gibt: Die jahrzehntelange Arbeit der bestehenden kleineren Friedensdienste in In- und Ausland, die Versöhnungsarbeit der Kirchen[5], die sporadischen Vermittlungsdienste prominenter Persönlichkeiten sowie schließlich die Erfahrungen der (staatlichen) OSZE-Missionen geben ein durchaus verläßliches Bild von der möglichen Praxis einer Friedensarbeit. Auf dieser Grundlage entstanden zudem eine Fülle von wissenschaftlichen Ausarbeitungen, die das Bild ergänzen.

Ein erster Versuch, das Verhältnis von Friedensdienst und Entwicklungsdienst zu bestimmen, ging von einem Bild überlappender Kreise aus. Dem lag die Annahme zugrunde, daß es einen relativ breiten Mittelbereich an Gemeinsamkeiten gibt, der nach beiden Seiten begrenzt wird durch das, was die unverwechselbare Eigenheit von Entwicklungsarbeit einerseits, Friedensarbeit andererseits ausmacht. Die Diskussion zeigte jedoch, daß dieses Bild nicht aufgeht: Es gibt so gut wie keinen Tätigkeitsbereich, keine Arbeitsweise, in der sich nicht Elemente beider Zielstellungen berühren und durchdringen würden.

Das ergibt sich aus der inneren Bezogenheit von Entwicklung und Frieden: Fragt man nach den gesellschaftlichen Voraussetzungen für eine nachhaltige Entwicklung, so gelangt man unweigerlich zu politischen, kulturellen und sozialpsychologischen Bedingungen und darin auch zu Problemen und

Chancen einer gewaltfreien Konfliktaustragung. Diesen Diskussionsgang hat die bundesdeutsche Entwicklungspolitik in den letzten Jahren gerade vollzogen. – Umgekehrt gilt aber auch, daß ein um seine gesellschaftlichen Voraussetzungen erweiterter Friedensbegriff auf Fragen materieller Lebenschancen und Verteilungsgerechtigkeit stößt und daher unweigerlich Probleme der sozioökonomischen Entwicklung einbezieht.

Das entsprechende geometrische Bild ist also eher das von zwei einander flankierenden Dreiecken, die sich zum Viereck ergänzen.

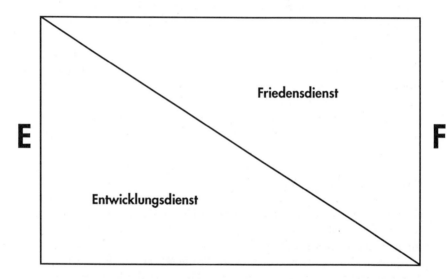

Die Endpunkte E und F für ›reine‹ Entwicklungsarbeit bzw. ›reine‹ Friedensarbeit lassen sich nur idealtypisch verstehen. Als gedachte Grenzsituationen kommen sie in der Wirklichkeit so gut wie nicht ungemischt vor: Keine Entwicklungsarbeit, die nicht auch ein Element vorbeugender Konfliktbearbeitung enthält; keine Friedensarbeit, die nicht auch die Bedingungen von Entwicklung verbessert. Der breite Mittelbereich zeigt unterschiedliche Gewichtungen von ›mehr dies‹ und ›weniger das‹.

Die Eigenart von Entwicklungsarbeit hier, Friedensarbeit dort bestimmt sich natürlich in erster Linie durch die Aufgabe, die im Mittelpunkt ihrer jeweiligen Zieldefinition steht. Symbolisch, konzeptionell und praktisch kommt sie zum Ausdruck durch die jeweiligen Zielbegriffe, denen sie ihren

Namen verdanken: *Entwicklung und Frieden.* – Es ist hier nicht der Ort, auf die ideengeschichtlichen Traditionen dieser beiden Begriffe einzugehen. Auch die Aufgaben und Methoden der Entwicklungsarbeit brauchen hier nicht dargelegt zu werden – sie sind bekannt. Die Frage lautet also nur: Was leisten Friedensdienste? [6] Und inwiefern unterscheiden sie sich darin von Entwicklungsdiensten?

Im Mittelpunkt ihrer Tätigkeit steht die Konfliktbearbeitung mit den Mitteln zivilgesellschaftlicher Intervention und dem Ziel einer gewaltfreien Konfliktaustragung. Der geläufige Ausdruck ›Konfliktprävention‹ ist unscharf, weil es nicht darum gehen kann, den unvermeidlichen, oft sogar nötigen Konflikten vorzubeugen. Zutreffend wäre der Ausdruck: Gewaltprävention durch Konflikttransformation. Typischerweise geht es darum, in bestehende Konflikte mit Angeboten des Gesprächs, der Vermittlung und Schlichtung so einzuwirken, daß die bekannte Eskalationskurve von Gesprächsabbruch, wechselseitiger Feindbildprojektion und steigender Gewaltbereitschaft frühzeitig umgelenkt und statt dessen nach lebbaren Lösungen für alle Beteiligten gesucht werden kann. Als entscheidend hat sich dabei oftmals die Präsenz von ›dritten‹, nicht streitbefangenen Personen und Gruppen erwiesen, beispielsweise um das abgebrochene Gespräch zwischen den verfeindeten Kräften wieder in Gang zu bringen oder mit Überbrückungsangeboten den Faktor Zeit ins Spiel zu bringen.

Kommt es zum Ausbruch von gewalttätigen Auseinandersetzungen, dann ist Konflikttransformation vor allem nach einem Waffenstillstand wieder gefragt, um die militärische in eine politische und zivile Deeskalation zu überführen und vor möglichen Rückfällen zu sichern. Auch hier werden externe Kräfte benötigt, um das vermittelnde Gespräch in Gang zu bringen, vereinbarte Schritte des Gewaltverzichts und der Vertrauensbildung zu überwachen und schließlich Hilfe bei der Reintegration von Bewaffneten und Flüchtlingen, bei Wiederaufbau und Entfeindung zu leisten. Aber selbst während der ›heißen Phase‹ einer bewaffneten Auseinandersetzung gibt es unaufhörlich ›zivile Komponenten‹ des Konflikts[7], z.B. politische Bemühungen im In- und Ausland, die Gewalt zu beenden; Versuche, eine territoriale Ausweitung auf Nachbarregionen zu vermeiden; Flüchtlingsbetreuung, humanitäre Hilfe, Beobachtung und Öffentlichkeitsarbeit; die Unterstützung einer friedenswilligen Opposition gegenüber den jeweils kriegstreibenden Kräften, usw.

Als entscheidende Voraussetzung für eine erfolgversprechende Gewaltprävention gehört der Schutz der Menschen- und Bürgerrechte mit zu den zentralen Aufgaben einer Friedensarbeit. So beraten Friedensdienste friedenswillige Einzelne und Gruppen über ihre Rechte, schützen sie durch internationale Präsenz und Öffentlichkeit und erschließen ihnen rechtliche, politische und materielle Hilfsquellen. Damit werden zugleich Strukturen der Zivilgesellschaft gestärkt, die ihrerseits innergesellschaftliche Arenen gewaltfreier Konfliktaustragung bieten und mit der Ausfächerung politischer Mitsprache eine Machtstrategie mittels Feindbilder erschweren und eine drohende Eskalation von Konflikten verlangsamen können.

Begleitend zu all diesen Aktionsformen entwickeln Friedensdienste ein Repertoire an friedenspädagogischen Methoden und bieten dazu Ausbildungsgänge in aufeinanderfolgenden Qualifikationsschritten an. Sie dokumentieren die Erfahrungen im gewaltfreien Umgang mit Konflikten, regen die wissenschaftliche Diskussion und Auswertung an und vermitteln die Ergebnisse in Öffentlichkeit und Politik.

All dies kommt auch in heutigen Projekten der Entwicklungsarbeit vor. Dennoch ist die Blickrichtung, das Verhältnis von Ziel und Weg verschieden. In den Worten der GTZ-Mitarbeiterin Corinna Kreidler: »Der wesentliche Unterschied besteht darin, daß (bei Friedensdiensten, T.E.) die Krisenprävention als explizites Ziel formuliert wird, sie bei allgemeiner entwicklungspolitischer Zusammenarbeit jedoch nur ein positiver Nebeneffekt ist. Das Hauptaugenmerk ist also ein anderes, ebenso unterscheiden sich Tiefe und Dauer der Ansätze und insbesondere die Wichtigkeit der konfliktreduzierenden Effekte.«[8] Aus diesem Unterschied der vorrangigen Blickrichtung ergibt sich eine Reihe unterschiedlicher Akzente und Gewichtungen. Ich greife im Folgenden drei Bereiche heraus: 1.) Der jeweilige Umgang der beiden Dienste mit dem sozialen Gefälle gegenüber ihren Partnern, 2.) die jeweils benötigte Ausbildung, sowie 3.) die geographischen Tätigkeitsräume von Friedens- und Entwicklungsarbeit.

Unterschiedliche Gewichtungen

Das soziale Gefälle

Bei allen konzeptionellen und praktischen Weiterungen, die die Entwicklungsarbeit über die Jahre erfahren hat: Ohne einen zumindest vermittelten Bezug zum Leitbegriff der Entwicklung verlöre sie nicht nur ihren Namen, sondern auch ihren Sinn, ja ihre Berechtigung. Der Entwicklungsbegriff aber bedingt – ob man es will oder nicht – einen Vergleich von Weniger zu Mehr, gemessen am Maßstab des technologischen Fortschritts und des wirtschaftlichen Wohlstands.

Mit guten Gründen, auch gutem Willen bemüht sich die Entwicklungszusammenarbeit seit Jahrzehnten, dieses entwicklungspolitische Gefälle so gering wie möglich zu halten, jedenfalls in Begriffen und Formen weitestmöglich zurückzunehmen.[9] Aber läßt es sich letztlich aufheben? Entwicklungsarbeit *muß* wollen, was sie nach wie vor mit dem Gros ihrer Projekte tut: Nämlich verändernde Eingriffe in die materielle und immaterielle Infrastruktur einer Gesellschaft vornehmen. Würden die Entwicklungsdienste dazu nicht Fähigkeiten, aber auch materielle und finanzielle Möglichkeiten einbringen, die ihren Partnern so nicht zu Gebote stehen, gäbe es keinen Grund für ihre Anwesenheit. Selbst politisch-soziale Projekte, die ausschließlich nicht-ökonomische Ziele verfolgen (z.B. Menschenrechts-, Organisations-, Öffentlichkeitsarbeit) müssen sich – wie vermittelt auch immer – zurückführen lassen auf eine Verbesserung der Lebensbedingungen. Sonst wären sie nicht mehr als Entwicklungsarbeit darstellbar und würden damit anderen Bedingungen unterliegen.

Solche anderen Bedingungen gelten – der Tendenz nach – für einen Friedensdienst. Zwar werden auch Friedensdienste ein soziales Gefälle nicht vermeiden können; es ergibt sich schon daraus, daß sie selbst nicht im Konflikt befangen, also von den Folgen des Konflikts nicht bedroht sind und zusätzliche Handlungsoptionen besitzen. Dazu kommen internationale Kontakte, die oft mit der Möglichkeit von finanzieller und/oder politischer Unterstützung oder deren Entzug einhergehen. Aber: Diese Überlegenheit ist nicht der Grund ihres Kommens. Es gibt kein friedenspolitisches Gefälle, das in ähnlicher Weise der Arbeit zugrunde liegen würde wie das ungeliebt-unvermeidliche entwicklungspolitische Gefälle der Entwicklungszusammenarbeit.

Idealiter arbeitet ein Friedensdienst nicht auf dem Boden eines Gefälles, sondern der Gleichheit. Das ergibt sich schon daraus, daß er es nicht mit einem, sondern mit zwei konfligierenden Partnern zu tun hat. Die Aufgabe einer Vermittlung zwischen beiden wäre unvereinbar damit, eine Seite auf eine höhere Stufe als die andere zu stellen. Auf dieselbe Ebene des Gesprächs unter Gleichen muß sich aber auch der Mediator selbst begeben. Jeder Versuch, Machtmittel von ›außen‹ und ›oben‹ einzusetzen, müßte zwischen beiden Streitparteien differenzieren; aus der Unparteilichkeit würde ein labiles Gleichgewicht von Parteinahmen auf beiden Seiten, in der letztlich die Konfliktbearbeitung zurücktritt hinter ein Zwangsrepertoire von Zuckerbrot und Peitsche. Das ist oft die Situation machtgestützter staatlicher Vermittler; das Abkommen von Dayton ist dafür das deutlichste Beispiel. Die Idee der Friedensdienste entstammt gerade der Erfahrung, daß mit Mitteln staatlicher Macht Konflikte sich allenfalls einfrieren, aber nicht produktiv umformen lassen. Glaubwürdig ist die Friedensfachkraft gerade dadurch, daß sie für sich keine hervorgehobene Stellung in Anspruch nimmt; sie ist genug dadurch ›herausgehoben‹, daß sie nicht selbst Partei ist.

Wiederum: In der Wirklichkeit sind die Unterschiede graduell. Viele Projekte der Entwicklungszusammenarbeit arbeiten durchaus im eben genannten Sinne – aber dann sind sie ihrem Wesen nach nicht mehr Entwicklungs- sondern Friedensarbeit. Die Entwicklungsdienste waren inhaltlich und regional ›am nächsten dran‹ an den neuen Aufgaben der Gewaltprävention – wer sonst hätte sie aufgreifen können? Damit haben sie eine zweite Identität neben der ersten entwickelt. Das konnte eine Zeitlang gutgehen, besonders in den ›angestammten‹ Erdteilen des Südens. Die Frage ist: Gegenüber welchen Partnern, bei welchen Konflikten könnte sich das Herkommen von der Entwicklungszusammmenarbeit als Hindernis erweisen? Ab wann könnten die bewährten Denkweisen und Handlungsroutinen zu Fesseln für notwendige neue Konzeptionen werden? Inwieweit genügen noch die bisherigen Formen und Inhalte der Ausbildung?

Ausbildung

Sowohl Entwicklungs- wie Friedensarbeit ist in erster Linie eine sozialkommunikative Tätigkeit. So gibt es breite Bereiche, in denen die Ausbildung gleich oder ähnlich ist; dazu gehören allgemein persönlichkeitsbildende, sprachliche und gruppendynamische Fähigkeiten. Welche darüber hinausgehenden, besonderen Befähigungen benötigen Entwicklungshelfer einerseits, Friedensarbeiter andererseits?

Nach wie vor müssen Entwicklungsdienste solche Personen aussenden, die durch eine besondere Qualifikation aus dem Bereich der Berufs- und Arbeitswelt ausgewiesen sind. Auch wenn jeder weiß, daß der Kraftwerkstechniker in erster Linie ein Sozialingenieur, der Genossenschafter vor allem ein versierter Kommunalpolitiker sein muß – ihre Aufenthaltsberechtigung beziehen sie daraus, ›Experten‹ in einem speziellen Sachgebiet zu sein.

Auch Friedensarbeiter/innen werden nach ihrem Beruf gefragt – aber als Hintergrund der Persönlichkeit, nicht als Grund des Kommens. Sie haben

nicht auf die ›hard-ware‹ der sozioökonomischen Gegebenheiten einzuwirken, sondern auf die ›soft-ware‹ psychosozialer Gruppenprozesse. Deutlich
mehr noch als bei Entwicklungsdiensten steht bei Friedensdiensten die Persönlichkeit der Fachkräfte im Mittelpunkt. Die besten Fachkenntnisse der
Mediation würden wirkungslos bleiben bei einer in sich ungefestigten Persönlichkeit; eine überzeugende Persönlichkeit könnte hingegen selbst ohne zu-
reichende Methodenkenntnis erfolgreich wirken. Erfahren (lat. ›expertus‹)
muß ein/e Friedensarbeiter/in im Umgang mit Konflikten, Krisen, Ängsten
und Aggressionen sein. Sie/er muß die Prozesse kennen, die die energetische
Aufladung und Entladung solcher Spannungen bestimmen. Nicht Zertifikate
wären der beste Qualifikationsnachweis, sondern der Satz: Ich habe das selbst
durchlebt.

Solche Bewerber/innen mit einer tiefen Lebenserfahrung werden die Minderheit sein. Doch wer seine eigenen Motivationen, Aggressionen und Ängste
nicht ein Stück weit kennengelernt hat, kann mit denen anderer Menschen
nicht umgehen. Gerade weil subjektive Prozesse im Vordergrund stehen, müssen die Kandidat/innen ihre eigene Subjektivität einschätzen und relativieren
können. Deshalb muß die Ausbildung zu Friedensdiensten zusätzliche
Abschnitte einer angeleiteten Selbsterfahrung etwa aus dem Umfeld der Ge-
staltpsychologie umfassen. Es wird Planspiele geben, die über das Kognitive
hinaus mit Elementen des Psychodramas auf die zu erwartenden Konfliktsituationen vorbereiten. Unweigerlich wird die spirituelle Dimension der anstehenden Aufgabe zur Sprache kommen: Woher nehme ich die Kraft und
Hoffnung, die Demut und Geduld? In eingeschobenen Praxisphasen wird zu
prüfen sein, für welche Konfliktsituation der/die Betreffende eine Fähigkeit
besitzt und für welche nicht. Dazu kommt vor einer Entsendung eine gründ-
liche Einführung in die politischen und mentalitätsgeschichtlichen Hintergründe eines Konflikts. – Aus all diesen Gründen muß eine Ausbildung zum
zivilen Friedensdienst nicht nur anders, sondern auch länger sein als zum Entwicklungsdienst.[10] Sie wird voraussichtlich auch nicht ›auf einmal‹, sondern in
aufeinander aufbauenden Ausbildungsabschnitten erworben, der stufenweise
komplexere Praxisfelder und wachsende Verantwortungsprofile entsprechen.

Dabei kommen nach den ersten, grundlegenden Ausbildungsschritten
zunächst entsprechend vertraute Praxisfelder innerhalb von Deutschland (z.B.
Flüchtlingsbetreuung; Arbeit mit Jugendlichen, Kampagnenarbeit für Menschenrechte oder gegen Rüstungsexporte) in Frage. – Das verweist auf eine
nächste Verschiedenheit:

Tätigkeitsräume

Für die Friedensarbeit gilt eine ungebrochene Kontinuität zwischen in- und ausländischen Tätigkeitsfeldern. Für Entwicklungsdienste kann das naturgemäß so nicht gelten; ihre Inlandsarbeit hat die wichtige Aufgabe der politischen Unterstützung, ist aber nicht selbst Entwicklungsarbeit.

Noch deutlicher wird der Unterschied in Bezug auf die europäische Umgebung. Hier hat es seit 1989 die weitreichendsten Umwälzungen gegeben, hier sind die dramatischsten Konflikte entstanden. Nur die wenigsten der betroffenen Länder gelten als Entwicklungsländer, in denen folglich Entwicklungsdienste tätig werden können. Hier aber hätten Friedensdienste eine vordringliche Aufgabe. Am Beispiel des ehemaligen Jugoslawien: Unter den dort tätigen ca. 300 Nichtregierungsorganisationen sind deutsche Entwicklungsdienste personell so gut wie nicht vertreten. Und das, obwohl Bosnien und Kroatien inzwischen auf der OECD-Liste der Entwicklungsländer verzeichnet sind.

Wir kennen die bisherigen Konflikte von Entwicklungsgesellschaften – kennen wir auch die zukünftigen der hochentwickelten Risikogesellschaften um Umweltressourcen, um technologische Großgefahren, um symbolische Güter? Man denke an die 12 000 Grenzschutzbeamten, die zur Begleitung von Castor-Transporten benötigt wurden, oder an die Schüsse an der Startbahn West: Welche Formen werden künftige Auseinandersetzungen um strittige Technologien annehmen? Wissen wir, wohin der Bedeutungsschwund des Nationalstaats ›nach oben‹ zu supranationalen Zusammenschlüssen wie ›nach unten‹ zu Regionen und NGOs führen, wer seine Macht und insbesondere sein Gewaltmonopol ›erben‹ wird? Was wissen wir über die Sozialpathologien einer Cyber-Welt, in der die Kids nicht mehr unterscheiden können, ob die Kriege auf den Bildschirmen echt oder gespielt sind, und in der selbsternannte Heilsbringer Giftgas in U-Bahnhöfe gießen? – Für all diese Konflikte ist der Entwicklungsbegriff nicht geschaffen. Er paßt nicht auf die Länder Europas, nicht auf Deutschland und nicht auf die Konflikte der Zukunft. Die Gleichung ›Entwicklungsdienst = Friedensdienst‹ geht nicht auf.

Seit 1989 gibt es die Gegenüberstellung von Erster und Zweiter Welt nicht mehr – wie sollte die davon abgeleitete ›Dritte Welt‹ weiter über den einen Leisten der ›Entwicklung‹ zu schlagen sein? Wenn Krisenprävention heute ein Thema der ›großen‹ Politik ist, dann insbesondere aufgrund der Erfahrungen in Ost- und Südosteuropa. Das verträgt sich schlecht mit der

Aussage, es handele sich dabei vordringlich um eine Aufgabe der Entwicklungspolitik. Die Entwicklungsdienste haben – dankenswerterweise – die bislang brachliegenden Aufgaben der Krisenprävention in ›ihren‹ Regionen der Südhalbkugel erkannt und aufgegriffen; dennoch handelt es sich jetzt, nach der Zäsur von 1989, um eine im Wesen neue Aufgabe, mit neuen Räumen, Inhalten und Formen. Wenn für neuen Wein noch keine neue Schläuche vorhanden sind, muß man ihn zunächst in alte füllen – aber ist es deswegen alter Wein?

Weltsozialarbeit – Weltsozialpädagogik

Entwicklungsdienst wie Friedensdienst sind Antworten auf die Probleme einer Weltgesellschaft, die *noch* in Nationalstaaten geteilt ist, aber *schon* einer sozialen Weltinnenpolitik bedarf. Beide haben als negative Fluchtpunkte bestimmte Pathologien dieser sich herausbildenden Weltgesellschaft im Blick: Elend und Gewalt. Man könnte die Entwicklungszusammenarbeit als Vorboten einer Weltsozialarbeit, den Friedensdienst als den einer Weltsozialpädagogik bezeichnen.

Bei einer BMZ-Anhörung am 27.2.1996 sagte Hans-Otto Hahn, Vizepräsident des Diakonischen Werks und Direktor von Brot für die Welt: »Nach allen Erfahrungen ist die Entwicklungszusammenarbeit kein Zauberstab zur Friedenssicherung und Krisenprävention. (...) Das weitgehende Versagen der bisherigen Frühwarnsysteme läßt vermuten, daß systemimmanente Probleme vorliegen: Es besteht bis jetzt kein wirklich ernsthaftes und allgemeines (...) Interesse an Friedenssicherung und Krisenprävention. (...) Es mangelt an handlungsfähigen Strukturen, die die Signale aufnehmen und umsetzen. Es gibt weder im Norden noch im Süden Sensoren und Handlungskapazitäten für rasche Realisierungen. (...) Es muß das, was mein Kollege Manfred Drewes das ›Bonner Loch‹ nennt, gefüllt werden: Nämlich eine Stelle ist zu identifizieren, an die Krisen- und Konfliktinformationen abgegeben und von ihr abgerufen werden können. Der hier begonnene Gedankenaustausch sollte zu einem Dialog zwischen den verschiedenen staatlichen und NRO-Partnern weiter entwickelt werden, der den dezentralen Suchprozeß nach Konfliktlösungen stimuliert und zusammenbringt.«[11]

Dem kann man nur zustimmen. Ziviler Friedensdienst bedarf einer eigenständigen organisatorischen Gestalt, um den heutigen Aufgaben gewaltfreier Konfliktbearbeitung angemessen begegnen zu können. Sie muß von den Entwicklungsdiensten unterschieden aber nicht abgetrennt sein.

Anmerkungen

* Gekürzter Abdruck des Artikels von Tilman Evers in epd-Dokumentation 51/96.

1) Siehe z. B. Jürgen Deile in epd-Dokumentation 51/96, gekürzter Abdruck in diesem Band der PdF.

2) Das BMZ wurde schon früher, nämlich bereits 1953 gegründet, als Umwandlung eines bis dahin bestehenden Ministeriums für Angelegenheiten des Marschall-Planes. Es führte dann zunächst ein wenig beachtetes Schattendasein, aus dem es erst um 1964 unter dem Entwicklungsminister Walter Scheel im Gefolge der Kennedy-Ära erwachte. Profilgebend war insbesondere die Amtszeit von Erhard Eppler 1967- 1973.

3) Zur Geschichte der Friedensdienste siehe z. B. Ch. W. Büttner, Friedensbrigaden: Zivile Konfliktbearbeitung mit gewaltfreien Methoden. Studien zu Gewaltfreiheit, Bd. 2, agenda Verlag, Münster 1995.

4) Siehe z. B. den Beitrag von Eckehard Fricke in epd-Dokumentation 51/96.

5) Siehe z. B. Gemeinsame Konferenz Kirche und Entwicklung: Konfliktschlichtung und Friedenskonsolidierung. Erfahrungen aus Mesoamerika, Horn von Afrika und Mosambik. Dokumentation der Internationalen Fachtagung über Konfliktschlichtung und Friedenskonsolidierung in Bonn, 31.3. – 4.4.1995. Materialien zum GKKE-Dialogprogramm, Heft D 13, Bonn 1995.

6) In die folgenden Überlegungen gehen Anstöße aus der Diskussion in der Arbeitsgruppe der Mülheimer Tagung zum Proprium von Friedensdiensten ein.

7) So Dieter Kinkelbur, These 9, in epd-Dokumentation 51/96.

8) Corinna Kreidler, Möglichkeiten und Grenzen der Entwicklungszusammenarbeit im Bereich Krisenprävention, in: Uschi Eid (Hg.), Konfliktprävention als Aufgabe der Entwicklungszusammenarbeit. Dokumentation des Öffentlichen Ratschlags am 13.1.1996 in Nürtingen. Nürtingen 1996, S. 12-24, S.21.

9) Schon der offizielle Ausdruck ›Entwicklungszusammenarbeit‹ ist ein Versuch, das Gefälle im Wortteil ›Entwicklung‹ durch die semantische Egalität von ›Zusammenarbeit‹ zu kompensieren.

10) Diesen Unterschied nennt auch J. Deile a. a. O.: »Dazu bedarf es Friedens-Fachkräfte, die spezielle Qualifikationen für die Konfliktbearbeitung mitbringen.« Zur quantitativen Ausweitung der Aufgaben werde »auch eine qualitativ höhere Anforderung an die zu vermittelnden Fachkräfte und die vermittelnde Organisation im Bereich Friedensschaffung und Friedenssicherung hinzukommen«. Auch Johan Galtung, der zeitlebens über Frieden und Entwicklung geforscht hat, plädiert für »Die Ausbildung von Friedensspezialisten«, so der Titel seines programmatischen Leitartikels in ProZukunft, Informationsdienst der Internationalen Bibliothek für Zukunftsfragen, hg. von der Robert-Jungk-Stiftung, Nr.4, S.1/2, Salzburg 1995.

11) H.-O. Hahn, Einführungsvortrag zum Themenbereich ›Friedenssicherung durch Krisenprävention, Nothilfe und Wiederaufbau im Rahmen der Entwicklungspo-

litik, beispielhaft dargestellt an den Problemregionen Bosnien und Ex-Jugoslawien, Mittelmeer-Anrainer sowie Schwarzafrika‹ anläßlich des entwicklungspolitischen Gedankenaustauschs von Bundesminister Carl-Dieter Spranger mit Vertretern von Einrichtungen und Organisationen der entwicklungspolitischen Zusammenarbeit sowie der verfaßten Wirtschaft im BMZ am 27.2.1996 in Bonn. Hektrogr. Dokumentation, BMZ, S.4 des Redemanuskripts.

Wilfried Warneck

Gewaltfreie Dienste
für Gerechtigkeit und Frieden
als Herausforderung für die Kirchen

Die Entdeckung des Friedensdienstes der Freiwilligen

Zur Entdeckung des Friedensdienstes der Freiwilligen mußten sich – zur Zeit
um den 1. Weltkrieg – drei wichtige Ströme vereinigen. Erstens gab es in den
USA und in Großbritannien eine stark wachsende Zahl von Kriegsdienstver-
weigerungen aus Gewissensgründen, vor allem unter jungen Männern, die
den Historischen Friedenskirchen (Mennoniten, Religiöse Gesellschaft der
Freunde [Quäker], Church of the Brethren) angehörten. Daraus ergab sich
das Projekt der – z.T. von den kirchlichen Gruppen selbst organisierten – Er-
satzdiensteinrichtungen. In kurzer Zeit entstand das Modell relativ großer Organisationen für ›gesellschaftlich nützliche‹ Dienste, z.B. im sozialen, land-
wirtschaftlichen oder Infrastrukturbereich.

Zweitens entstand damals die Bewegung der internationalen Workcamps,
der ›Aufbaulager‹, für die Zeit der Schul- oder Universitätsferien sowie der
längeren, aber zeitlich begrenzten Freiwilligendienste. Heute sind es Jahr für
Jahr schätzungsweise eine Million vorwiegend junger Menschen, die sich rund
um den Globus in Freiwilligendiensten kurzfristiger (wenige Wochen oder
Monate dauernder), mittelfristiger (sechs bis zwölf Monate dauernder) oder
langfristiger Art engagieren.[1]

Drittens fällt in dieselbe Epoche die Entdeckung der aktiven Gewaltfreiheit im Sinn einer politischen Veränderungsstrategie. Mahatma Gandhi
und Vinoba Bhave verbinden die im Glauben gegründete Gewaltfreiheit
mit einem großen Konzept politisch und sozial wirksamer Strategie. Dadurch wurde diese Form der Gewaltfreiheit zu einem der auslösenden Faktoren in jenem Prozeß, der in der Mitte des Jahrhunderts die gesamte politische Weltkarte umschreiben sollte: der Entkolonialisierung. Dann folgte
die Anwendung auf viele andere Problemfelder. Martin Luther King, César
Chavez oder Adolfo Pérez Esquivel sind einige Namen derer, die das neue

Instrumentarium glaubwürdig anzuwenden vermochten – im Kampf um allgemeine Bürgerrechte in einer rassistischen Gesellschaft ebenso wie in der Arbeit gegen extreme soziale Ungerechtigkeit oder im Prozeß der Ablösung der Diktatur brutaler Militärregime. Im Auftrag des ›Internationalen Versöhnungsbundes‹ haben in den vergangenen Jahrzehnten Hildegard Goss-Mayr und Jean Goss Ungezählten auf vier Kontinenten Glaubensgrundlagen, Prinzipien und Vorgehensweisen der aktiven Gewaltfreiheit vermittelt und damit eine Fülle selbständiger Befreiungs- und Erneuerungsprozesse in Gang gesetzt.[2]

Damit sind wichtige Voraussetzungen für ein gesellschaftlich relevantes Handeln bereitgestellt worden, dessen sich die Gemeinde Jesu Christi bedienen kann, ohne ihre Grundanliegen und -aussagen aufs Spiel zu setzen. Man sollte also meinen, die Kirchen und die christlichen Bewegungen würden nun begierig nach dem Element des international-ökumenischen Friedens- und Freiwilligendienstes greifen, es fördern und es nutzen. In der Tat gehören nicht nur die Friedenskirchen selbst, sondern auch der Ökumenische Rat der Kirchen (ÖRK) eine Zeitlang zu den wichtigsten Anregern internationaler Freiwilligendienste. Dabei blieb jedoch, dieser Eindruck drängt sich auf, längere Zeit hindurch das Charakteristikum der Gewaltfreiheit ein eher zufälliges Attribut. Und betrachtet man den Gesamtbestand der Kirchen in der Weltgesellschaft, so erscheinen die Dienstgruppen der Freiwilligen, die sich in irgendeiner Weise und Hinsicht dem christlichen Spektrum zuordnen lassen, als ein verschwindendes Spurenelement. Es wäre daher weit übertrieben, in ihnen eine wesentliche Ausdrucksform heutigen christlichen Lebens in der Welt erblicken zu wollen. Sie sind nicht mehr, sicherlich aber auch nicht weniger als ein Hoffnungszeichen.

Die entsprechende ökumenische Stelle, das ›Liaison Centre for Ecumenical Services for Justice, Peace and the Integrity of Creation‹ (Kontaktstelle ökumenischer Dienste für Gerechtigkeit, Frieden und die Bewahrung der Schöpfung)[3] hat 1995 nach jahrelanger mühsamer Sucharbeit ein Weltverzeichnis von 437 Organisationen in 113 Ländern veröffentlicht. 89 dieser Organisationen verstehen sich als ausgesprochene Entwicklungsdienste. Bei mehr als der Hälfte der Organisationen kann man Hilfs- bzw. sozialdiakonische Dienste leisten; die Aufgaben und Projekte von Dreiviertel der Freiwilligendienste sind nach ihrem eigenen Verständnis dem Bereich von Gerechtigkeits- und Friedensarbeit zuzuordnen.[4]

Christliche Friedensdienste: Erfahrungen aus den historischen Friedenskirchen

Christen und Kirchen im Kriegsfall

Wenden wir uns nun ganz gezielt jenen Diensten zu, die sich speziell mit der Frage von Krieg und Frieden befassen bzw. ihrer Bearbeitung durch das Instrumentarium des Dienstes, also den – wie wir heute sagen – ›Friedensfachdiensten‹. Zur Einleitung eine provozierende Frage:

Was tun Christen, die sich konsequent für Gewaltfreiheit entschieden haben; was tun Friedenskirchen im Fall eines Krieges?

Es gibt einige klassische Antworten:

- Sie fahren fort, das Evangelium des Friedens allen gegenüber zu verkündigen, auch wenn ihnen das Anfeindungen einbringt.
- Sie verweigern die eigene Beteiligung und tragen alle Konsequenzen aus dieser Haltung.
- Sie nehmen sich der Opfer an.
- Sie stellen sich der Frage, inwiefern sie selbst z.B. in die geschichtlichen Ursachen und Hintergründe des Krieges verwickelt sind, und bekennen öffentlich ihre Mitschuld.
- Sie mobilisieren ihre sämtlichen Gesprächs- und Begegnungsmöglichkeiten, um ein neues Miteinander nach den Kampfhandlungen vorzubereiten. Ebenso bemühen sie sich um adäquates präventives Handeln.
- Sie stellen sich als Forum und Vermittler für Bemühungen zur Verfügung, den Krieg zu beenden und Frieden zu stiften.

Am seltensten wird die letzte Antwort gegeben. In der volkskirchlich geprägten Bevölkerung herrscht die Erwartung, Kirchen identifizierten sich mit der Nation, in deren Bereich sie existieren, bzw. sie hätten sich – im Fall eines bürgerkriegsförmigen Konflikts – aus den politischen Fragen herauszuhalten, um unparteiisch und damit für alle gleich zugänglich zu bleiben. Ihr Bereich sei der des Glaubens und der privaten Ethik, nicht der der politischen Entscheidungen. – Diese Einstellung war z.T. sicherlich auch in den Friedenskirchen vorzufinden, jedenfalls bis zu den Weltkriegen. Auch in jener Zeit lag das Schwergewicht ihres Einsatzes noch auf der Sorge für die Opfer und – weit verbreitet – auf der eigenen Verweigerung.

Freilich geschah der Einsatz für die Opfer mit einer solchen Hingabe und in einem solchen Maß, daß das Wirken einer der kleinsten existierenden Kirchen, der Quäker, geradezu zum Symbol christlichen Einsatzes für die Opfer von Krieg und Hungersnot wurde: ›Quäkerspeisung‹ war – sowohl nach dem Ersten als auch nach dem Zweiten Weltkrieg – ein Stichwort, das für Hunderttausende von Menschen zum Zeichen der Hoffnung wurde in einer Periode absoluter Finsternis.[5]

Mennonitische Erfahrungen

Die höchsten inneren Barrieren gegenüber einer planvollen politischen Einmischung zur Beendigung laufender Kriegshandlungen hatten unter den Friedenskirchen wohl die Mennoniten zu überwinden – sicherlich aufgrund ihrer besonderen Erfahrungen mit Staat und Nation, d.h. der von ihnen extrem häufig erlittenen langen Verfolgungszeiten. Anfang der 1980er Jahre jedoch erlernen in den USA immer mehr Menschen die Konfliktbearbeitungs-Methode der Mediation; in der den mennonitischen Traditionen eng verwandten ›Church of the Brethren‹ (Kirche der Brüder) gibt es eine der ersten Ausbildungseinrichtungen. Im großen mennonitischen Hilfs-, Entwicklungs- und Friedensdienst ›Mennonite Central Committee‹ (MCC), speziell in seiner Friedensabteilung, wird man früh auf diese und ähnliche Methoden aufmerksam und studiert die Möglichkeiten der Übertragung aus dem zivilen – z.B. dem familiären oder schulischen – Bereich in den der Politik und der internationalen Konflikte. So entsteht die Unterorganisation ›Mennonite Conciliation Service‹, aus der sich später unter Mitwirkung des ›Internationalen Mennonitischen Friedenskomitees‹ noch die besondere Sparte ›International Conciliation Service‹ entwickelt.

In jenen Jahren hält der Theologieprofessor Ronald Sider – überzeugend gerade deshalb, weil er ein weltweit bekannter Exponent des pietistischen Flügels des Täufertums ist – viele Vorträge über ›Gewaltfreie Aktion‹ und ›Soziale Verteidigung‹, vor allem über den – aus Gandhis Friedensbrigaden abgeleiteten – Gedanken von Friedensinterventionen durch gewaltfreie christliche Massendemonstrationen. Der wichtigste dieser Vorträge war sein Referat auf der Mennonitischen Weltkonferenz 1984 in Straßburg. Es löste sofort leidenschaftliche Diskussionen aus und führte zur Gründung der ›Christian Peacemaker Teams‹ (CPT). An dieser Gründung beteiligten sich auch die ›Church of the Brethren‹ und das ›American Friends Service Committee‹, die Dienstorganisation der nordamerikanischen Quäker. Man kann an ihr noch die passionierte Bewegung ablesen, die der Gedanke prophetisch-zeichenhafter Aktionen ausgelöst hatte, bei denen sich Tausende trainierter christlicher Gewaltfreier der Kriegsmaschinerie in den Weg legen wollten. Einige Ansätze dazu sind einige Jahre später vom ›Gulf Peace Team‹ gegen Ende des 2. Golfkrieges sowie unter Leitung der italienischen Organisation ›Beati i Costruttori di Pace‹ bei einem Marsch auf das belagerte Sarajewo verwirklicht worden – wenn auch in jeweils stark verkleinertem Maßstab und mit entsprechend verminderten Chancen.

CPT jedoch führte gerade nicht zur Realisierung der ursprünglichen Siderschen Idee, sondern der Struktur nach eher zum herkömmlichen Modell, d.h. zur Entsendung ganz kleiner Teams in Spannungsgebiete – z.b. Gaza und Hebron während der Intifada oder Haiti während der Spannungen vor und nach der Rückkehr von Präsident Aristide. Das Neue im Vergleich zu den bisherigen Freiwilligendiensten besteht darin, daß erstens die CPT-Teams gerade dann entsandt werden, wenn sich andere Organisationen überlegen, ob sie ihre Gruppen nicht abberufen müssen, und zweitens bei CPT keinerlei ›nützlicher‹ Grundauftrag entwicklungspolitischer, pädagogischer oder karitativer Art übernommen wird. Auf einen solchen Auftrag, der die Präsenz eines Teams eher plausibel erscheinen läßt, sattelt man sonst gerne die versöhnungs- und friedensfachdienstliche Komponente auf. Die CPT-Teams werden vielmehr – auf Einladung örtlicher Initiativen, Gemeinden oder Institutionen hin – geradewegs mit dem Auftrag der friedensfachdienstlichen Mitarbeit entsandt. Sie haben diesen Auftrag in Partnerschaft mit den jeweils Einladenden gut erfüllt. Sie erreichten jedoch weder die einmal von Ron Sider gemeinte zeichenhafte Öffentlichkeitswirkung noch den Dialog auf dem halboffiziellen oder offiziellen Parkett, wie ihn – neben anderen Funktionen – die gewohnten Friedensmissionen bzw. ›QUIARS‹ (Quaker International Affairs Representatives) der Quäker verwirklichen können.

Ob sich aus CPT noch einmal eine Basis für gewaltfreie Großaktionen entwickelt, muß zur Zeit wohl ganz offen bleiben. Die Sicherung der nicaraguanischen Grenzgebiete nach dem sandinistischen Sieg gegen das Eindringen US-amerikanisch unterstützter Contrakämpfer durch insgesamt Tausende christlich motivierter gewaltfreier Friedensaktivisten (›Witnesses for Peace‹) ist ein Hinweis darauf, daß man den Gedanken als solchen nicht zu rasch als illusionär und unnütz abtun darf. Instrument und Strategie sind selbstverständlich je nach der vorhandenen Situation auszuwählen.

Eine andere Entwicklung haben die direkt aus dem ›Mennonite Central Committee‹ hervorgegangenen friedensfachdienstlichen Aktivitäten genommen. Die Ergebnisse sind beachtlich. Im Norden Somalias etwa konnte nach einem mehrmonatigen, vom MCC unterstützten Konsultationsprozeß der traditionellen Stammeschefs eine Art befriedeter Zone geschaffen werden, als in anderen Teilen des Landes noch offener Bürgerkrieg tobte und die militärische Intervention ergebnislos abgebrochen werden mußte.

Der bekannteste Fachmann in diesem Bereich wurde der mennonitische Politikwissenschaftler John Paul Lederach; sein bisher spektakulärster, unmittelbar meßbarer Erfolg war die Beilegung des Misquito-Contra-Krieges 1987/88 im Osten Nicaraguas. E. von der Recke beschreibt den Konflikt mit den in Nicaragua kulturell und konfessionell eine Sonderrolle spielenden, nicht spanischsprachigen Misquito und seine Lösung folgendermaßen: »Die Misquitos sperrten sich gegen die ihnen aufgezwungenen Vereinheitlichungs- und Umsiedlungsmaßnahmen; schließlich gingen viele von ihnen nach Costa Rica und bekämpften von dort aus das sandinistische Regime. In unzähligen Gesprächen gelingt es John Paul Lederach, beide Parteien an den Verhandlungstisch zu bekommen; Verhandlungen mit dem Staatspräsidenten, mit Contra-Führern und mit kirchlichen Verantwortlichen verschaffen diesen Friedensgesprächen eine hinlängliche Autorität.

Kreise, die an der Fortführung des Bürgerkrieges interessiert waren, setzten auf John Paul Lederach ein Kopfgeld von fünfzigtausend Dollar aus. Seine Tochter sollte gekidnapt werden; die Familie mußte wiederholt aus dem Land gebracht werden. Aber nach etwa einem Jahr lag ein Abkommen auf dem Tisch – es regelte die Land- und Wasserrechte, eine Wiederaufbauhilfe und vor allem die sensible Frage der Teilautonomie für das Misquitoland und der Zusammenarbeit mit der nicaraguanischen Zentralregierung. Die sandinistische Partei hatte die Fehler zugegeben, die sie anfangs im Misquito-Streit begangen hatte, aber das ausgehandelte Ergebnis gab ihr die Möglichkeit, politisch das Gesicht zu wahren; und die Misquitos konnten in ihre Heimatdörfer zurückkehren.«[6]

Mit seinen Kollegen Jantzi und Kraybill leitet Lederach heute das ›Institute for Conflict Studies and Peacebuilding‹ in Harrisonburg im US-Staat Virginia. Interessant ist, daß sein Institut in direkter, kontinuierlicher Koppelung mit Instituten in anderen Kontinenten arbeitet – dem des für internationale Konfliktbearbeitung bekannten Äthiopiers Hezekias Assefa in Nairobi und einem vergleichbaren Institut in Bogota. Lederach und Kraybill sind die für ad hoc-Aufgaben am meisten herangezogenen Experten des ›International Conciliation Service‹, der auf Einladung des ›Internationalen Mennonitischen Friedenskomitees‹ Bitten der regionalen Stellen nachkommt. Lederach ist auch ständiger Berater des auf lokaler Ebene sehr effektiven ›Mediation Network Belfast‹, das in enger Zusammenarbeit mit dem Friedensdienst entstanden ist.

Erfahrungen der Quäker

Als die Quäker 1947 den Friedensnobelpreis erhielten, stand ihr beispielloses humanitäres Wirken im Vordergrund, in dessen Rahmen sie z.b. Tausende jüdischer Menschenleben gerettet, bis zum amerikanischen Kriegseintritt ein Kontaktbüro im Herzen von Berlin aufrechterhalten und während des 2. Weltkrieges und danach eine unübersehbare Fülle von Initiativen entfaltet hatten.[7] Aber seit Robert Barclay (1648 – 1690) gab es immer auch das Wissen darum, daß man sich nicht damit begnügen dürfe, sich derer anzunehmen, die unters Rad gekommen waren, sondern – wie es in unserem Jahrhundert Dietrich Bonhoeffer betonte – man »dem Rad in die Speichen fallen« müsse, ja, keine Mühe scheuen dürfe, Spannungen und Kriegen durch Verhandlungen und andere geeignete Schritte zuvorzukommen. Seit etwa dreißig Jahren hat die britische Organisation ›Quaker Peace and Service‹ eine Friedensfachdienst-Abteilung; eine entsprechende Sektion hat das ›American Friends Service Committee‹ in Philadelphia. Zu den bekanntesten Unternehmungen quäkerischer Vermittlungsarbeit gehören

- die Friedensdelegation im indisch-pakistanischen Krieg, an der sich 1966 Leslie Cross, Adam Curle und Joseph W. Elder beteiligten,
- Hintergrundverhandlungen zur Beendigung des Biafra-Krieges (1967 – 1970) durch John Volkmar, Adam Curle und Walter Martin und
- Verhandlungen von Walter Martin im Blick auf die endgültige Unabhängigkeit von Simbabwe 1979/80.

Eine Fülle von Teilschritten und zeitweiligen Resultaten ergaben Delegationen in Spannungszentren wie Sri Lanka, dem Nahen Osten, Uganda oder Nordirland.

Die Besonderheit des quäkerischen Engagements in politischer Mediation kann darin gesehen werden, daß es im ausdrücklichen Verbund mit anderen Arbeitsformen und -bereichen ausgeführt wird. Dabei sind in erster Linie die Quäkerbüros in den politischen Machtzentren auf nationaler (Washington, Moskau, früher Berlin u.v.a.) wie auf internationaler Ebene (New York, Genf, Brüssel) zu nennen. Über die längste Tradition verfügt das ›Quaker United Nations Office‹ (QUNO) in Genf, das 1922 als Vertretung am Sitz des Völkerbunds eingerichtet wurde. Mit seinem Zwillingsbüro in New York, am Hauptsitz der Vereinten Nationen, hat es ein großes Verdienst daran, daß die in diesen Zentren arbeitenden quäkerischen Expertinnen und Experten auf der internationalen diplomatischen Bühne als Kolleginnen und Kollegen ernstgenommen, in die Informationsströme einbezogen und immer wieder um Moderatorendienste gebeten werden. Wenn sie dann als ›Quaker International Affairs Representatives‹ (QUIAR) in einem Spannungsgebiet auftauchen, kommen ihnen in aller Regel günstige Vorurteile und oft auch persönliche Bekanntschaften entgegen. Zu den besonders wirkungsvollen Aktivitäten der Zentren gehören ›Off-record-meetings‹, Besprechungen, von denen unter Garantie keinerlei Aufzeichnungen gemacht werden. Dort können Vertreter in Konflikt befindlicher Parteien einander begegnen, ohne daß etwas darüber an die Öffentlichkeit käme. Die absolute Zuverlässigkeit dieser Regel ist ein Erfolgsgeheimnis dieser inoffiziellen Friedensdiplomatie. Hinzu kommt, daß die quäkerischen Einlader wirkliche Fachleute ihrer jeweiligen Spezialgebiete – ob Abrüstung, ob Menschenrechte, ob Völkerrecht usw. – sind und sich ihre diplomatischen Gesprächspartner deshalb ernstgenommen fühlen.

Ein weiteres Element in diesem Instrumentarium ist die humanitäre Arbeit. Sie wird so unparteiisch wie möglich gehandhabt und hat den Nebenertrag, daß es bei Konfliktgesprächen ein Grundvertrauen sowie an vielen Orten persönliche Anknüpfungspunkte gibt.

Bedeutsam ist schließlich das ausgesprochene Engagement in Wissenschaft und Ausbildung. In den USA gehören Quäker zu den führenden Friedensforschern. An der Universität von Bradford in Nordengland ist auf eine Quäker-Initiative hin das Friedensforschungsinstitut entstanden, das nicht nur ein umfassendes akademisches Angebot macht, sondern auch Ausbildungen für Externe, Sommerkurse usw. anbietet. Bekannt ist auch das Studien- und Kursus-Zentrum Woodbrooke College in Birmingham. So wird gewährleistet, daß die Dienstorganisationen Zugang zu den besten Informationen und den qualifiziertesten Fachleuten haben.

Die hier skizzierte instrumentelle Kombination trägt wesentlich dazu bei, daß die Friedensarbeit der Quäker auf einem so hohen Niveau stattfinden kann, ohne doch elitär und basisfremd zu werden.

Church of the Brethren

Charakteristisch für die in unserem Zusammenhang relevante Arbeit der dritten der Historischen Friedenskirchen ist der besondere Einsatz für ökumenische Zusammenarbeit im Friedensdienst. So ist die umfangreiche Vermittlungs-, Konsultations- und Studienarbeit der ›Commission of the Churches on International Affairs‹ des Ökumenischen Rates der Kirchen in den letzten Jahrzehnten stark geprägt durch das beständige Engagement der Brethren. Es geschieht stets in enger Abstimmung mit der Dienstorganisation ›Brethren Service‹.

Der gewaltfreie friedenspolitische Dienst der Historischen Friedenskirchen – dies ist abschließend zu bemerken – verfügt über eine wichtige Basis: Die anerkannte innere Grundlegung in den Überzeugungen (und zum Teil auch in den Traditionen) der jeweiligen Glaubensgemeinschaft. Diejenigen, die sich da in einem bestimmten Zeugnis und Tun engagieren, können sich auf einen bereits vorhandenen Vorrat gemeinsam anerkannter Thesen und Symbole berufen. Das kann beträchtlich dazu beitragen, ihrem Dienst den Charakter des Authentischen und Kontinuierlichen zu verleihen.

Die Dienste für Gerechtigkeit, Frieden und Bewahrung der Schöpfung im Konziliaren Prozeß

Die Dienste in den Dokumenten der ökumenischen Versammlungen

Für viele Mitglieder der Dienstorganisationen war es wie ein Traum, als die Europäische ökumenische Versammlung ›Frieden durch Gerechtigkeit‹ in der Pfingstwoche 1989 in Basel erklärte: »Als Christen glauben wir, daß wahrer Friede gewährt wird, wenn wir den Weg mit Christus gehen, auch wenn wir oft davor zurückschrecken, ihm bis ans Ende zu folgen. Seine Absage an Gewalt fließt aus der Liebe, die sogar den Feind sucht, um ihn zu verwandeln und sowohl Feindschaft wie Gewalt zu überwinden. Diese Liebe ist bereit, in aktiver Weise zu leiden. Sie entlarvt den ungerechten Charakter des Gewaltaktes, zieht jene zur Rechenschaft, die Gewalt anwenden, und zieht den Feind in eine Beziehung des Friedens hinein (Matth. 5,38-48; Joh. 18,23). Jesus stellt den Weg der Gewaltlosigkeit unter die Verheißung einer friedlichen Erde. (Matth. 5,5)«.[8] Wie endlos lang war die Zeit erschienen, in der man mit dieser Orientierung am Wortlaut des Evangeliums in die Ecke angeblicher verschrobener Buchstabenethik gestellt und hoffnungslos marginalisiert wurde! War das wirklich überwunden? Zur Bestätigung fügt Art. 61 eine politische Anwendung hinzu, die im Rückblick auf den Herbst 1989 ihren prophetischen Klang erhält: »Wir bekräftigen mit Nachdruck die Bedeutung gewaltfreier politischer Mittel; sie sind der angemessene Weg, Veränderun-

gen in Europa zu erreichen.«Ein Weg ist eingeschlagen, der während der Golf-
und der Balkankriegszeiten mancherorts fast vergessen schien, dann jedoch
etwa bei der Deutschen Ökumenischen Versammlung in Erfurt 1996 von der
Arbeitsgruppe 3.2 in aller Radikalität wieder aufgenommen wurde: »Die Option für Gewaltfreiheit einzulösen ist ureigene Aufgabe der Kirche und entspricht ihrem Wesen.« Unmittelbar daraus wird gefolgert, die Kirchen hätten
»eine besondere Verantwortung für den Aufbau und den Ausbau christlicher
Friedensdienste«.

Damit wird eine Konsequenz wiederholt, die schon in Dresden, ganz kurz
vor der Baseler Versammlung von 1989, gezogen worden war: »Wir vertreten
die Verpflichtung der Christen und Kirchen für den ökumenischen Friedensdienst. Dieser ökumenische Friedensdienst entspricht der Priorität, die
heute der menschlichen Überlebensverantwortung vor allen partikularen Interessen zukommt. In ihm verwirklicht sich zugleich die vorrangige Option
für die Armen, die Gewaltfreiheit und der Dienst für den Schutz und die Förderung des Lebens.«[9] Basel bekräftigte diese Konsequenz und verstärkte sie
durch eine Verheißung für das, was sieben Jahre später in Erfurt »das Kir-
chesein der Kirche Jesu Christi« genannt werden sollte: »Wir regen die Bildung von ökumenischen ›Schalom-Diensten‹ an. Frauen und Männer, die
sich in solchen Diensten engagieren, werden ihre eigene Kirche als Teil des
dienenden Gottes-Volkes unter allen Völkern erkennen lernen. Wir verpflichten uns, diesen aktiven Geist des Schalom auszubreiten« (Art. 80).

Eine ökumenische Arbeitsgruppe machte sich sogleich nach Basel an die
Arbeit und entwarf das ›Dreieck der Schalom-Dienste‹, aus erstens den Gemeinden und Gemeinschaften, die Dienste mitzutragen bereit sind, aus zweitens den befristeten Diensten (der Freiwilligen) und drittens dem unbefristeten Dienstengagement (›Schalom-Diakonat‹). Für dieses Konzept wurde 1990
in Seoul geworben. Es kam zu einem besonderen feierlichen Bundesschluß
im Blick auf die Verwirklichung dieser Vision; in Art. 1.8 des II. Bundes-
schlusses, wie er sich im Dokument findet, klingt die dritte Seite jenes Drei-
ecks an: »Wir versprechen feierlich, uns für folgende Anliegen einzusetzen.
Wir wollen, daß unsere Kirchen dies ebenfalls tun: Für eine Gemeinschaft
von Kirchen, die ihrer Identität als Leib Christi dadurch gerecht werden, daß
sie Zeugnis ablegen von der befreienden Liebe Gottes, indem sie das Gebot
unseres Herrn erfüllen, unsere Feinde zu lieben; ... indem sie weltweit einen
Diakonat für Gerechtigkeit und Frieden entwickeln und koordinieren, der
den Kampf um Menschenrechte und um Befreiung fördern und in Konflik-

ten, Krisen und gewaltsamen Auseinandersetzungen helfend eingreifen kann.« Die ÖRK-Vollversammlung in Canberra 1991 bestätigte diese Einschätzung der Dienste für Gerechtigkeit und Frieden als wichtige Elemente des Konziliaren Prozesses. Ebenso hatte schon 1988 die europäische konziliare Basisgruppen-Versammlung ›Assisi '88‹ knapp und klar gesagt: »Kirchen, die ökumenische Friedensdienste gestalten, brauchen Friedensarbeiter«.[10]

Es ist ungerecht, solche Dokumente nur als Worte abzutun. In der Kleingruppe in Seoul, mit Delegierten auch aus den ärmsten und krisenreichsten Regionen der Erde, habe ich gelernt, daß es auch eine vorauslaufende ökumenische Praxis gibt. Hinter so manchem derartigen Satz steht mehr als ein Kreuzweg. Und dabei soll Dienst an Salaam/Schalom, für Gerechtigkeit und Frieden, fortan eine noch größere Rolle spielen. Wie kann das erleichtert und befördert werden? Dazu ein Blick auf zwei Entwicklungen aus den letzten Jahren.

Kontaktstelle ökumenischer Dienste für Gerechtigkeit, Frieden und die Bewahrung der Schöpfung

Gleich nach Basel begann 1989 die Koalition der Trägergruppen von ›Assisi '88‹[11] darüber nachzudenken, wie Artikel 80 – ›ökumenische Schalom-Dienste‹ – zu realisieren sei, vor allem im Bereich der befristeten Dienste. Gibt es die Freiwilligendienste überhaupt noch? Womit beschäftigen sie sich? Sind sie in der Regel abhängig von Regierungen und anderen Geldgebern oder können sie noch freie Entscheidungen treffen? So stellte sich eine Fülle von Fragen, auch im Hinblick auf die Zukunft: In welchen Programmen und Projekten können wir voneinander lernen, uns austauschen oder etwas gemeinsam tun? Es entstand der Plan, eine Kontaktstelle – wie der Ökumenische Rat sie früher in einer seiner Abteilungen einmal selbst dargestellt hatte – zu begründen und sie gewissermaßen treuhänderisch zu betreiben, bis ökumenische Institutionen in der Lage wären, die Verantwortung direkt zu übernehmen.

Ende 1992 nahm die Kontaktstelle, die im englischen Originial ›Liaison Centre for Ecumenical Services for Justice, Peace and the Integrity of Creation‹ heißt, in einem Büro in unmittelbarer Nachbarschaft des Genfer Ökumenischen Zentrums ihre Arbeit auf; Geschäftsführer wurde ein exzellenter Kenner sowohl der Ökumene als auch der Freiwilligendienste und schließlich der Friedenskirchen, der Brethren-Pastor Dale Ott. Mitte 1995 freilich mußte das Liaison Centre aus finanziellen Gründen in das internationale ›Church and Peace‹-Büro in Deutschland verlegt werden. (Vgl. Anm. 3)

Der Ökumenische Dienst im Konziliaren Prozeß – Schalomdiakonat[12]

Die befristet verfügbaren Freiwilligen der Friedensdienste können als ›ökumenische Botinnen und Boten‹ eine große Bedeutung für die Verwirklichung des Konziliaren Prozesses bekommen. Solche ›Botinnen und Boten des Schalom‹ sind oftmals relativ rasch verfügbar; sie sind meist in einem Alter, in dem man von einer guten Anpassungsfähigkeit und Flexibilität ausgehen kann.

Zweifellos werden im Rahmen der Aufgabenpalette des Konziliaren Prozesses aber auch immer mehr Fachkräfte gesucht, die über eine längere professionelle Erfahrung verfügen und u.U. auch auf langfristige Dienste anzusprechen sind. Eine solche Fachkraft kann eine Berufstätigkeit ausüben, die ohnehin zu den Aufgabenbereichen des Konziliaren Prozesses gehört; sie möchte sie jedoch noch einmal ganz bewußt – für sich selbst wie für ihre Kirche, ihre Gemeinde, Gemeinschaft oder Gruppe – in den Rahmen des Konziliaren Prozesses und der Erfüllung seiner Bundesschlüsse stellen. Eine solche Fachkraft kann auch eine Berufstätigkeit ausüben, die bei Bedarf eine Freistellung für begrenzte Dienste (z.B. im Rahmen einer Friedensdelegation in ein Krisengebiet) offenläßt. Es kann sich schließlich um einen Menschen handeln, der seine bisherigen Verpflichtungen beendet und sich voll für passende Anforderungen verfügbar hält, die in der Vermittlungsagentur des Ökumenischen Dienstes anlaufen.

Die unbefristete Zugehörigkeit zum Netz des Ökumenischen Dienstes gewährt solchen ›Diakoninnen‹ und ›Diakonen‹ des Dienstes an Gerechtigkeit, Frieden und Schöpfung Zugang zur kontinuierlichen Begleitung und Beratung sowie im Bedarfsfall zu einem Solidaritätsfonds, der helfen soll, soziale Härten abzufedern.

Der Ökumenische Dienst konzentriert sich auf die vier Aufgabenbereiche, die für Fachdienste geeigneten Frauen und Männer zu *suchen*, sie ergänzend zu *qualifizieren*, sie im Bedarfsfall für passende Aufgaben geeigneter Träger zu *vermitteln* und sie auf ihrem Weg zu *begleiten*.

Der Ökumenische Dienst begann seine Arbeit Anfang 1993 nach langjährigen Vorarbeiten in einem ökumenischen Initiativkreis sowie Konsultationen zwischen dieser Gruppe und dem Kirchenamt der Evangelischen Kirche in Deutschland bzw. einzelnen Landeskirchen. Die Tätigkeit konzentrierte sich in den ersten Jahren auf Konzeption und Durchführung der ersten Kurse. Zu diesem Angebot gehören ein ›Grundkurs‹ mit vier Wochenenden und einer Abschlußwoche, ein ›Aufbaukurs‹ (entweder als dreieinhalbmonatiger Internatskurs oder als zweijähriger berufsbegleitender Kurs) und ein mehrmonatiges Praktikum mit Abschlußseminar.

Was an diesem Konzept viele sogleich faszinierte, ist die den Kirchen und den ökumenischen Institutionen gebotene Möglichkeit, auf dem Weg über einen langfristigen Erprobungs- und Qualifikationsprozeß Zugang zu einem relativ leicht abrufbaren Potential geübter und bewährter Fachkräfte, zum Beispiel der politischen Mediation, zu bekommen. Dabei kann es wichtig sein zu wissen, daß es sich um Menschen handelt, die sich mit dem Glauben und der Botschaft der Kirche Jesu Christi identifizieren und denen die Ökumene ein Anliegen ist.

Inzwischen ist deutlich geworden, wie lang und aufwendig der Weg bis dahin tatsächlich ist. Die Absolventinnen und Absolventen bringen viele höchst interessante Projekte und Berufungen mit ein, von anspruchsvoller und aufreibender Flüchtlingsarbeit, Tätigkeit unter gewaltbereiter und rechtsradikaler Jugend bis zur Wiedereingliederungs- und Versöhnungsarbeit in Gebieten, die der Krieg auf dem Balkan verheert hat. Dabei bilden Friedensfachdienste nur eine Sparte. In der Regel werden sie zudem eine vom Ökumenischen Dienst zu vermittelnde Zusatzausbildung voraussetzen.

Jedenfalls lassen sich hier Menschen mit ihrer Existenz auf den Dienst am Leben und am Überleben der Welt ein – und machen mit dem (zugegebenermaßen ganz ungeschützt verwandten) Zusatz ›Diakonat‹ deutlich, daß sie gerade diese Verpflichtung als einen Dienst der Kirche verstehen. Damit dürfte für sie eine frühere Aufteilung des Daseins in einen ›weltlichen‹ und einen ›geistlichen‹ Bezirk als Bereich minderen bzw. höheren Wertes überwunden sein – keinesfalls im Sinn einer kirchlich-fundamentalistischen Macht- und Besitzergreifung, sondern genau im Gegenteil: im Sinn der Dienstbereitschaft ohne jedweden Herrschaftsanspruch. Unseres Erachtens wird darin dem Gestalt gegeben, worum es im Konziliaren Prozeß im Tiefsten geht.

Die Dienste als Lernweg der Kirchen

Kirche in prophetischer und solidarischer Diakonie

Der gesamte Konziliare Prozeß – wie auch die entsprechenden Erneuerungsbewegungen innerhalb einzelner Konfessionen – sind von der Überzeugung getragen, daß die der Kirche Jesu Christi in der heutigen Welt angemessene Seinsform die einer »prophetischen und solidarischen Diakonie« (N. Mette/

M. Schäfers[13]) ist, die einer Lernbewegung des umfassenden Miteinanderteilens (K. Raiser[14]). Ökumenische Bewegung bedeutet heute ja ganz wesentlich zunächst die konkrete Erfahrung der Begegnung radikal von gleich zu gleich mit denen, die vom ›Fortschritt‹ bzw. Wohlstand ausgeschlossen werden. Die von N. Mette und M. Schäfers skizzierten Grundlinien gelten weit über den katholischen Erfahrungsbereich hinaus. So etwa die Feststellung, jene Begegnung habe »zu einer radikalen Umkehr von Teilen der Kirche geführt: Sie entdeckten, daß sich eine konsequente Nachfolge Jesu kaum glaubwürdig leben läßt, solange man sich an den privilegierten Zentren der Gesellschaft aufhält, auch wenn man über eine entsprechende Beeinflussung der Mächtigen möglichst viel von den eigenen Prinzipien in die politische, ökonomische und kulturelle Wirklichkeit umzusetzen versucht und sie zur karitativen Sorge für die Benachteiligten anhält. Darum vollzogen sie einen Ortswechsel an die gesellschaftliche Peripherie, um mit den Marginalisierten das Leben zu teilen und ihnen in dieser solidarischen Praxis etwas von der besonderen Liebe Gottes zu ihnen glaubwürdig erfahrbar werden zu lassen. ... Ein besonderes Kennzeichen dieser neuartigen diakonischen Präsenz ist, daß es über individuelle Begegnungen und Notlinderungen hinaus darum geht, Leid und Armut nicht länger bloß als persönlich bedingtes Geschick anzusehen, sondern ihren strukturellen Ursachen auf die Spur zu kommen, deren Überwindung prophetisch einzuklagen und sich für entsprechende gesellschaftliche Veränderungen zu engagieren.«[15]

Diese Grundlinien gehören heute fast zum kleinen Einmaleins einer Dienstbewegung wie ›Eirene‹. Hinzu kommt das ausschlaggebende Element der aktiven Gewaltfreiheit. Es handelt sich ja um das große »Geschenk der Armen an die Reichen«[16]. Es hat uns erst eigentlich das Evangelium neu verstehen gelehrt. Dieses Geschenk, bei dem wir die Empfangenden waren und sind, hat uns auf dem konziliaren Wege vom verhängnisvollen Wiederholungszwang der Gewalt befreit und läßt die Befreiungspraxis zu einem Weg echten Neubeginns werden.

Diese Grundlinien kann man auch hinter der gesamten Bewegung des Konziliaren Prozesses entdecken, manchmal deutlicher, manchmal etwas verdeckt. Unsere Dienste in diesem Sinne als »Herausforderung für die Kirchen« zu empfinden – was könnte das bedeuten?

Herausforderung auf dem Weg der Gerechtigkeit

Für den Bereich ›Gerechtigkeit‹ wäre es ein Bewußtseinssprung, wenn Kirche und Gemeinde ›ihre‹ Freiwilligen nicht nur und nicht in erster Linie als Helfer, sondern als Repräsentanten und Entsandte verstehen würden, in deren Gestalt sie selbst den Ortswechsel zu vollziehen trachten, von dem oben die Rede war. An diesem erweiterten Bewußtsein ist beständig zu arbeiten. Dabei braucht es sich durchaus nicht um einen geographischen Ortswechsel zu handeln; auch in den reichen Ländern gibt es ja in immer größerer Kraßheit und Ballung den Bereich der Marginalisierten, der Ausgeschlossenen, der Opfer struktureller oder direkter Gewalt.

Einladung auf den Weg des Friedens

Im Bereich ›Frieden‹ ist die gesamte Situation gekennzeichnet durch die großen Turbulenzen, die der 2. Golfkrieg und, gleich anschließend, die Kriegsereignisse in Ex-Jugoslawien über uns gebracht haben. Sie haben die Hypothese bestätigt, daß gezielte und sinnvoll kombinierte, frühzeitige Anwendung von Friedenserziehung und Friedensdiensten aller Art, untermauert durch entsprechende Friedensforschung und flankiert von entsprechender Friedenspolitik, den Krieg mit hoher Wahrscheinlichkeit hätte verhindern können. Alle jene Aktivitäten hat es keineswegs im nötigen Umfang, zur richtigen Zeit und mit den in Frage kommenden Gruppen und Partnern gegeben.

In den Mittelpunkt gerückt worden ist jedoch die Frage nach den erforderlichen Maßnahmen zum Schutz der Schutzlosen vor Brutalität, Völkermord und Menschenrechtsverletzungen aller Art. Dabei richtet sich das Interesse vor allem auf die Definition und den Umfang der polizeilichen Vollmachten und Pflichten, auf die Frage ihrer Kontrolle und den Zustand des Justizwesens – angesichts des Ausmaßes, in dem sich Polizei und Justiz in Europa in unserem Jahrhundert haben mißbrauchen lassen, eine der intensiven Auseinandersetzung durchaus würdige Frage. Dabei ist sogleich immer die Frage der ›Einmischung‹ von ›außen‹, also die der Souveränität, mit zu bearbeiten.

Im Verlauf des Konziliaren Prozesses hatten sich die deutschen Kirchen der in Basel formulierten friedensethischen Position zunehmend angenähert, u.a. das Instrumentarium der Kriegführung als Mittel der Konfliktbearbeitung kategorisch abgelehnt. Im November 1993 kommt die Synode der EKD in diesem Zusammenhang auf die Friedensdienste zu sprechen. Die Option für Gewaltfreiheit führe »in die tätige Verantwortung dafür, daß alle Handlungsspielräume entwickelt und genutzt werden, um Konflikte ursachenorientiert, präventiv und gewaltfrei zu bearbeiten ... Für die Kirche bedeutet dies gegenwärtig, vorrangig die vorhandenen, im Aufbau und in der Diskussion befindlichen Friedensdienste zu fördern. ... So bittet die Synode den Rat der

EKD und die Gliedkirchen, die christlichen Friedensdienste engagiert zu unterstützen und umfassend zu fördern und dahingehend zu wirken, daß ein eigenständiger Dienst am Frieden und an der Gesellschaft aufgebaut wird.«[17] Der Rat beruft daraufhin die Arbeitsgruppe ›Zur Zukunft christlicher Friedensdienste‹.

Den Höhepunkt der bisherigen Entwicklung stellt der Bericht der Arbeitsgruppe ›Konflikte zur Versöhnung nutzen – Rolle und Aufgaben von Friedensdiensten‹ der Deutschen Ökumenischen Versammlung ›Versöhnung suchen – Leben gewinnen‹ 1996 in Erfurt dar. Er erinnert ausdrücklich an Seoul 1990: »Dort wurden Christen und Kirchen aufgefordert, für eine ›Kultur aktiver und lebensfreundlicher Gewaltfreiheit‹ einzutreten, ›nicht als Flucht vor Gewalt und Unterdrückung, sondern als Einsatz für Gerechtigkeit und Befreiung‹«.[18]

Mit einem ähnlich gewichtigen biblischen Wort – Eph. 2,14 – setzt wenige Monate später der Bericht der vom Rat der EKD berufenen Arbeitsgruppe ›Zur Zukunft christlicher Friedensdienste‹ ein. Auch in diesem Bericht wird dem neuen Bereich der ›Friedensfachdienste‹ entsprechende Aufmerksamkeit gewidmet.

Für unsere Überlegungen wichtig ist die Tatsache, daß sich die Arbeitsgruppe auf eine gegenseitige Abgrenzung staatlicher und ziviler bzw. kirchlicher Kompetenz und Verpflichtung überhaupt nicht einläßt, sondern den kirchlichen Beitrag geradewegs unter »die Kompetenz von gesellschaftlichen Gruppen und Nichtregierungs-Organisationen«[19] einträgt. Damit sind frühere Muster wie das – manchmal sehr hilfreiche, manchmal stark einengende – Modell der Subsidiarität unberücksichtigt geblieben, und der Weg ist frei für eine souveräne, selbständige christliche Bewährung in »prophetischer und solidarischer Diakonie«, um den Ausdruck von Mette/Schäfers zu wiederholen.[20] Entscheidend ist, ob wir uns die Begegnung mit dem gefährdeten Menschen zu einem Ruf haben werden lassen, dem wir mit dem Einsatz unserer eigenen Existenz antworten.

Die angenommene Herausforderung – einige unvollständige Thesen

Stellen wir uns vor, einige Kirchen wendeten sich tatsächlich mit kräftigem und wirkungsvollem Engagement den Dienstorganisationen ihrer Region zu und es käme zu einem fruchtbaren Miteinander – was wäre das Ergebnis?

1. Die Kirchen hätten Anlaß zum Lob Gottes angesichts des neuen Charismas, das in ihrer Mitte erwacht ist und sich entfaltet.

2. Dienst für Gerechtigkeit und Frieden könnte als Praxisphase eines verlängerten Katechumenats dienen. Was in Unterweisung und Gruppenerleben (Jugendarbeit, Hauskreis) angeklungen ist, könnte nun in ökumenischem Kontext zur persönlichen Erfahrung werden. Ein neuer Eindruck vom Realitätsgehalt der Nachfolge Jesu Christi heute könnte geweckt werden.

3. Die Fürbitte der Gemeinden für die Welt würde sich auf konkrete, in der Regel ihnen bekannte Menschen und Verhältnisse richten. In ihre gottesdienstliche Feier könnte bei Anlässen von Aussendung und Heimkehr, Besuch und Gegenbesuch die lebendige Erfahrung miteinbezogen werden.

4. Die Kirchen erhielten eine zusätzliche Gelegenheit, direkten und persönlichen Kontakt zu Menschengeschwistern in benachteiligter Situation zu gewinnen und durch den Dienst der Freiwilligen eine Präsenz der Solidarität unter ihnen zu verwirklichen.

5. Die ökumenisch-missionarischen Beziehungen der Kirchen würden um ein wichtiges Element ergänzt, das dort besonders wirksam werden könnte, wo es gelingt, einen echten Personalaustausch herbeizuführen.

6. Die Kirchen bräuchten sich bei – nahenden, akuten und vergangenen – Krisen und Kriegen nicht auf eine passive Rolle beschränken zu lassen, sondern könnten durch Friedensfachdienstkräfte Interventionsmöglichkeiten wahrnehmen, die sich zivilen Akteuren anbieten. Ebenso könnten sie Anfragen von Regierungen und Kirchen, internationalen und ökumenischen Institutionen positiv beantworten, geschultes Personal für zivile Interventionen, Wahlbeobachtungen usw. zur Verfügung zu stellen bzw. zu benennen.

7. Von den Kirchen würde Zusammenarbeit mit den Dienstorganisationen erwartet
   - in der Kommunikation und Interpretation der tragenden Glaubensinhalte und biblischen Traditionen,
   - in der Wahrnehmung ökumenischer Verbindungen,
   - in der Nutzung von Fortbildungsangeboten und -einrichtungen,
   - in der Nutzung von Publikationsmöglichkeiten, auch zur Werbung von Freiwilligen,
   - in der Nutzung finanzieller und organisatorischer Ressourcen.

Jeder Freiwilligendienst ist ein Stück geschenktes Leben. Darin liegt seine Stärke, aber auch seine Verletzlichkeit. Alles beruht auf der immer neu gewonnenen inneren Zustimmung zum gemeinsamen Auftrag.

Auch die Gewaltfreiheit des Evangeliums lebt nur in der Sphäre der Freiwilligkeit. Niemand kann sie befehlen, niemand kann sie verlangen. Sie ist geschenktes Leben.

Das Evangelium spricht davon, daß Gott in Christus sein Leben an uns verschenkt, die wir dem Sog des Todes und des Tötens verfallen waren. Es gibt kein Leben anders als dank dieses Geschenks.

So gibt es eine innere Entsprechung zwischen diesen Elementen. Eine Kirche, die sich auf diese Spur einläßt, wird – durch alle Krisen und Fragen hindurch, die es dabei gibt – eine tiefe Bestärkung in dem erfahren, was den Kern ihres Auftrags darstellt.

Anmerkungen

1) Vgl. Arthur Gillette, One Million Volunteers. The Story of Volunteer Youth Service (Pelican Books A986), Harmondsworth 1968. – Die Gesamtzahl dürfte sich in den letzten Jahrzehnten nicht entscheidend verändert haben.

2) Vgl. H. Goss-Mayr, Wie Feinde Freunde werden. Mein Leben mit Jean Goss für Gewaltlosigkeit, Gerechtigkeit und Versöhnung, Freiburg 1996.

3) Ringstr. 14, 35641 Schoeffengrund. Das dort beziehbare Verzeichnis heißt: Ecumenical Directory of Church-Related Voluntary Service Organizations.

4) Nach H. Froehlich/S. Spors, Anmerkungen zum Directory, in: Liaison Centre for Ecumenical Services, Rundbrief Nr. 3, Mai 1996, S. 4.

5) Einen guten Eindruck vermittelt die Broschüre zur Ausstellung ›Stille Helfer‹: A. von Borries, 350 Jahre Quäker, Deutsches Historisches Museum, Magazin, 6. Jg., H. 15, Berlin 1995.

6) H. Froehlich/E. von der Recke/W. Warneck, Alles wirkliche Leben ist Begegnung. Ökumenische Schalom-Dienste fordern Kirchen heraus, Hildesheim 1991, S. 110f.

7) Vgl. von Borries 1995 (s. Anm. 12), sowie: A. Curle, Tools for Transformation. A Personal Study, Stroud 1990; ders., Another Way. Positive response to contemporary violence, Oxford 1995; S. u. St. Williams, Being in the middle by being at the edge. Quaker experience of non-official political mediation, London/York 1994; C.H.M. Yarrow, Quaker Experiences in International Conciliation, New Haven/London 1978.

8) So in Art. 32, vgl. Frieden in Gerechtigkeit für die ganze Schöpfung, EKD-Texte 27, Hannover 1989, S. 19f.

9) Aktion Sühnezeichen/Friedensdienste u. Pax Christi (Hg.), Ökumenische Versammlung für Gerechtigkeit, Frieden und Bewahrung der Schöpfung, Dresden – Magdeburg – Dresden. Eine Dokumentation, Berlin 1990, S. 41f.

10) Dokumentationsband Europäischer ökumenischer Dialog für Gerechtigkeit, Frieden und Bewahrung der Schöpfung, 6.-12.08.1988, Assisi, Italien; Münster 1988, S. B 36.

11) Die Koalition ›Assisi '88‹ besteht aus: Arbeitsgemeinschaften Gerechtigkeit-Frieden-Bewahrung der Schöpfung der mitteleuropäischen Franziskanerprovinzen; Church and Peace; Internationaler Versöhnungsbund; Pax Christi International.

12) Mittelstr. 4, D-34474 Diemelstadt. Dort sind auch die Rundbriefe ›Schalom-Dienst‹ zu beziehen. – Zur Grundlegung vgl. H. Froehlich/E. v.d. Recke/W. Warneck 1991 (s. Anm. 13), bes. Abschn. 2.3 u. 3.3.

13) N. Mette/M. Schäfers, Christliche Praxis in der Zivilgesellschaft. Pastoraltheologische Überlegungen, Orientierung, 57. Jg., H. 12 v. 30.06.1993, S. 135-139.

14) So eine Hauptaussage in K. Raiser (Hg.), Ökumenische Diakonie – eine Option für das Leben. Beiträge aus der Arbeit des ÖRK zur theologischen Begründung ökumenischer Diakonie. Beiheft zur Ökumenischen Rundschau 57, Frankfurt (M) 1988.

15) N. Mette/M. Schäfers (s. Anm. 20), S. 136.

16) So der Buchtitel von H. Goss-Mayr (Hg.), Geschenk der Armen an die Reichen. Zeugnisse aus dem gewaltfreien Kampf der erneuerten Kirche in Lateinamerika, Wien 1979.

17) Kundgebung der Synode der Evangelischen Kirche in Deutschland zur Friedensverantwortung (Osnabrück 1993), Anhang zu: Schritte auf dem Weg des Friedens. Orientierungspunkte für Friedensethik und Friedenspolitik. Ein Beitrag des Rates der Evangelischen Kirche in Deutschland, EKD-Texte 48, Hannover 1993, S. 42f.

18) Zitiert nach hektographiertem Arbeitsgruppenbericht.

19) In der Einleitung des nicht veröffentlichten Berichts.

20) S.o.

Reflektierte Praxis

Eckehard Fricke

Friedensfachdienst
im Entwicklungsdienst

Grundsätzliche Überlegungen
und Erfahrungen von ›Eirene‹

In den letzten Jahren tauchte ein Thema in unterschiedlichen Formulierungen immer häufiger bei Tagungen und Veröffentlichungen auf: ›Zivile Konfliktbearbeitung‹, ›Friedenskonsolidierung‹, ›Gewaltprävention‹, ›friedliche Einmischung‹, so lauten einige der Stichworte. Hintergrund ist das Unbehagen über die Versuche, regionale und nationale Konflikte mit militärischen Mitteln zu lösen, und die offensichtliche Unfähigkeit, mit Waffengewalt auf Dauer friedliche Zustände herzustellen. Es gibt eine Inititative zur Schaffung eines Zivilen Friedensdienstes, und innerhalb der Ev. Kirche in Deutschland wird intensiv über einen neuen Verbund Christlicher Friedensdienste nachgedacht. In diesem Zusammenhang wurden die Entwicklungsdienste sehr bald mit ins Spiel gebracht, die sich teilweise schon vorher mit den Aufgaben der Konfliktbearbeitung befaßt hatten. Es gab verschiedene Veranstaltungen, auf denen das Verhältnis zwischen beiden Diensten, dem einen schon seit Jahrzehnten existierenden und dem anderen neuen, diskutiert wurde, nicht ganz ohne Spannungen![1] In diesem Artikel wird das neue Aufgabenfeld aus dem Blickwinkel des Entwicklungsdienstes reflektiert und es werden die Schwierigkeiten und Chancen erörtert.

Institutionelle Aspekte zum Friedensdienst im Entwicklungsdienst

Wenn wir auf gesetzliche Definitionen zurückgreifen, wird in Deutschland der Entwicklungsdienst über die Bestimmungen des Entwicklungshelfer-Gesetzes und die Auflagen für anerkannte Träger des Entwicklungsdienstes gestaltet. Danach ist Entwicklungshelfer,»wer in Entwicklungsländern *ohne Erwerbsabsicht* Dienst leistet, um in partnerschaftlicher Zusammenarbeit *zum*

Fortschritt dieser Länder beizutragen« und »sich für eine ununterbrochene Zeit von *mindestens zwei Jahren* vertraglich verpflichtet hat« (§ 1). Weiterhin wird geregelt, daß sich anerkannte Entwicklungsdienste verpflichten, »Entwicklungshelfer nur zu solchen Vorhaben zu entsenden, die *mit den Fördermaß-nahmen der Bundesrepublik Deutschland im Einklang stehen«* (§ 2). Ohne daß es explizit gefordert wird, lassen die Formulierungen erkennen, daß Entwicklungsdienst als Kooperationspartner einen lokalen Projektträger, einen Projektpartner, voraussetzt. Außerdem kann auf Verlangen der Regierung des Gastlandes der Entwicklungsdienstvertrag gekündigt werden. Trotz der Einschränkungen gibt es einen weitgesteckten Rahmen, der zwar in unterschiedlicher Weise interpretiert werden kann, aber in der Vergangenheit bereits prinzipiell einen Dienst für friedenserhaltende oder zumindest friedensfördernde Aufgaben ermöglicht hat.

Derzeit gibt es sechs Organisationen, die als Träger des Entwicklungsdienstes vom Bundesministerium für wirtschaftliche Zusammenarbeit und Entwicklung (BMZ) anerkannt sind und sich in der Arbeitsgemeinschaft der Dienste zusammengeschlossen haben:

- der ›Deutsche Entwicklungsdienst‹ (DED)
- die ›Arbeitsgemeinschaft für Entwicklungshilfe‹ (AGEH)
- ›Dienste in Übersee‹ (DÜ)
- ›Christliche Fachkräfte International‹ (CFI)
- ›Eirene Internationaler Christlicher Friedensdienst‹
- ›Weltfriedensdienst‹ (WFD)

Der DED als größter dieser Dienste war von vornherein als entwicklungspolitischer Fachdienst konzipiert. Ein Engagement in der Konfliktbearbeitung war kaum vorgesehen. Die kirchlichen Dienste AGEH und DÜ orientieren sich stark an den Programmen und Projekten der kirchlichen Partner, so daß das Aufgabenfeld fachlich und politisch breiter gestaltet werden kann. Mit dem Weltfriedensdienst und dem Internationalen Christlichen Friedensdienst Eirene haben zwei Organisationen, die von ihrem Mandat und ihrer Geschichte her schon immer eigentlich den Friedensdienst und nicht in erster Linie den Entwicklungsdienst im Blick hatten, den institutionellen Rahmen des Entwicklungshelfergesetzes genutzt und sind in der Folgezeit auch in erster Linie als Entwicklungsdienste tätig gewesen. Eirene hat sich allerdings nicht auf das Engagement in Ländern des Südens beschränkt, sondern bietet in seinem Nordprogramm jungen Menschen auch einen Friedensdienst, bei dem nicht die berufliche Qualifikation und Erfahrung, sondern der freiwillige persönliche und ideelle Einsatz auf Taschengeldbasis im Vordergrund stehen. Damit ist aber der Begriff des Friedensdienstes noch nicht hinreichend umschrieben.

Zum Verständnis von Friedensdienst

In Ermangelung einer vergleichbaren gesetzlichen Regelung muß beim Friedensdienst auf andere Definitionen zurückgegriffen werden. Für den gegenwärtigen Diskussionszusammenhang soll das Einsatzgebiet geographisch im wesentlichen auf Entwicklungsländer beschränkt bleiben, denn nur so ergibt sich eine Vergleichbarkeit zum Entwicklungsdienst.

Die Arbeitsgruppe der Ev. Kirche in Deutschland zur ›Zukunft christlicher Friedensdienste‹[2] nimmt in ihrem Bericht eine nützliche Unterscheidung zwischen sozialem Friedensdienst und Friedensfachdienst vor. Die sozialen Friedensdienste ermöglichen danach den Teilnehmenden »Lernprozesse in sozialen Arbeits- und Konfliktfeldern im In- und Ausland. Die Einsätze haben oft zeichenhaften Charakter ... Daneben ist interkulturelles Lernen ein wichtiger Akzent ...« In diese Kategorie sind vor allem kurzfristige (z.b. der ›Christliche Friedensdienst‹ cfd) und längerfristige (z.b. die ›Aktion Sühnezeichen/Friedensdienste‹ und ›Eirene‹) Einsätze meist junger Menschen einzuordnen.

Den Friedensfachdienst beschreibt das EKD-Papier als »die fachlich qualifizierte aktive Mitwirkung in einem Prozeß ziviler Konfliktbearbeitung im Zusammenhang mit einem bestimmten Konflikt.« Es wird hier zwar auf ›Peace Brigades International‹ (PBI), ›Balkan Peace Team‹ (BPT) und Delegationen des Ökumenischen Rates der Kirchen (ÖRK) verwiesen, aber auch verdeutlicht, daß dieser Bereich noch ungenügend bearbeitet ist. Insbesondere in Deutschland gibt es noch einen Nachholbedarf[3].

Das Konzept des Zivilen Friedensdienstes[4] stellt dar, daß Freiwillige des ZFD »1. beratend, 2. unterstützend, 3. vermittelnd und versöhnend, 4. internationale Präsenz gewährleistend, 5. deeskalierend und gewaltbeendend, 6. gewaltfrei widerstehend und Soziale Verteidigung organisierend« tätig werden sollen. Bisher ist aber noch unzureichend reflektiert, in welchem institutionellen Rahmen ein Ziviler Friedensdienst realisiert werden könnte. Auch die Beschreibung der konkreten Einsatzfelder blieb immer defizitär und in Ermangelung breiterer Erfahrungen wenig konkret. Die Skizze von Christine Schweitzer zu praktischen Einsatzmöglichkeiten in Ex-Jugoslawien[5] zeigte dementsprechend viele Überschneidungen mit den Möglichkeiten des Entwicklungsdienstes.

Erfahrungen von Friedensdienst im Entwicklungsdienst

Entwicklungspolitik hat immer für sich in Anspruch genommen, Friedenspolitik zu sein, zumindest in der legitimatorischen Rhetorik. In seinen Grundsätzen stellt das BMZ Entwicklungspolitik als »Teil der weltweiten, auf Frieden und Stabilität gerichteten Politik der Bundesregierung«[6] dar. Aus den Herausforderungen, die aus der Bedrohung des Friedens durch Armut und ihre Folgen erwachsen, werden die Aufgaben der Entwicklungspolitik abgeleitet. Konkret werden Konfliktbearbeitung und Menschenrechte allerdings nicht bei den Schwerpunkten sondern nur bei den Kriterien und Rahmenbedingungen der Zusammenarbeit genannt. Von den grundsätzlichen Ansprüchen her wird aber zu diesen Fragen derzeit von der Bundesregierung auch Zustimmung zu den Zielen eines Friedensdienstes signalisiert: »Das BMZ räumt ... sogenannten Positivmaßnahmen ... Vorrang gegenüber Sanktionen ein. Unter Positivmaßnahmen werden dabei Projekte und Programme gefaßt, die unmittelbar auf die Verbesserung der Menschenrechtslage, die Beteiligung der Bevölkerung am politischen Prozeß sowie auf die Schaffung von rechtsstaatlichen Strukturen ausgerichtet sind. Hierbei ist die staatliche Zusammenarbeit von der Förderung über nichtstaatliche Organisationen zu trennen.«[7]

Gewaltprävention in der Entwicklungszusammenarbeit
(in Anlehnung an Corinna Kreidler, 1996)

Kultur-/Medienarbeit	Förderung der Zivilgesellschaft	Stärkung des Rechtssystems
• Förderung von unabhängigem Journalismus • Förderung kultureller Vermittlungsformen (z. B. Theater, ›Soapoperas‹ in Radio und Fernsehen, Tanz, Musik etc.) • Förderung ethnischer Vielfalt in den Medien	• Wahlbeobachtung • Wählerinformation/-ausbildung • Unterstützung von Nationalkonferenzen • Förderung von Bürgervereinigungen zur gewaltfreien Konfliktregelung • Unterstützung von Menschenrechtsgruppen • Unterstützung ethnisch oder sozial marginalisierter Gruppen bei der Artikulation ihrer Interessen	• Entwicklung vor- und außergerichtlicher Streitschlichtungsmechanismen auf lokaler Ebene • Unterstützung marginalisierter Gruppen beim Zugang zum Rechtssystem • Förderung von ›Wahrheitskommissionen‹
Entmilitarisierung		**Ausbildung**
• ›arms-buy-back‹-Programme • Demobilisierungs- und Reintegrationsprogramme • Schulung von Polizei und Armee in Gewaltfreiheit		• Trainings in Gewaltfreiheit • besondere Arbeit mit Jugendlichen zum Abbau von Vorurteilen/Gewaltbereitschaft • Hilfe zur Vergangenheitsbewältigung

Wenn es einen Bereich gibt, in dem diese Absichten ernst genommen wurden, dann war dies bestimmt der Entwicklungsdienst als ein (relativ kleiner) Bereich der Entwicklungspolitik. In den letzten Jahrzehnten hat sich allerdings die weitaus größte Zahl der Projekte im Entwicklungsdienst vor allem entwicklungspolitisch-technisch begründet. Für die einzelnen Dienste, die in der finanziellen Förderung beim BMZ in unterschiedlichen Titeln ressortieren, gelten dabei unterschiedliche Kriterien. Vor allem bei der Finanzierung liegen einschränkende Bestimmungen[8] vor, durch die die Bundesregierung steuernd in die Gestaltung des Entwicklungsdienstes eingreift. Deshalb mußten – trotz der grundsätzlichen Übereinstimmung – Maßnahmen in diesen Bereichen von den privaten Trägern in der Regel aus Eigenmitteln oder durch kirchliche Zuschüsse finanziert werden. Damit werden den realen Möglichkeiten enge Grenzen gesetzt, denn gerade die Personalkosten sind erheblich. Es handelt sich ja hier auch häufig um politisch sensible Vorhaben, die nicht immer die Zustimmung der Regierungen in den jeweiligen Partnerländern finden.

Trotzdem gibt es schon zahlreiche Erfahrungen aus der zivilen Konfliktbearbeitung im Entwicklungsdienst, die allerdings noch systematisch ausgewertet werden müssen (siehe Übersicht in Abbildung 1). Sie betreffen in der Regel weniger das Einwirken auf akute Konflikte als vielmehr die Konfliktprävention, die Friedenssicherung und die Konfliktfolgenbearbeitung (zur Vermeidung einer neuen akuten Phase). Es sind diejenigen Aufgaben, die eines langfristigen Engagements bedürfen, denn das ist eines der Charakteristika des Entwicklungsdienstes. Viele Einsätze sind eindeutig auf zivile Konfliktbearbeitung ausgerichtet, in anderen Fällen zeigt sich, daß Entwicklungsarbeit in Konfliktfeldern stattfindet und damit auf lokaler Ebene die Bearbeitung von Konflikten unumgänglich ist. Die Einbeziehung von EntwicklungshelferInnen durch lokale Partner und Konfliktparteien ist allerdings dann vor allem abhängig von ihrer persönlichen Erfahrung und Reputation, die sie sich mit ihrer Arbeit bereits erworben haben.

In diesen Fällen, in denen die Konfliktbearbeitung Bestandteil laufender, herkömmlicher Entwicklungsprojekte ist, können folgende Ansätze verfolgt werden:

• Dezentralisierung und Stärkung lokaler Strukturen,
• ›Empowerment‹ marginalisierter Gruppen in stark asymmetrischen Konflikten,
• Arbeit mit ›beiden‹ Parteien im Falle latenter Konflikte,

- Analyse der Konfliktpotentiale, die im Projektgebiet vorhanden sind oder durch das Projekt verstärkt werden können,
- Entwicklung eines geeigneten Instrumentariums zur Bearbeitung der Konflikte,
- Ausbildung des Projektpersonals in Prinzipien und Methoden der Gewaltfreiheit,
- Beachtung ethnischer Sensibilitäten und traditioneller Strukturen,
- Arbeit in Richtung auf eine gerechte Verteilung der Einkommen und Güter,
- Nutzung internationaler Kontakte und Öffentlichkeitsarbeit in Europa.

Erfahrungen bei ›Eirene‹

Auch bei ›Eirene‹ werden Projekte der ländlichen und sozialen Entwicklung durchgeführt, die noch unzureichend im Hinblick auf ihren Beitrag zur gewaltfreien Konfliktbearbeitung untersucht worden sind. Deshalb ist jetzt folgender Fragebogen entwickelt worden, der für alle größeren Projekte beantwortet werden soll.

Zur Analyse der Projektsituation

1. *Nach den Projektkriterien gehört die Zielgruppe zur sozial oder ethnisch marginalisierten Bevölkerung. Wird mit beiden potentiellen oder aktuellen Konfliktparteien gearbeitet?*
2. *Ein Projektziel ist in der Regel auch das ›Empowerment‹ der marginalisierten Bevölkerungsgruppen. Dadurch werden sehr asymmetrische Konflikte tendenziell ins Gleichgewicht gebracht. Sie werden dadurch aber auch für die Öffentlichkeit erst sichtbar und akut. Welche Resultate des ›Empowerment‹ sind in dieser Hinsicht im Projekt zu beobachten?*
3. *Welche (sozialen, kulturellen, wirtschaftlichen, religiösen oder politischen) Konflikte zwischen Bevölkerungsgruppen im Projektgebiet sind bekannt?*
4. *Gibt es Arbeitsbereiche im Projekt, die auch der Krisen- oder Gewaltprävention zugeordnet werden können? Welche und in welcher Weise?*

Instrumentarien zur Konfliktbearbeitung

1. *Sind schon von der Zielsetzung her Konflikte ein Gegenstand der Projekttätigkeit? Welche? Was ist das Ziel der Konfliktbearbeitung?*

2. *Gibt es im methodischen Ansatz des Projektes Instrumente zur Bearbeitung von Konflikten? Welche?*
3. *Ist das Projektpersonal (haupt- und ehrenamtliches) in der Bearbeitung von Konflikten ausgebildet? Wie?*
4. *In welcher Weise werden Konflikte innerhalb des Projektes (zwischen MitarbeiterInnen, zwischen Projektträger und ›Eirene‹) bearbeitet? Gibt es dazu methodisches Handwerkszeug? Welches?*

Unbeabsichtigte Effekte der Projektarbeit

1. *Gibt es Fälle, in denen ProjektmitarbeiterInnen (einheimische oder internationale) in Konflikte involviert sind, die nicht direkt Gegenstand der Projekttätigkeit sind? Welche? Wie? Auf wessen Veranlassung?*
2. *Welche Voraussetzungen waren gegeben, damit ProjektmitarbeiterInnen in diese Konflikte einbezogen waren?*
3. *Welche Folgen hatte diese Tätigkeit für das Projekt?*

Es handelt sich um eine Schwachstellenanalyse, die anschließend helfen soll, geeignete Maßnahmen zu entwickeln. Der Zweck dieses Fragebogens soll zum gegenwärtigen Zeitpunkt nicht die Erarbeitung von Kriterien zur Annahme oder Ablehnung von Projekten sein.

Der Arbeitsbereich ›Konfliktbearbeitung‹ ist nur einer von mehreren. Die anderen Bereiche (›Ländliche Entwicklung‹, ›Arbeit mit marginalisierten Gruppen‹) bleiben auch für die Zukunft durchaus erhalten. Das Ziel der Check-List ist, die jetzt laufenden Projekte von ›Eirene‹ daraufhin zu überprüfen, ob und in welcher Weise Konfliktbearbeitung dort thematisiert wird. Wir gehen davon aus, daß Entwicklung immer in einem Konfliktfeld stattfindet. Nicht jeder Konflikt ist allerdings offen sichtbar, und in der Regel werden Konflikte auch nicht gewalttätig ausgetragen. Die Mechanismen, die zur Anwendung von Gewalt führen, können aber frühzeitig erkannt werden, wenn das Augenmerk auf die Analyse der Konfliktentwicklung gerichtet wird. Dann kann u.U. auch präventiv gehandelt werden. Dies soll auf jeden Fall das Interesse von ›Eirene‹ sein, wenn es um Konfliktbearbeitung in den Projekten geht.

Es kann aufgrund unserer bisherigen Kenntnisse angenommen werden, daß wir in den Projekten noch nicht über ein klares Instrumentarium zur Analyse und Bearbeitung (präventiv oder mediativ) von Konflikten verfügen. Andererseits wissen wir, daß Konfliktbearbeitung immer wieder in den

Projektberichten auftaucht. Es gibt also möglicherweise unbeabsichtigte Effekte der Projektarbeit, die eine genauere Beachtung verdienen.

Wir erhoffen uns von dieser Check-Liste eine Art Evaluierung unserer Projekte unter dem Aspekt der Konfliktbearbeitung, die zu einer intensiveren Beschäftigung mit diesem Thema führen soll. Abgesehen von den geeigneten Analyseinstrumenten brauchen wir auch ein methodologisches Instrumentarium zum Umgang mit Konflikten, wenn sie im Projekt auftauchen, auch innerhalb unserer Teams und mit unseren Partnern. Darauf aufbauend könnten wir uns die Kompetenz erwerben, die uns zur Arbeit in akuten Konfliktfeldern befähigen soll.

Außer diesen Ansätzen gibt es bei ›Eirene‹ auch einige Projekte, in denen jetzt schon die Konfliktbearbeitung explizit zum Thema der Projektarbeit gemacht wird. Es handelt sich um folgende Projekte, die sich teilweise aber erst in der Vorbereitungsphase befinden:

- Fortbildung für Mitglieder von Menschenrechtsorganisationen im Tschad,
- Projekt zur Reintegration von ehemaligen Militärs aus früher verfeindeten Lagern in Nicaragua,
- Gemeinwesenarbeit in Bosnien zur Restrukturierung der sozialen Beziehungen und Versöhnung,
- Fortbildung in Prinzipien und Methoden aktiver Gewaltfreiheit in Niger,
- Mitarbeit in Programmen zur Durchsetzung sozialer Menschenrechte und zur Wählerinformation in Nicaragua.

Es muß betont werden, daß hier Konfliktbearbeitung sehr weit gefaßt wird. Es handelt sich kaum um die top-level Arbeit, die von den Medien und damit der Öffentlichkeit im Blick auf Vermittlungsbemühungen wahrgenommen wird. Die Arbeit von ›Eirene‹ wie auch der anderen Entwicklungsdienste findet an der gesellschaftlichen Basis, den vielzitierten ›grass-roots‹, statt. John Paul Lederach, einer der profiliertesten Praktiker und Forscher auf dem Gebiet der Konfliktbearbeitung in ethnisch diversifizierten Gesellschaften, hat ein Schema[9] erarbeitet, das bei der Einordnung des Beitrages der Entwicklungsdienste hilfreich ist.

Bei der Interpretation dieses Schemas, das noch sehr viel weiter differenziert werden könnte, muß beachtet werden, daß es eine enge Verbindung zwischen den verschiedenen Ebenen gibt, auf denen die Akteure zu finden sind. Vermittlungsbemühungen auf hoher diplomatischer Ebene werden sozusagen unterfüttert durch den Druck der von den unteren Ebenen kommt. Auf der hohen Ebene werden die institutionellen Voraussetzungen geschaffen, an der Basis aber müssen sie gesellschaftlich umgesetzt werden. Weitere Ausführungen dazu würden den Rahmen dieser Überlegungen sprengen und es soll deshalb hier darauf verzichtet werden.

Probleme

Fehlende Qualifikation

Entwicklungsdienst wird immer von Personen mit abgeschlossener Berufsausbildung und Berufserfahrung geleistet. Für den konkreten Einsatz findet eine angemessene Vorbereitung statt, die sich insbesondere auf den Erwerb oder die Verbesserung von Kenntnissen in der jeweiligen Verkehrssprache, auf Landeskunde sowie auf die persönliche und fachliche Kompetenz bezieht. In den letzten Jahren ist bei einigen Organisationen, unter anderem auch bei ›Eirene‹, in geringem Umfang auch die gewaltfreie Konfliktbearbeitung standardmäßig Thema der Vorbereitung geworden. Eine Ausbildung kann man dies aber nicht nennen, weil die Maßnahmen immer auf die Tätigkeit während des Dienstes bezogen sind und von einer ausreichenden fachlichen Qualifikation ausgegangen wird. Hier sind also noch Defizite festzustellen. Mitte 97 ist allerdings von der ›Aktionsgemeinschaft Dienst für den Frieden‹ (AGDF) und dem ›Bund für Soziale Verteidigung‹ (BSV) ein vom Land Nordrhein-Westfalen bezuschußtes Ausbildungsprojekt begonnen worden, das in einem viermonatigen Kurs Personen in Methoden dieses Bereiches vorbereiten will. Auch der ›Ökumenische Dienst im Konziliaren Prozeß‹ (›Shalom-Diakonat‹) bildet Personen aus, die sich in den Dienst gewaltfreier Konfliktbearbeitung stellen wollen.

Beschränktes Mandat

Abgesehen von der Frage der Qualifikation gibt es bei akuten Konfliktsituationen weitere Einschränkungen für den Einsatz von Entwicklungshelfern. Sie betreffen das Mandat. Für die Projekte werden in der Regel Projektvereinbarungen mit dem einheimischen Projektträger oder mit der Regierung des Gastlandes abgeschlossen. Sie erstrecken sich auf die konkreten Ziele und die einzusetzenden Mittel des Projektes. Die Basis dieser Vereinbarungen sind entwicklungspolitische Überlegungen. Es handelt sich um eher technische

Definitionen von Zielen und Mitteln. Ein Engagement in Fragen der Konfliktbearbeitung ist u.U. nicht von diesem Mandat gedeckt. Abgesehen davon, daß das Personal in diesen Projekten dann auf ein Engagement in der Konfliktbearbeitung nicht vorbereitet wurde, kann es zu erheblichen Spannungen mit dem einheimischen Projektpartner kommen.

Finanzierung

Die Finanzierungsschwierigkeiten über das BMZ sind oben bereits angesprochen worden[10]. Sie betreffen in ähnlicher Weise auch andere Geldgeber, denn entwicklungspolitische Organisationen beschreiten mit diesem Arbeitsbereich Neuland, und es gibt dafür keine gesicherte finanzielle Grundlage. In der gegenwärtigen Situation scheint es fast aussichtslos, Mittel für diesen Zweck zu beschaffen. Wenn man aber bedenkt, wieviel Geld für militärische Operationen mit zweifelhaftem Erfolg zur Verfügung gestellt werden muß, sind selbst Militärs der Ansicht, daß zivile Konfliktbearbeitung unumgänglich ist. Warum sollten solche Mittel nicht aus dem Haushalt des Verteidigungsministeriums bereitgestellt werden?

Fehlendes Instrumentarium

In der gegenwärtigen Situation gibt es noch nicht genügend Erfahrungen und kein ausreichend entwickeltes Instrumentarium für die Bearbeitung von Konflikten, vor allem in ethnisch diversifizierten Gesellschaften. Es gibt zwar Ansätze[11], aber sie sind noch nicht ausreichend durch Erfahrung gedeckt. Es ist also in der Vorbereitung der Projekte eine grundsätzliche Erhebung und im Verlauf im Grunde genommen immer eine wissenschaftliche Begleitung erforderlich. Für diese Aufgaben fehlt einer Organisation wie ›Eirene‹ aber in der Geschäftsstelle die notwendige Kapazität, was wiederum mit den Finanzierungsproblemen zusammenhängt.

Zum Instrumentarium gehören auch die Entscheidungsstrukturen einer Organisation. ›Eirene‹ und auch die anderen Entwicklungsdienste sind bisher auf den langfristigen (mindestens 2 Jahre) und langfristig geplanten Einsatz von Personal eingerichtet. Die Entscheidungsprozesse von der Meldung des Bedarfs bis zum Beginn des Projektes (Ausreise einer Fachkraft) ziehen sich in der Regel über mindestens ein Jahr hin. Dabei handelt es sich nicht unbedingt um bürokratische Hürden, die überwunden werden müssen, sondern es geht auch um die Sicherung der Qualität der Arbeit, d.h. es muß die richtige Person mit der geeigneten Qualifikation und Erfahrung für den richtigen Platz gefunden werden. Eine systematische Arbeit in diesem Bereich stellt also die Organisationen vor neue Herausforderungen, die ebenfalls Kapazität und Zeit benötigen.

Schwierige Erfolgskontrolle

Falls mit dem Projekt dem Einsatz von Gewalt im Vorfeld begegnet werden soll, taucht das Problem der ›Präventions-falle‹ (Andreas Zumach) auf: Erfolg ist, wenn nichts passiert. Es ist also schwierig, in einem auf Prävention ausgerichteten Projekt nachzuweisen, daß das Nicht-Ausbrechen von Gewalttätigkeiten möglicherweise auf dieses Projekt zurückzuführen ist.

Ein Ausweg aus diesem Dilemma ist die Definition klarer Mittel und Ziele, die allgemein mit dem Begriff ›Aufbau der Zivilgesellschaft‹ umschrieben werden. Hier muß die Umschreibung allerdings weit genug sein, damit nicht wiederum die oben geschilderten Mandatsprobleme auftauchen.

Ausblick

Mittelfristig kann sich aus den dargestellten Erfahrungen die Notwendigkeit zu einer neuen Form des Dienstes entwickeln, die über die gegenwärtig tätigen Dienste hinausgeht. Dies betrifft insbesondere Einsätze in Nicht-Entwicklungsländern und Kurzzeiteinsätze, die hochqualifiziertes Personal erfordern. Die Zahl der über solch einen Dienst[12] vermittelten Personen wird aber eher klein sein. Die Qualifikationen werden im Hinblick auf Konfliktanalyse und -vermittlungsinstrumentarium sicherlich noch zu optimieren sein, und hier liegt vor allem das Defizit, denn in Deutschland gibt es bisher dazu noch nicht genügend abgesicherte Programme. Es muß aber davon ausgegangen werden, daß diese Personen auch über hohe Qualifikationen und breite Erfahrungen in ihrem sonstigen Berufsfeld (als Juristen, Techniker, Psychologen etc.) verfügen müssen.

Ein anderes Feld sind Monitoring im Menschenrechtsbereich und die Begleitung gefährdeter Personen. Diese Aufgaben werden derzeit von kleinen Diensten wie ›Peace Brigades International‹ (PBI) oder dem ›Balkan Peace Team‹ wahrgenommen. Auch Wahlbeobachtung ist eine Aufgabe, die immer häufiger angefordert wird. Entwicklungsdienste sind aufgrund ihrer Kenntnis der Region und der politischen Verhältnisse dazu prädestiniert, auf solche Anfragen zu reagieren. Sie müssen allerdings die oben aufgeführten Probleme lösen.

Die Entwicklungsdienste werden die Aufmerksamkeit stärker auf die Bearbeitung der Konfliktfelder in den Entwicklungsprojekten schon bei der Auswahl und Anlage der Projekte lenken. EntwicklungshelferInnen müssen neben ihrer beruflichen Qualifikation Erfahrungen und Ausbildungen in der zivilen Konfliktbearbeitung mitbringen – nicht nur, wenn sie in Konfliktgebieten tätig werden sollen. Es geht um eine weniger technische Sicht des Entwicklungsprozesses. Konfliktbearbeitung erfordert immer Kompetenz und Vertrauen. Beides kann im Normalfall nicht in kurzer Zeit erworben werden. Der Entwicklungsdienst tut gut daran, seine Stärken im Bereich der langfristigen Zusammenarbeit auszubauen und zu nutzen.

In der Öffentlichkeit wird mit der zivilen Konfliktbearbeitung häufig die Hoffnung verbunden, daß sich damit der Einsatz bewaffneter Streitkräfte bei der Friedenschaffung oder beim Monitoring erübrigen würde. Dazu müssen aber erst die institutionellen und konzeptionellen Rahmenbedingungen gründlich geklärt werden. Es ist kaum vorstellbar, wie diese Aufgaben, die bisher – mehr schlecht als recht – von den Vereinten Nationen oder internationalen Truppen wahrgenommen werden, durch private Träger erledigt werden können. Eine solche Zielperspektive bedürfte einer neuen Absicherung auf der Grundlage der vorhandenen Erfahrungen. Wir stehen aber erst am Anfang einer intensiveren Reflexion über die Möglichkeiten ziviler Konfliktbearbeitung. Ein Waffenstillstand ist noch kein Frieden. Soziale Gerechtigkeit, Respektierung der menschlichen Würde, Streitkultur, das sind Bausteine für ein friedliches Zusammenleben. Der Friedensdienst kann vom Entwicklungsdienst den langen Atem lernen, der für solch eine Arbeit notwendig ist. Im Entwicklungsdienst sind wiederum manchmal die Visionen abhanden gekommen und durch technische Ziele ersetzt worden. Hier muß wieder praktische Realität werden, daß Entwicklung und Frieden nur verschiedene Blickwinkel der gleichen gesellschaftlichen Veränderungen sind.

Anmerkungen

1) Zuletzt dokumentiert in: Entwicklungsdienst – Friedensdienst, Gemeinsamkeit und Differenz (epd-Dokumentation Nr. 51 / 96); Zum Verhältnis von Friedensdienst und Entwicklungsdienst siehe auch den Aufsatz von Tilman Evers im vorliegenden Band.

2) EKD-Synode '96 (6): Bericht ›Zukunft christlicher Friedensdienste‹ (epd-Dokumentation 50a/96)

3) Die Ev. Akademie Loccum hat sich in den vergangenen Jahren intensiv dieses Themas angenommen und ihre Bemühungen in den Tagungsberichten auch dokumentiert. Ein Schwerpunkt war neben der konzeptionellen Diskussion die Rezeption von Erfahrungen aus den Nachbarländern, insbesondere Österreich und Schweiz.

4) Broschüre des Bundes für Soziale Verteidigung zum Zivilen Friedensdienst von 1994

5) Siehe Rundbrief Soziale Verteidigung 4/95, S. 4f

6) BMZ (Hrsg.), Journalistenhandbuch Entwicklungspolitik 1996, S. 11

7) Klaus-Jürgen Hedrich, Menschenrechte als politischer Auftrag (in: Konrad-Adenauer-Stiftung, Aktuelle Fragen der Politik Nr. 41/1996)

8) Die Richtlinien zur Förderung privater Träger der Entwicklungshilfe werden derzeit im BMZ überarbeitet. Für die Zukunft ist die Durchsetzung der Menschenrechte auch als Förderungszweck vorgesehen. Aus nicht ganz erklärlichen Gründen wird die Verabschiedung dieser revidierten Richtlinien derzeit leider verzögert.

9) Siehe Beitrag von Lederach in diesem Band, S. 46.

10) Siehe Anmerkung 8.

11) Siehe Norbert Ropers, Friedliche Einmischung (Studienreihe der Berghof-Stiftung 1/1996)

12) Vergleichbar den Missionen des ÖRK, der OSZE u.ä.

Josef Freise

Was muß
eine Friedensfachkraft können?

Überlegungen am Beispiel
des Internationalen Christlichen Friedensdienstes Eirene

Zur Entstehung des Konzepts eines Friedensfachdienstes bei Eirene

Nach einer Reise durch das vom Krieg zerrissene Algerien lud im Februar
1957 der damalige Generalsekretär des Weltkirchenrates, Willem Adolf
Visser't Hooft, ein in Genf tagendes Komitee der historischen Friedenskirchen
(Mennoniten, Quäker, Brethren) und des ›Internationalen Versöhnungsbundes‹ zu einem Essen ein. Er bat die Teilnehmenden des Treffens, zu überlegen, ob man nicht im Blick auf Afrika einen »Dienst der Versöhnung zwischen den Völkern« organisieren könne.[1]

Diese Anfrage motivierte insbesondere zwei Männer zur Gründung des Internationalen Christlichen Friedensdienstes ›Eirene‹: André Trocmé hatte
während des 2. Weltkrieges als reformierter französischer Pfarrer in seiner Gemeinde Le Chambon-sur-Lignon eine Rettungsaktion für über 15.000 Juden
organisiert, wodurch die Juden illegale Unterkunft und falsche Pässe für ihre
Ausreise in die Schweiz erhielten.[2] In Marokko hatte Trocmé als französischer
Soldat sein Gewehr in den Wüstensand geworfen, war als überzeugter Kriegs-
dienstgegner zurückgekehrt und organisierte dann als Generalsekretär des ›Internationalen Versöhnungsbundes‹ auf internationaler Ebene Friedens- und
Versöhnungsarbeit. Der kanadische Mennonit Peter Dyck war 1957 Direktor
des Hilfswerkes MCC (Mennonite Central Committee) in Frankfurt/Main –
auch er ein konsequenter Kriegsgegner, der sogar einen staatlich geforderten Er-
satzdienst verweigerte, weil er seinen Friedensdienst aus eigenem Antrieb und
ohne staatlichen Befehl leisten wollte. »Die ursprüngliche Sicht von ›Eirene‹
war«, schreibt Peter Dyck, »so etwas wie ein Dreieck: Friede, Dienst, Gerechtigkeit. Junge Leute, Männer wie Frauen, sollten als Versöhner und Friedens-
stifter ihre Erfahrungen machen in fühlbaren täglichen Schwierigkeiten.«[3]

Die ersten ›Eirene‹-Freiwilligen gingen nach Marokko und halfen mit in Waisenhäusern, auf Modellfarmen, in Kindergärten, Jugendzentren und bei der Berufsausbildung für benachteiligte Jugendliche. Die berufliche Kompetenz der Freiwilligen stand zuerst nicht im Vordergrund; entscheidend waren christliche Motivation und die Bereitschaft zu einfachem Leben und solidarischem Engagement. Als die marokkanischen Behörden Berufsausbilder suchten, zeigte sich, daß viele junge Freiwillige die von den Partnern angefragten Qualifikationen nicht mitbrachten und mit einer fachlichen Mitarbeit in einem Entwicklungsland überfordert waren. ›Eirene‹ entsandte dann zunehmend Fachkräfte mit abgeschlossener Berufsausbildung und Berufserfahrung in den Entwicklungsdienst. Gleichzeitig blieb ›Eirene‹ aber seinem Grundsatz treu, jungen Menschen eine Alternative zum Kriegsdienst zu ermöglichen, indem freiwillige Friedensdienste auch in Industrieländern angeboten wurden. Diese Einsätze in Nordirland, Frankreich, Belgien, Spanien und den USA sollten zugleich verdeutlichen, daß Gerechtigkeit auf der Erde erst dann eine Chance bekommt, wenn sich die Industrieländer ändern und einen anderen Weg der Entwicklung einschlagen – eine Erkenntnis aus der ökumenischen Bewegung, die viele Jahre vor dem Rio-Gipfel 1992 formuliert wurde, wo mit dem Begriff der ›zukunftsfähigen Entwicklung‹ (sustainable development) erstmals in breiter Öffentlichkeit Entwicklung auch als Problem der Industrieländer definiert wurde.

Bei ›Eirene‹ bildeten sich somit zwei Dienstprogramme heraus: Der Entwicklungsdienst mit berufserfahrenen Fachleuten und der Friedensdienst als ein qualifizierter (d.h. professionell organisierter) Freiwilligendienst für meist junge Leute, die oft noch keine Berufsausbildung abgeschlossen hatten, aber eine hohe persönliche Motivation für ihren Dienst mitbrachten. Zwischen beiden Programmen gab es nicht nur Verbindungspunkte in der gemeinsamen Vorbereitung, sondern auch fließende Übergänge: Einzelne EntwicklungshelferInnen verstanden sich aufgrund ihres Einsatzes in Menschenrechtsorganisationen als FriedensarbeiterInnen; der freiwillige Friedensdienst stand nicht nur jungen Leuten offen, sondern integrierte auch Berufstätige im Sabbatjahr, VorruheständlerInnen und Pensionäre, die neben ihrer Lebenserfahrung auch berufliche Qualifikationen in den Friedensdienst einbrachten.

Die Frage nach einem spezifischen Friedensfachdienst kam aber erst in den 90er Jahren auf: In nahezu allen Einsatzländern der südlichen Erdhälfte berichteten ›Eirene‹-Freiwillige von wachsender Verarmung und zunehmender offener Gewalt. Im Niger und dem Tschad putschten sich neue Machthaber an die Regierung. Nicaragua war mit dem Ende der sandinistischen Ära nicht nur um eine Hoffnung ärmer, vielmehr wurde die wirtschaftliche Lage härter als zur Zeit der verhaßten Somoza-Diktatur. In Kroatien und Bosnien engagierte sich ›Eirene‹ gemeinsam mit der Organisation ›Schüler helfen Leben‹. Bei Überfällen auf ›Eirene‹-Büros befanden die Freiwilligen sich oft selber in der Gefahr, Opfer von Gewalt zu werden. Familien mußten aus den Konfliktgebieten evakuiert werden, und stätestens jetzt wurde deutlich, daß ›Eirene‹ in der südlichen Erdhälfte nicht nur als Entwicklungsfachdienst gute landwirtschaftliche, gemeinwesenbezogene und behindertenspezifische Projekte zu organisieren hatte. Einheimische Partner fragten uns an, was wir zur Deeskalation von Gewaltsituationen beitragen könnten und ob wir die im Niger und Tschad neu entstandenen Menschenrechtsorganisationen unterstützen könnten. Die ›Eirene‹-Mitgliederversammlung beschloß 1994, die Frage nach dem Zusammenhang von Entwicklung und Gewaltfreiheit als Hauptthemenschwerpunkt für die nächsten fünf Jahre zu bearbeiten.

Im November 1995 lud ›Eirene‹ Hildegard Goss-Mayr zu einem Seminar über diese Thematik ein. Hildegard und ihr 1991 verstorbener Mann, Jean Goss, hatten über 40 Jahre lang als Friedensfachleute Konfliktgebiete rund um den Globus bereist und bestärkten Friedensinitiativen in ihrem gewaltfreien Kampf gegen Ungerechtigkeit.[4]

Ihre Aktionen waren häufig riskant gewesen, und Hildegard war in Brasilien einmal in ein Folterzentrum verschleppt worden, aus dem sie erst durch die Intervention von Kardinal Arns befreit wurde. Auf den Philippinen hatten Hildegard und Jean 1984 Gewaltfreie Seminare mit Oppositionspolitikern und 15 katholischen Bischöfen begleitet. Die dort erarbeiteten Methoden und Strategien des gewaltfreien Kampfes führten ganz wesentlich dazu, daß die friedliche Kraft des Volkes das Regime von Ferdinand Marcos aus dem Amt trieb.

Was Hildegard und Jean Goss als charismatische Persönlichkeiten aus eigenem Antrieb leisteten, oft ohne institutionelle und finanzielle Absicherung, könnte das ›Eirene‹ weiter voranbringen, indem hier der institutionelle Rahmen für Vorbereitung und Einsatz und ein Minimum an Absicherung gewährleistet wird? Dies war eine der Fragen im Hintergrund für das ›Eirene‹-Seminar mit Hildegard Goss-Mayr im November 1995, bei dem erste Einsatzmöglichkeiten für Friedensfachkräfte in Lateinamerika, Afrika und Europa besprochen wurden: bei der Unterstützung von Menschenrechtsorganisationen, in der Arbeit mit demobilisierten Soldaten, in der Schulung zu gewaltfreien Konfliktregelungen, bei inter-ethnischen Auseinandersetzungen, im Kampf enteigneter campesinos für deren Eigentumsrechte. Bei solchen Kurz- oder auch Langzeiteinsätzen könnten unterschiedlichste berufliche Qualifikationen angesprochen sein: JuristInnen würden in Menschenrechtsorganisationen gebraucht; TheologInnen und PädagogInnen wären in Stadtteilen und Kirchengemeinden bei Prozessen der Aussöhnung zwischen Konfliktparteien hilfreich; Verwaltungsfachleute und Betriebswirte könnten Wiederaufbaumaßnahmen nach kriegerischen Auseinandersetzungen unterstützen; PsychologInnen werden bei der Aufarbeitung von Kriegs- und Gewalttraumata angefragt, und InformatikerInnen könnten Organisationen im Umgang mit den neuen Kommunikationsmedien ausbilden – in Ex-Jugoslawien war das während des Krieges die einzige Möglichkeit, wie Serben, Kroaten und Bosnier miteinander kommunizieren konnten.

In den folgenden Abschnitten soll nun der Frage nachgegangen werden, welche persönlichen Voraussetzungen Menschen mitbringen sollten, die als Friedensfachkräfte im Ausland einen Dienst leisten wollen. Im einzelnen geht es um Fähigkeiten der interkulturellen Kommunikation, um Kenntnisse zu Theorie und Praxis der Gewaltfreiheit und um Zugänge zu einer Spiritualität der Gewaltfreiheit.

Interkulturelle Kommunikationsfähigkeit

Das Trainieren interkultureller Kommunikationstechniken gehört heute zum Standard jeder Ausbildung für einen Friedens- oder Entwicklungsdienst. Wer in Konflikt- oder Kriegsregionen arbeitet, muß besonders sensibel die interkulturellen Barrieren wahrnehmen, die zu Mißverständnissen führen und Kommunikationsprozesse blockieren können. Grundlegende Voraussetzung sind hinreichende Kenntnisse der Umgangssprachen im Gastland und der dortigen Umgangsformen (mit Begrüßungsritualen und den Grundregeln, wie Kritik geäußert und Nähe und Distanz ausgedrückt werden).

In Lothar Krappmanns Terminologie der Rollentheorie[5] läßt sich sagen, daß Empathie und Identitätsdarstellungen wesentliche Merkmale interkultureller Kommunikation sind. Interkulturelle Empathie bezeichnet dabei die Fähigkeit, sich in Menschen anderer Kulturen hineinzuversetzen, sie von ihren Gefühlen, ihrem Denk- und Werthorizont her zu verstehen und sie nicht vom eigenen Verstehenshorizont aus zu be- oder verurteilen. Wer mit zwei Konfliktparteien arbeitet, muß Empathie für beide Gruppen aufbringen. Dies ist oft gar nicht so leicht, weil natürlich die eigenen Gefühle und Werte hineinspielen, die auch nicht einfach weggedrängt werden dürfen, weil sie zur Identität des Vermittelnden gehören. Identitätsdarstellung bezeichnet im interkulturellen Kontext die zweite komplementäre Fähigkeit, deutlich zu machen, wie ich die anderskulturelle Realität wahrnehme, für mich verarbeite und mit meinem eigenen Gefühls-, Denk- und Wertehorizont zusammenbringe. Empathie und Identitätsdarstellung im anderskulturellen Zusammenhang zu bewerkstelligen, stellt ein hartes Stück ›Identitätsarbeit‹ dar, und Menschen entwickeln verschiedene psychische ›Tricks‹, um sich dem zu entziehen: Von einzelnen Diplomaten und Experten wird gelegentlich berichtet, wie sie ohne jegliche Empathie die eigenen kulturellen Vorstellungen absolut setzen. Mit dem Schiffscontainer wird nicht nur die heimische Wohnzimmereinrichtung ins fremde Land gebracht. Der Export heimischen Wohlgefühls soll auch vor verunsichernder Fremdheit schützen. Wer seine eigenen Denkweisen und Wertesysteme absolut setzt, entwickelt im Ausland Vorurteile bis hin zum Rassismus.

Ein entgegengesetzter Fluchtweg aus der ›Identitätsarbeit‹ ist die kritiklose Totalidentifikation mit einer Gruppe im Ausland. Während der Zeit der sandinistischen Revolution in Nicaragua gab es dort auch EuropäerInnen, die sich bedingungslos und unreflektiert hinter den Kampf der Sandinisten gegen den US-Imperialismus stellten und nicht mehr die Fehler und Problemanteile der Sandinisten wahrnahmen. Eigene linke politische Träume wurden auf die nicaraguanischen Sandinisten derart projiziert, daß die Realitätswahrnehmung darunter litt.

Auch in Nordirland stehen ausländische Freiwillige in der Gefahr, sich mit der katholischen Seite so sehr zu identifizieren, daß nicht mehr gesehen wird, inwiefern auch die Schicht der armen protestantischen ArbeiterInnen und Arbeitslosen Opfer der Gewaltsituation sind.

Wenn ich mich bemühe, in einem Konflikt beide Seiten zu verstehen, setze ich mich möglicherweise einer anderen Gefahr aus, nämlich positionslos zu bleiben, weil ich nicht den Mut habe, Stellung zu beziehen. Die einheimischen Partner werden meine Unterstützung und Beratung aber nur annehmen, wenn ich ihnen klar und transparent – in aller Bescheidenheit und Zurückhaltung – vermitteln kann, wo ich stehe und wie ich die Dinge sehe. Neutralität kann in bestimmten Konfliktsituationen eine sinnvolle Position darstellen, wenn sie reflektiert ist und wenn aus dieser Position der Nicht-einmischung Begleitung am ehesten Erfolg verspricht. In Situationen, wo es aber beispielsweise zwischen den Konfliktparteien ein eindeutiges Machtge-fälle zwischen Unterdrückern und Opfern gibt, wäre eine solche Neutralität unehrlich.

Wer von seiner Persönlichkeit her die Fähigkeit zu Empathie und zur Dar-stellung der eigenen Identität mitbringt, kann in der Vorbereitung auf den Auslandseinsatz diese Fähigkeiten verstärken. Übungen zur Selbst- und Fremdwahrnehmung sowie das Durchspielen kultureller Problemsituationen in Rollenspielen helfen hier sehr gut weiter. Wer aber (noch) keine klare Iden-tität ausgebildet hat oder wer so sehr durch Schwarz-Weiß-Denken geprägt und in seine eigenen Lebenskonzepte und Werte verbohrt ist, daß er sich nichts anderes vorstellen kann, eignet sich von vornherein nicht für einen Dienst im Ausland. Es ist Aufgabe der Auswahlgremien, dies rechtzeitig zu erkennen.

Kenntnis von Theorie und Praxis der Gewaltfreiheit

Zu den Voraussetzungen eines Friedensfachdienstes gehört per definitionem, daß sich die Fachkraft in ihrer Arbeit nur friedlicher und gewaltfreier Me-thoden bedient. Von einer Friedensfachkraft ist deshalb auch die Bereitschaft zu erwarten, sich mit Theorie und Praxis der Gewaltfreiheit intensiv in der Vorbereitung auseinanderzusetzen, soweit dies nicht schon vorher geschehen ist. Mahatma Gandhi und Martin Luther King haben mit ihrem Leben Zeug-nis dafür abgelegt, daß Gewaltfreiheit für sie theoretische und praktische Richtschnur war. Eine persönliche Auseinandersetzung mit ihren Lebens-konzepten sollte nicht nur der Wissensvermittlung dienen, sondern auch eine Klärung des eigenen Standortes ermöglichen: Wie erlebe ich Gewalt um mich herum und in mir selber? Inwieweit ist Gewaltfreiheit für mich eine unbe-dingte Richtschnur oder ein Konzept, das auch versagen kann und dem ich mich nicht voll und ganz anschließen will? Hier befinden wir uns in einem Dilemma: Als gewaltfreier Friedensdienst will ›Eirene‹ mit Menschen arbei-ten, die sich von der Philosophie und Praxis der Gewaltfreiheit überzeugen lassen und bereit sind, sich damit intensiv zu beschäftigen und sich davon prä-gen zu lassen. Andererseits hat es viel mit dem individuellen Temperament und der jeweiligen Persönlichkeitsstruktur zu tun, ob ich Gewaltfreiheit wie

Gene Sharp[6] als eine wichtige und humane Technik der politischen Veränderung mit begrenzter Reichweite sehe, auf die ich aber setzen will, oder ob Gewaltfreiheit für mich einen Unbedingtheitsanspruch hat, weil sie zu meinen Glaubensüberzeugungen gehört. Diese unterschiedlichen Sichtweisen müssen meines Erachtens möglich sein. Der Grundsatzstreit über begrenzte Reichweite oder unbedingten Anspruch der Gewaltfreiheit, wie er bei den Grünen und bei Pax Christi derzeit geführt wird, ist zu einem Teil auch ein Streit über unterschiedliche Temperamente und Zugangsweisen, und er wird dann unfruchtbar, wenn diese Unterschiede nicht akzeptiert werden.

Die Vermittlung der Methoden gewaltfreien Handelns (Dialog – Mediation – Öffentliche Aktionen – Ziviler Ungehorsam – Erarbeitung konstruktiver Alternativen) sollte in Theorie- und Praxisblöcken erfolgen, wozu es bereits gute Erfahrungen gibt.[7]

Zugänge zu einer Spiritualität der Gewaltfreiheit

»Den Geist der Gewaltlosigkeit erwirbt man durch langes Training in Selbstverleugnung, durch Vertrautwerden mit den geheimen inneren Kräften. Er verändert die Einstellung zum Leben.«[8]

In Konflikt- und Kriegssituationen zu arbeiten, beinhaltet Streß und bringt enorme Belastungen mit sich, die ohne innere Kraft und Stärke nicht durchzuhalten sind. Bei der Vorbereitung legen wir deshalb großen Wert darauf, Zugänge zu den eigenen Kraftquellen zu finden. Der Austausch darüber ist zuerst oft ungewohnt. Fragen nach Glauben, Religiosität und Sinnfindung scheinen heute oft stärker tabuisiert zu sein als die Fragen nach dem Umgang mit der eigenen Sexualität. Einige befürchten zu Beginn der Gespräche, sie würden von ›Eirene‹ als christlicher Organisation auf eine bestimmte Religiosität eingeschworen. Diese Bedenken treten zurück, wenn deutlich wird: Es kommt uns darauf an, daß jede bzw. jeder den eigenen Weg zu ihren oder seinen Quellen findet. Dieser Weg ist nicht allein kognitives Wissen, er setzt – ob religiös oder nichtreligiös – ein Leben aus der Mitte voraus, dem ich durch ständiges Üben, durch Meditation näherkommen kann. Meditation ist auch ein Weg, die eigenen Ängste zu verarbeiten. Ob dieses regelmäßige meditative Üben im Schweigen besteht oder im Tai Chi, im Yoga oder dem Gebet, muß jeder für sich herausfinden. Bei ›Eirene‹ ist neben der christlichen Meditation Raum für andere Formen. Eine für Christen wie Nichtchristen mitvollziehbare gemeinsame Meditationsform ist das von den Quäkern inspirierte Schweigen im Kreis um eine Kerze. Die Kerze symbolisiert das innere Licht in uns (›the inner light‹), für die Quäker Sinnbild der Gegenwart Gottes in uns. In jedem Menschen scheint dieses Licht Gottes, und deshalb gilt für die Quäker auch absolut, daß keines Menschen Licht zerstört, kein Menschenleben getötet werden darf.

Durch die Stille und Sammlung in der Schweigemeditation kann das Licht in uns brennen und strahlen. Es verwandelt uns und gibt Kraft für das Engagement. Neben der Kerzenmeditation bietet die Agape-Feier, das von den ersten Christengemeinden herkommende Liebesmahl, eine Möglichkeit gemeinsamer Spiritualitätserfahrung von Christen und Nichtchristen. Zum Agape-Mahl gehörte es in der Urkirche, daß alle das zum Essen mitbrachten, was sie hatten und teilen konnten. Dieses Teilen geschieht in Agape-Feiern bei ›Eirene‹ im übertragenen Sinn, indem wir unsere Hoffnungen, Ängste, (Glaubens-) Überzeugungen teilen und sie durch Symbole, Lieder und Gedichte zum Ausdruck bringen. Wenn wir uns am Ende schweigend an die Hände fassen, kann möglicherweise eine Kraft spürbar werden, die über uns selber hinausgeht und uns trägt. Es ist zu wünschen, daß Menschen, die in schwierigen Konfliktsituationen bis an die Grenzen ihrer Belastbarkeit und darüber hinaus engagiert sind, eine solche Kraft in sich spüren, die über sie hinausgeht und sie trägt.

Anmerkungen

1) Wilfried Warneck in: 25 Jahre Eirene , Neuwied 1982, S. 18.

2) Vgl. die Biographie über André Trocmé: Philip Hallie, ... Daß nicht unschuldig Blut vergossen werde. Die Geschichte des Dorfes Le Chambon und wie dort Gutes geschah, Neukirchen-Vluyn 1983.

3) Peter Dyck in: 25 Jahre Eirene , Neuwied 1982, S. 16.

4) Vgl. Hildegard Goss-Mayr, Wie Feinde Freunde werden. Mein Leben mit Jean Goss für Gewaltlosigkeit, Gerechtigkeit und Versöhnung, Freiburg/Basel/Wien 1996.

5) Vgl. Lothar Krappmann, Soziologische Dimensionen der Identität, Stuttgart 1969.

6) Vgl. Gene Sharp, The politics of Non-Violent Action, Boston 1974.

7) Vgl. dazu auch den Beitrag von Hagen Berndt und Jill Sternberg in diesem Buch.

8) Mahatma Gandhi, Young India, 23.9.1926, abgedruckt in: Mahatma Gandhi, Wort des Friedens, Freiburg/Basel/Wien 1984. Jürgen Deile

Jürgen Deile

›Dienste in Übersee‹ als Friedensdienst*

Zentrale Aufgabe von ›Dienste in Übersee‹ (DÜ) ist es, als Teil der weltweiten ökumenischen Bewegung die vor allem von Kirchen gemachten Anstrengungen des konziliaren Prozesses durch Personal zu unterstützen, d. h. einen Beitrag zu dem Ziel einer gerechten, partizipatorischen und überlebensfähigen Gesellschaft zu leisten. Dies geschieht seitens DÜ auf vielfältige Weise, im Kern jedoch vor allem durch die Vermittlung und die Förderung von Fachkräften[1]. Am 31.12.1995 waren bei DÜ 322 Fachkräfte unter Vertrag.

Wichtig zur Einschätzung der Arbeit von DÜ ist auch die Kenntnis der Bedeutung, die der Begriff ›Fachkraft‹ bei DÜ hat. Mit Fachkraft sind professionelle Qualifikationen gemeint, die sowohl den der Vermittlung entsprechenden Berufsabschluß als auch eine mehrjährige Berufserfahrung mit diesem Abschluß betreffen. Dies führt zu einem Durchschnittsalter der Fachkräfte von fast 40 Jahren und macht deutlich, daß es bei DÜ in erster Linie nicht um einen Lerndienst für junge Erwachsene, sondern um einen Fachdienst geht, bei dem Professionalität ein wichtiges Kriterium ist.

Um die Arbeitsbereiche von DÜ insbesondere im Bereich der Konfliktbearbeitung anschaulich zu machen, werde ich im folgenden exemplarisch auf Tätigkeitsfelder hinweisen, die ich entsprechend den in der ›Agenda für den Frieden‹ von Boutros Boutros-Ghali benannten Bereichen gegliedert habe. Folgende Bereiche werden unterschieden:

Präventive Maßnahmen haben das Ziel, das Entstehen von Streitigkeiten zwischen einzelnen Parteien zu verhüten, die Eskalation bestehender Streitigkeiten zu Konflikten zu verhindern und, sofern es dazu kommen sollte, diese einzugrenzen.

Friedensschaffung bezeichnet Maßnahmen mit dem Ziel, feindliche Parteien zu einer Einigung zu bringen.

Friedenssicherung bezeichnet die Einrichtung einer Präsenz, um nach der Einstellung der Kampfhandlungen auf die Erhaltung des Friedens, wie prekär er auch immer sein mag, hinzuwirken und bei der Durchführung der von den Friedensstiftern herbeigeführten Übereinkommen behilflich zu sein.

Friedenskonsolidierung in der Konfliktfolgezeit bezeichnet solche Maßnahmen, die helfen, friedliche und allseits vorteilhafte Beziehungen zwischen den vormals Kriegführenden aufzubauen, zerstörte Institutionen und Infrastruktur wiederherzustellen und im weitesten Sinne zu versuchen, die tiefsten Konfliktursachen auszuräumen: wirtschaftliche Not, soziale Ungerechtigkeit und politische Unterdrückung.[2]

Zivile Konfliktbearbeitung im Entwicklungsdienst
Beispiele aus der Arbeit von ›Dienste in Übersee‹

Die folgende Aufzählung von Beispielen aus der Arbeit von DÜ ist unvollständig und soll lediglich die Bandbreite ziviler Konfliktbearbeitung verdeutlichen, wie sie schon heute unter dem Etikett ›Entwicklungsdienst‹ praktiziert wird. Während bereits gegenwärtig grob geschätzt 30-50% aller Personalvermittlungen von ›Dienste in Übersee‹ den oben genannten Bereichen zugeordnet werden können, ist in Zukunft mit einer Steigerung zu rechnen. Neben einer quantitativen Zunahme der Vermittlungen in oben genannten Bereichen wird auch eine qualitativ höhere Anforderung an die zu vermittelnden Fachkräfte und die vermittelnde Organisation im Bereich Friedensschaffung und Friedenssicherung hinzukommen. Schon heute ist dies beispielsweise am ›Ecumenical Peacemakers Programme‹ (Wahlprozeßbegleitungsprogramm mit dem Oberziel, deeskalierend auf Konflikte anläßlich der Kommunalwahl in Kwa Zulu/Natal 1996 einzuwirken) abzulesen, wo es auch um die Bearbeitung manifester, schon eskalierter Konflikte mit gewaltfreien Methoden geht. Dazu bedarf es Friedensfachkräfte, die spezielle Qualifikationen für die Konfliktbearbeitung mitbringen.

Weil dies bisher im Entwicklungsdienst der evangelischen Kirche bzw. bei ›Dienste in Übersee‹ nicht die Regel ist und auch der Übersichtlichkeit halber, habe ich die Beispiele aus den Bereichen ›Friedensschaffung‹ und ›Friedenssicherung‹ zusammengefaßt. Bei den konkreten Maßnahmen zeigt sich ohnehin, daß diese in der Regel mehrere Bereiche abdecken. Ich habe sie hier unter dem Aspekt des mit der Maßnahme im Bereich zivile Konfliktbearbeitung verbundenen Schwerpunktes zugeordnet.

Präventive Maßnahmen
Unter diese Maßnahmen fallen Personalvermittlungen, die der Vertrauensbildung und Frühwarnung, bezogen auf einen Konflikt, dienen. Frühwarnung beruht auf Informationsbeschaffung und -weitergabe sowie einer Ana-

lyse des Konfliktpotentials. Eine Möglichkeit der Offenlegung und Bearbeitung des Konfliktpotentials ist die Öffentlichkeits- und Lobbyarbeit. Im folgenden finden sich Beispiele aus der Arbeit von DÜ, in denen das Konfliktpotential auch schon zu manifesten Konflikten führte.

Brasilien: Mitarbeit beim Aufbau eines Informations- und Kommunikationsnetzwerkes BRD-Brasilien, um die Anstrengungen der LandarbeiterInnen um Land und bessere Lebensbedingungen zu unterstützen.

Costa Rica: Lobbyarbeit zum Thema Bananenanbau in Costa Rica und Mittelamerika bei einem Zusammenschluß von 30 Organisationen, darunter NGO's, Umweltverbände, Gewerkschaften, indianische Organisationen, Organisationen der Landbevölkerung.

Venezuela: Förderung der Lobbyarbeit im Menschenrechtsbereich, insbesondere bei der Überwachung des Paktes über die wirtschaftlichen, sozialen und kulturellen Rechte der UNO.

Mittelamerika und Sri Lanka: Personenschutz durch internationale Präsenz – vor allem auch bei Personen, die in Friedensverhandlungen exponiert sind.

Französisch Polynesien: Unterstützung eines Netzwerkes von u. a. Umwelt- und Friedensorganisationen zur Vernetzung der französisch- und englischsprachigen Pazifikregion.

Friedensschaffung und Friedenssicherung

Zunächst seien hier vor allem Beispiele für die Entschärfung von eskalierten Konflikten durch Hilfeleistung genannt, die meines Erachtens ein stärkeres Gewicht auf der Friedensschaffung haben, d. h. die Voraussetzungen für den Prozeß der Beendigung von Gewalt verbessern.

Südafrika: Begleitung des Wahlkampfes bei den Kommunalwahlen in Kwa Zulu/Natal im Rahmen des ›Ecumenical Peacemakers Programme‹ zur Deeskalation von Konfliktsituationen.

Mexico: Mitarbeit in der von der Friedensnobelpreisträgerin Rigoberta Menchú gegründeten Stiftung ›Vicente Menchú‹ in Projekten, die unter das Hauptthema ›Entwicklung für den Frieden‹ fallen. Dabei handelt es sich im wesentlichen um eine Arbeit mit guatemaltekischen Flüchtlingen, die sich in Lagern in Mexico befinden und auf die Rückkehr nach Guatemala vorbereitet werden.

El Salvador: Unterstützung medizinischer Fachkräfte, die während des akuten Krieges in der kurativen und präventiven medizinischen Arbeit in vor allem ländlichen Gebieten unter Kontrolle der FMLN tätig waren.

Philippinen: Mitarbeit im muslimisch-christlichen Dialog in den Südphilippinen.

119

Südsudan: Unterstützung des Sudanesischen Kirchenrates beim Aufbau von Trägerstrukturen während der Kriegszeit, die eine Handlungsfähigkeit im Bildungsbereich, bei Hilfsmaßnahmen in Notsituationen und bei längerfristig angelegten Entwicklungsvorhaben ermöglichen soll.
Sierra Leone: Wahlbeobachtung zur internationalen Begleitung der Wahlen als Beitrag zur Einleitung eines Friedensprozesses.

Es folgen nun Beispiele, die eher im Bereich der Friedenssicherung ihren Schwerpunkt haben, d. h. nach Beendigung der Gewalt eine Rolle spielen. Hier finden sich z. B. Menschenrechtsbeobachtung, Wahlbeobachtung, Flüchtlingsarbeit, humanitäre Hilfe oder Ausbildung von Friedenssicherungspersonal.
Südliches Afrika: Vermittlung von Delegierten in Demokratisierungsprozesse im südlichen Afrika, z. B. in Verbindung mit dem ›Ecumenical Monitoring Programme in South Africa‹ zur Deeskalationshilfe in Gewaltsituationen bzw. zur Wahlvorbereitung und Wahlbeobachtung.
Südafrika: Unterstützung kirchlicher Einrichtungen bei ihren Wiederaufbau- und Versöhnungsprogrammen sowie ihren Anstrengungen zur sozialen und wirtschaftlichen Wiedereingliederung der besonders betroffenen und marginalisierten Opfer der Apartheid.
Horn von Afrika: Vermittlungen zur Arbeit mit Flüchtlingen in verschiedenen Ländern.
Äthiopien: Wiedereingliederung ehemaliger Soldaten und Soldatinnen in die Zivilgesellschaft.
Mosambik: Psychologische Arbeit mit kriegstraumatisierten Kindern und Rehabilitation von Folteropfern.
Kroatien: Vermittlung einer Fachkraft zur Koordination verschiedener Hilfsprogramme für weibliche Flüchtlinge. Es wurde eine Frau vermittelt, die einerseits den Kontakt zwischen den Frauenorganisationen und offiziellen Hilfseinrichtungen hält und andererseits in den Flüchtlingscamps mit Flüchtlingen arbeitet sowie Supervision für Helferinnen durchführt.
Paraguay/Argentinien: Unterstützung von indianischen Gruppen im Gran Chaco, die ihre kulturelle und soziale Identität bewahrt haben, faktisch noch außerhalb der nationalen Gesellschaften leben und vor der Aufgabe stehen, ihre Rechte z. B. auf Anerkennung von Landtiteln und auf kulturelle Selbstbestimmung durchzusetzen.
Deutschland: Vermittlung von juristischen und journalistischen Fachkräften aus Asien und Lateinamerika zur Arbeit im Menschenrechtsbereich.

El Salvador: Hier wird eine Selbsthilfeorganisation ehemaliger Bürgerkriegs-flüchtlinge unterstützt, die sich in ländlichen Gebieten ansiedelten. Dabei ist Versöhnungsarbeit Bestandteil der Stärkung kommunaler Selbstorganisation und Infrastruktur.

Philippinen: Mitarbeit bei einer Organisation zur Hilfe für Frauen und Kinder in Notsituationen, vor allem solchen, die durch innere bewaffnete Konflikte in den Philippinen für Zivilpersonen lebensbedrohlich sind. Schwerpunkt ist dabei die Entwicklung und Durchführung von Trainingseinheiten über Therapieansätze und Beratungskonzepte, die Erfassung des Fortbildungsbedarfs der Projektmitarbeitenden und die Entwicklung von Supervisionsangeboten für die Mitarbeitenden.

Thailand: Rechtsberatung für verbesserten Schutz gegen Kinderprostitution, insbesondere zur Erweiterung gesetzlicher Grundlagen in einigen asiatischen und europäischen Ländern sowie Beratung der Initiative für ein Zusatzprotokoll zur UN-Konvention für die Rechte der Kinder.

Friedenskonsolidierung in der Konflikt-Folgezeit

Friedenskonsolidierung besteht in Anstrengungen zur nachhaltigen Bewältigung wirtschaftlicher, sozialer, kultureller und humanitärer Probleme, um dem erzielten Frieden eine dauerhafte Grundlage durch den Aufbau zivilgesellschaftlicher, partizipatorischer Strukturen zu verschaffen.

Konkrete Maßnahmen können hierbei folgende sein: Repatriierung von Flüchtlingen, Unterstützung der Sicherheitskräfte durch Beratung und Ausbildung, Überwachung von Wahlen, Förderung von Bemühungen zum Schutz der Menschenrechte.

El Salvador: Die Nachkriegssituation in El Salvador ist gekennzeichnet durch vielfältige Probleme von sozialer Wiedereingliederung ehemaliger Soldaten und KämpferInnen der FMLN, Arbeitslosigkeit und wirtschaftlicher Perspektivlosigkeit. Staatliche Dienstleistungen werden privatisiert, was einen Abbau staatlicher Gesundheitsleistungen für viele Menschen bedeutet. DÜ arbeitet hier beispielsweise bei der Förderung von Gesundheitspersonal mit, welches sich auch der Rehabilitation von Kriegsversehrten annimmt.

Namibia: Unterstützung einer Initiative der San, einer indigenen Bevölkerung, die überwiegend die Randzone der Kalahari-Wüste bewohnt und somit in sechs Staaten des südlichen Afrika lebt. Aufgabe ist es, die Vertretung der Interessen und Anliegen der San gegenüber den jeweiligen Regierungen zu stärken.

121

In Namibia wurde auch die journalistische Fortbildung von NachrichtenredakteurInnen des Namibianischen Rundfunks unterstützt, da den Medien – vor allem dem Rundfunk – eine zentrale Rolle bei der Bewußtmachung und Einübung demokratischer Prozesse zukommt.

Kambodscha: Mitarbeit zur Unterstützung eines buddhistischen Instituts beim Wiederaufbau einer geistigen Infrastruktur und Bearbeitung der Frage nach der kulturellen Identität des Landes.

Nicaragua: Training von Gefängnispersonal in rechtsstaatlichem Umgang.

In den *Philippinen* wurde eine Fachkraft vermittelt, deren Aufgabe die Förderung der Einhaltung von Sicherheitsstandards im Bergbau war. Hierbei standen zivilgesellschaftliche Strukturen im Vordergrund.

BRD: Vermittlung eines philippinischen Juristen in das Menschenrechtsreferat des Diakonischen Werkes.

›Dienste in Übersee‹ als Friedens-Fachdienst

Neben den oben genannten Erfahrungen im Bereich der Konfliktbearbeitung gibt es entscheidende Merkmale, die ›Dienste in Übersee‹ für einen kirchlichen Friedens-Fachdienst prädestinieren. Gerade beim Thema ›Aufbau und Qualifizierung von Streitschlichtungs-Kräften‹ kommt die Besonderheit von DÜ zum Tragen – nämlich die über 35jährige Erfahrung eines Personaldienstes in der Zusammenarbeit mit Partnern in Asien, Afrika und Lateinamerika. Die Erfahrung bezieht sich also einmal auf das Personal bzw. die Auswahl, Vorbereitung und Vermittlung von Menschen im Rahmen unterschiedlicher Programme. Dies bedeutet beispielsweise, daß professionelle Personalvermittlung sowohl von aus- wie inländischen Fachkräften erwartet werden kann, je nachdem, wie es eine bestimmte Situation erfordert. Zum anderen ist mit dieser Erfahrung ein Netz von Partnerorganisationen geknüpft, welches internationale Akzeptanz und Vertrauen besonders auch dann zum Tragen kommen lassen kann, wenn die Umstände einer Vermittlung eher schwierig sind, so wie dies bei Vermittlungen im Bereich Friedens-Fachdienst zu erwarten ist.

Anmerkungen

* Auszug eines Referates von Jürgen Deile an der Ev. Akademie Mühlheim an der Ruhr, 30.8.-1.9.1996, nach epd-Dokumentation 51/96.

1) Näheres dazu ist aus der Broschüre ›Dienste in Übersee. Programme für Ausland und Inland‹ ersichtlich. Diese ist zu beziehen bei: Dienste in Übersee, Postfach 100340, 70747 Leinfelden-Echterdingen.

2) Vgl. Agenda für den Frieden: Bericht des Generalsekretärs gemäß der am 31 Januar 1992 von dem Gipfeltreffen des Sicherheitsrates verabschiedeten Erklärung.

Uwe Trittmann

Der lange Atem
auf dem Weg der Gewaltfreiheit

Das ›Forum Ziviler Friedensdienst‹

Der Zivile Friedensdienst ist keine neue Erfindung: Die Idee, multinational zusammengesetzte und gut ausgebildete Gruppen von Friedensstiftern aufzubauen und gegebenenfalls einzusetzen, geht schon auf Gandhi zurück. Er entwickelte während der Straßenunruhen in Bombay im Jahre 1922 die Vorstellung, ein ›Shanti Sena‹ (Friedensheer) aufzustellen, das konfliktschlichtend ›von unten‹ tätig werden sollte.

Der Gedanke wurde von einer Reihe kirchlicher wie außerkirchlicher Gruppen aufgegriffen, die sich im November 1994 zum ›Forum Ziviler Friedensdienst‹ (forumZFD) zusammenschlossen. Gründungsorganisationen waren u. a. AG ›Ziviler Friedensdienst der Kirchenleitung der Ev. Kirche in Berlin-Brandenburg‹, ›Bund Soziale Verteidigung‹ (BSV), IPPNW, ›Internationaler Versöhnungsbund‹, Eirene, ›Komitee für Grundrechte und Demokratie‹, der Friedensausschuß der Quäker, ›Pax Christi‹.

Das forumZFD setzte sich zur Aufgabe, die bisherigen Ideen zu bündeln und möglichst bald einen gesetzlichen Rahmen für die Ausbildung und den Einsatz von Friedensfachkräften zu schaffen. Insbesondere im Bereich der Ausbildung für gewaltfreie Konfliktbearbeitung wurden intensive Anstrengungen unternommen und schließlich in Zusammenarbeit mit dem BSV ein umfassendes, einjähriges Grundausbildungs-Curriculum vorgelegt.

Im Februar 1996 war es notwendig, die Rechtsform eines gemeinnützigen Vereins anzunehmen. Laut Satzung verfolgt das forumZFD das Ziel der »Fortentwicklung und Verwirklichung der Idee eines Zivilen Friedensdienstes als staatlich geförderter Dienst von ausgebildeten, männlichen und weiblichen Fachkräften in pluraler gesellschaftlicher Trägerschaft.«

Über das forumZFD erreichte die Diskussion weitere gesellschaftliche und politische Kreise. Seit Frühjahr 1995 gibt es einen regelmäßigen Austausch mit einer interfraktionellen Arbeitsgruppe im Bundestag. Im Rahmen dieser Initiative fanden zum Jahreswechsel 1995/96 in Bonn Treffen mit Vertretern der Fraktionsspitzen statt, zu denen die Bischöfe Huber und Spital eingeladen hatten. Das forumZFD hatte konkrete Konzepte für eine ›Startphase ZFD‹ im ehemaligen Jugoslawien vorgelegt, die mit Hilfe eines interfraktionellen Antrags umgesetzt werden sollten. Die politischen Realitäten haben dieses Vorhaben vor allem durch ein Veto des Entwicklungshilfeministeriums ins Stocken gebracht. Zur Zeit liegen unterschiedliche Anträge aus der Regierungskoalition und der SPD dem Bundestag zur Entscheidung vor. Im Juni findet hierzu eine Anhörung im Bundestag statt. Ob diese und weitere Schritte letztlich eine bundespolitische Unterstützung für den zivilen Friedensdienst erbringen, bleibt zu hoffen.

Eine erste Umsetzung hat das Vorhaben ›Startphase ZFD‹ in Nordrhein-Westfalen gefunden: Mit 390.000 DM unterstützt das Land eine viermonatige Ausbildung für FriedensarbeiterInnen, die anschließend im Auftrag einzelner Projektträger überwiegend in Regionen des ehemaligen Jugoslawien tätig werden. Von diesem ›Modellprojekt‹, das in Kooperation mit der ›Aktionsgemeinschaft Dienste für den Frieden‹ (AGDF) und dem BSV durchgeführt wird, erhofft sich das forumZFD eine ›Türöffnerfunktion‹. Es wird sich erweisen, wie notwendig sowohl professionelle Ausbildung als auch ein finanziell und rechtlich abgesicherter Einsatz für erfolgreiche Friedens- und Versöhnungsarbeit sind.

Der große Vorteil für einen Friedensfachdienst, wie ihn das forum ZFD versteht und fordert, liegt im reichen Erfahrungsschatz der bereits bestehenden freiwilligen Friedensdienste und in den Erfahrungen aus den seit über 30 Jahren tätigen Entwicklungsdiensten. Vor diesem Hintergrund wurde Ende 1996 das ›Konsortium Ziviler Friedensdienst‹ gegründet, in dem Organisationen der Entwicklungszusammenarbeit mit dem forum ZFD gemeinsam daran arbeiten, im Schnittfeld ihrer je eigenen Aufgaben mögliche Projekte zu definieren und durchzuführen. Beteiligte Organisationen sind bisher: ›Deutscher Entwicklungsdienst‹ (DED), ›Dienste in Übersee‹ (DÜ), AGDF, ›Arbeitsgemeinschaft für Entwicklungshilfe‹ (AGEH), der BSV und das forum ZFD.

Der Bogen der Aktivitäten im forum ZFD spannt sich vom ersten Aufruf ›Für einen Zivilen Friedensdienst‹ in 1994, den über 50 namhafte Persönlichkeiten des öffentlichen Lebens unterzeichnet haben, bis hin zur Anfang 1997 verabschiedeten ›Berliner Erklärung‹. Diese ist der Versuch, auf Verzögerungen in Bonn mit einer neuen, breiter angelegten gesellschaftlichen Initiative zu reagieren. In der ›Berliner Erklärung‹, die insbesondere auch durch das Engagement von Hans Koschnick getragen wird, heißt es:

»Die Verwirklichung der Idee eines zivilen Friedensdienstes bedarf einer breiten gesellschaftlichen Unterstützung ... Die Zeit ist reif, sich in neuen Formen der nationalen und internationalen Verantwortung für Frieden und Völkerverständigung zu stellen!«

Hagen Berndt/Jill Sternberg

Praxis als Lernerfahrung

Ausbildung und Training von Friedensfachkräften*

Es ist der erste Tag eines zweiwöchigen Gewaltfreiheitstrainings. Die Teilnehmenden haben sich erst am Vorabend kennengelernt und festgestellt, daß sie aus vielen verschiedenen Ländern und einer Reihe recht unterschiedlicher Projekte kommen – später werden sie das genauer wissen. Die 20 Menschen im Alter von 21 bis knapp 50 Jahren kommen aus 14 Ländern in Europa, Asien, Afrika und beiden Amerikas. Obwohl sie noch von der Reise müde sind, stehen sie um sechs Uhr morgens zu einem schnellen Frühstück auf, um dann mit der Vorbereitung ihrer Aktion zu beginnen. Am Vormittag soll am Castor-Gleis im wendländischen Dannenberg eine Aktion Zivilen Ungehorsams stattfinden. Unter dem Namen ›Ausrangiert II‹ wird der erneute Versuch gemacht werden, angekündigt und öffentlich ein Stück aus dem letzten Gleisabschnitt vor dem Castor-Kran zu entfernen, wo Atommüll von der Schiene auf die letzten zwanzig Kilometer Straße nach Gorleben verladen wird. Etwa eintausend lokale AktivistInnen hoffen, damit ein Zeichen zu setzen, das Politik und Industrie zur Unterlassung weiterer Atomtransporte ins Wendland bewegt.

Die internationale Gruppe hingegen ist als ›International Observers‹ bei DemonstrantInnen wie bei der Polizei angemeldet. Obwohl die Polizei ihr bei Vorgesprächen einen gesonderten Status verweigert hat, wird sie am Vormittag auch jenseits der Polizeilinien Verhöre beobachten, Übergriffe von Polizeihunden dokumentieren und den Ablauf der Aktion wie auch des Polizei-Einsatzes beschreiben können. Sie ist damit eine von drei Gruppen, die von unabhängiger Seite die Lage der Menschen- und BürgerInnenrechte in Gorleben beurteilen werden. Ihre Anwesenheit fällt auf, scheint die Polizei gelegentlich zur Mäßigung zu bewegen und wird von den AktivistInnen, besonders wenn sie in Polizeigewahrsam verhört werden, begrüßt. ›Peace Teams‹ haben auch in eskalierenden Konfliktsituationen der reichen Gesellschaften des Nordens eine Funktion beim Schutz von BürgerInnenrechten. Nach der Rückkehr am späten Nachmittag setzt sich die Gruppe zu einer Auswertung zusammen, die erst spät in der Nacht beendet wird: Die Praxis ist gleichzeitig Lernerfahrung.

Zur Geschichte der ›Peace Teams‹

›Peace Teams‹ scheint der Begriff zu sein, der sich immer mehr durchsetzt für Projekte, die mit Freiwilligen und Friedensfachkräften versuchen, auf gewaltfreie Weise und von unten her in bewaffneten gesellschaftlichen Auseinandersetzungen Friedensprozesse zu unterstützen. Angefangen hatte es mit Mahatma Gandhis und Vinoba Bhaves ›Shanti Sena‹ (Friedensarmee) in Indien, einem Projekt, das 1961 mit der ›World Peace Brigade‹ und seit 1981 mit den ›Peace Brigades International‹ (Internationale Friedensbrigaden, PBI) auf internationale Beine gestellt wurde. Mittlerweile gibt es bereits eine ganze Reihe von Organisationen, die nach diesen Grundsätzen arbeiten und Erfahrungen sammeln. ›Balkan Peace Team‹ (BPT) in Karlovac, Split und Belgrad sowie ›Christian Peacemaker Teams‹ (CPT) in Bosnien, Palästina, Haiti und Tschetschenien sind nur herausragende Beispiele.

Daß Freiwillige, die in diesen Teams Menschenrechtsgruppen unterstützen, bedrohte Anwälte oder Flüchtlinge begleiten, nächtliche Spaziergänge durch angespannte Stadtviertel unternehmen oder bei gewaltfreien Aktionen, Beerdigungen oder Hausräumungen internationale Präsenz zeigen, auch vorbereitet werden müssen, hat sich nur langsam durchgesetzt. Am Anfang der Projekte stand oft die Vision einiger weniger AktivistInnen, die jahrelang Erfahrungen mit gewaltfreier Aktion hatten, bevor sie Krieg und gesellschaftliche Krise als Herausforderung für ihr gewaltfreies Engagement verstanden. Gewissermaßen diente ihnen ihr bisheriger Lebensweg als Vorbereitung auf den Einsatz.

Doch sobald sich ein Projekt etabliert hatte, änderte sich die Dynamik. Die GründerInnen begannen, nach neuen Freiwilligen zu suchen. Meistens nach neuen Leuten, die nicht – wie sie selber – aus den gewaltfreien Bewegungen stammen. An dieser Stelle wurden Trainings als notwendig empfunden, stellten aber auch den ursprünglichen Ansatz auf den Kopf. Es ging nun nicht mehr darum, Freiwilligen vor dem Hintergrund ihres langfristigen lokalen Engagements zu Hause die Zusammenarbeit mit Menschen, die in schwierigeren Situationen tätig sind, zu ermöglichen. Der Schwerpunkt verlagerte sich darauf, Freiwillige zu rekrutieren, auszuwählen und sie in der Arbeitsweise und Philosophie ihrer zukünftigen Organisation zu unterrichten. Gewaltfreie Aktion wurde zu einem Thema, das im Training behandelt werden mußte. Eine ähnliche Entwicklung hat in einem anderen Bereich stattgefunden, der erst seit dem Beginn des Krieges auf dem Balkan bei westlichen Friedensgruppen an Bedeutung gewann, bei der indischen ›Shanti Sena‹ aber immer Teil des Programms gewesen ist: die psycho-soziale Betreuung von Flüchtlingen und später Wiederaufbau- und Versöhnungsarbeit in vom Krieg betroffenen Gemeinden. Friedensdienste wie der ›Christliche Friedensdienst‹ (cfd), ›Service Civil International‹ (SCI), später Eirene und ›Aktion Sühnezeichen/Friedensdienste‹ (ASF), haben sich hier hervorgetan. Während cfd und SCI mit dieser Arbeit gewissermaßen an ihre Ursprünge erinnert wurden – sie entstanden mit dem Aufbau von Versöhnungsarbeit nach dem Ersten Weltkrieg – brachten Eirene und ASF ihre Erfahrungen in der Freiwilligen – und Entwicklungszusammenarbeit in Projektentwicklung wie auch Ausbildung ein. Doch auch sie mußten erfahren, daß Gewaltfreiheit von den Teilnehmenden der Vorbereitungsseminare als ›theoretisch‹ und teilweise sogar aufgesetzt beurteilt wird, da dies nicht dem Lebenshintergrund der Freiwilligen entspricht. Sie wollen verständlicherweise in der Kürze der zur Verfügung stehenden Vorbereitungszeit möglichst viel von dem erfahren, was sie nach ihrer Ausreise erwartet.

Das Trainingsmodell der ›Kurve Wustrow‹

Uns in der Bildungs- und Begegnungsstätte für gewaltfreie Aktion in Wustrow – besser bekannt als ›Kurve Wustrow‹ – hat diese Entwicklung nicht befriedigt, da sie der Kreativität in den Teams enge Grenzen setzt. Sehr leicht versteht ein so vorbereitetes Team Gewaltfreiheit als bloße Taktik, statt den befreienden Aspekt gewaltfreier Arbeit in den Vordergrund zu stellen. Nach mehreren Jahren Erfahrung mit Trainings für PBI, BPT, cfd und andere Friedensdienste begannen wir deshalb, seit Ende 1994 an der Entwicklung eines Trainingsmodells zu arbeiten, das auf folgenden Überlegungen aufbaut:
- Rückgriff auf die umfangreichen Erfahrungen in Peace Teams in möglichst vielen Zusammenhängen.
- Verankerung von gewaltfreiem Handeln als befreiender Kraft in der Arbeit von Peace Teams.
- Förderung von Kreativität im Umgang mit neuen Situationen im Einsatz.

131

Gorleben als Konfliktfeld, in dem wir selber leben und arbeiten – gewöhnlich nicht als BeobachterInnen, sondern als Teil des Widerstands –, ist dabei der reale Hintergrund. Das unterscheidet uns von existierenden und geplanten Friedensakademien: Gewaltfreiheit ist nicht Theorie, sondern immer wieder Ausgangspunkt für und Ergebnis von Auseinandersetzungen mit einer bedrohlichen und repressiven Wirklichkeit. Wir haben diese Art zu arbeiten, die auch den Erfahrungen von Teilnehmenden unserer Trainings, die aus südlichen Ländern stammen, nahe kommt, in Gesprächen mit AktivistInnen aus Lateinamerika und Südasien gelernt. Auch dort findet gewaltfreie Bildungsarbeit vorwiegend in Widerstandssituationen statt, etwa in Brasilien bei Landbesetzungen durch Landlose.

Zielgruppen und Themen
Die beiden bislang im Rahmen dieses Projekts stattgefundenen Trainings im April/Mai 1995 und im April 1996 richteten sich an folgende Zielgruppen:
- AktivistInnen, die in bewaffneten Auseinandersetzungen Friedens- und Menschenrechtsarbeit auf nationaler oder lokaler Ebene durchführen.
- Freiwillige und Friedensfachkräfte, die in Konfliktgebieten mit gewaltfreien Mitteln als Dritte Partei eingreifen.
- Menschen, die sich in der Betreuung von Flüchtlingen und der vom Krieg betroffenen Bevölkerung engagieren.
- MitarbeiterInnen in Projekten, die mit pädagogischen Ansätzen in bewaffnet ausgetragenen Konflikten tätig sind.

Ein Teil der Gruppe kam auch immer aus Organisationen, die in gewaltfreiem Widerstand gegen Umweltzerstörung, soziale oder politische Repression für Befreiung tätig sind. Wir haben versucht, die Trainingsgruppe in bezug auf Herkunft, Art des Projekts und Geschlecht der Teilnehmenden ausgewogen zusammenzustellen.

Inhaltlich zeigt sich, daß großes Interesse an Themen wie Konfliktverständnis und Konfliktbearbeitung, Umgang mit Trauer und posttraumatischem Streß, Versöhnungsarbeit, Aspekten von Konfliktintervention wie Parteilichkeit/Nichtparteilichkeit/Allparteilichkeit oder interkultureller Konfliktarbeit, politische Analyse von gewaltfreier Aktion und Menschenrechten besteht. Das Thema Menschenrechte in der Kürze der uns zur Verfügung stehenden Zeit befriedigend zu behandeln, hat sich als nur schwer möglich erwiesen. In den Trainings haben wir uns daher vorwiegend auf einzelne Gesichtspunkte konzentriert, z. B. die Möglichkeiten von Organisationen, die auf Graswurzelebene tätig sind, im Umgang mit internationalen Instrumenten der Menschenrechtsarbeit oder die Diskussion um ein (inter-)kulturelles Verständnis von Menschenrechten.

Vom Trainings-Team selber wurden drei Themenbereiche offensiv eingebracht: Leben und Arbeiten in einer – internationalen – Gruppe, persönliche Motivation für diese Arbeit und das Verfassen von brauchbaren Berichten über beobachtete Konflikte, Menschenrechtsverletzungen oder den eigenen Einsatz. Insbesondere das erste Thema, Leben und Arbeiten in der Gruppe, erscheint uns sehr bedeutsam, da Freiwillige aus den Projekten immer wieder berichten, wie ein schlecht funktionierendes Team eine der wichtigsten Ursachen von ineffektiver Arbeit und Quelle von politischen Fehlentscheidungen in streßreichen Situationen ist. Der Umgang mit direkter Bedrohung und Gewalt sowie den damit zusammenhängenden Ängsten, Philosophie und Geschichte der Gewaltfreiheit und die Geschichte der Peace-Team-Bewegung waren weitere Themen, die wir behandelt haben.

Da neben englischen Sprachkenntnissen persönliche Erfahrung in gewaltfreier Aktion oder der Arbeit in Kriegs- und Krisengebieten Voraussetzung für die Teilnahme an den Trainings war, kamen sehr interessante Gruppen zustande. Wir ermutigten die Teilnehmenden, ihre eigene Sachkenntnis und ihre Projektarbeit zum Thema einer inhaltlichen Einheit zu machen. Dazu wurden zwischen den inhaltlichen Blocks nicht vorstrukturierte Programmtage eingeführt. Das gab den TrainerInnen Gelegenheit, sich auf den folgenden Block vorzubereiten. Die Teilnehmenden konnten die Zeit dazu nutzen, sich zu erholen, behandelte Themen in der Handbibliothek oder im gemeinsamen Gespräch nachzuarbeiten oder Programme mit Teilnehmenden selber oder vorgeschlagenen ReferentInnen, die die Gruppe besuchten, zu organisieren.

Partizipatorisches Lernen als methodischer Trainingsansatz
Um allen Teilnehmenden ein Maximum an gewinnbringenden Erfahrungen zu ermöglichen, werden im Internationalen Training verschiedenartige Methoden angewendet. Der Vortrag spielt dabei nur noch eine geringe Rolle. Partizipatorisches Lehren und Lernen verursacht bei manchen Teilnehmenden ein Unbehagen, sei es auf Grund ihrer Kultur, ihrer kolonialen Erfahrungen oder auch ihrer Gewöhnung an rigide Unterrichtsmethoden. Gelingt es den Betroffenen, diese anfänglichen Schwierigkeiten der Eingewöhnung zu überwinden, können sie am Ende um so tiefere Einsichten gewinnen. Die Teilnehmenden erleben bewußtes ›Empowerment‹ (Ermutigung, Ichstär-

kung), wenn ihnen klar wird, daß sie gemeinsam mit den TrainerInnen ihre Lernerfahrungen selbst gestalten können.

Die Methoden sind im Internationalen Training bewußt abwechslungsreich. Sie umfassen gleichermaßen theoretische wie erfahrungsorientierte Inhalte mit aktiven Übungen in großen und kleineren Gruppen. Die Übungen sollen die Teilnehmenden zu persönlichen Einsichten führen und sie in ihrem Selbstwertgefühl stärken, wenn sie sich bewußt werden, daß sie über Erfahrungen, Intuition und Wissen verfügen, was auch sie alles einbringen können – ganz abgesehen vom Lernen neuer Theorien und neuer Herangehensweisen. Einige der Trainingsmethoden sind: Rollenspiel, Forumtheater, Gruppendiskussion, Reflexion und Schreiben, Simulation, Musik und Tanz, Malen, kreative Kunstformen, körperliche Übungen, Darbietungen. Viele der Übungen sollen den Teilnehmenden die Gelegenheit geben, neue Fähigkeiten auszuprobieren und neue Kenntnisse in einem vorgegebenen Rahmen anzuwenden. Diese praktische Integration von neuen Informationen ist dazu geeignet, Verstehen und Lernen zu vertiefen.

Interkulturelle Bezugsgruppen

Täglich treffen sich Bezugsgruppen, die absichtlich kulturell gemischt sind. Sie bieten den Teilnehmenden einen Rahmen, der ihnen auf einer mehr persönlichen Ebene einen Austausch ermöglicht und sie Teamarbeit im Kleinen erfahren läßt.

Die Bezugsgruppen haben mehrere Funktionen. Sie bieten einen anderen Rahmen für Lernprozesse. Sie können eine Art gefühlsmäßiger Heimat (ein Ort der Geborgenheit) während des Trainings sein, zumal sich die kleine Gruppe jeden Tag zu einer dafür reservierten Zeit trifft. Die Teilnehmenden sind eingeladen, diese Zeit zum Besprechen aller möglichen Fragen und Probleme zu nutzen, die mit dem Prozeß oder dem Inhalt des Trainings zu tun haben. Hier können sie diskutieren, was die Arbeit im Training mit den Herausforderungen in ihrem Heimatland gemeinsam hat. Sie sind aufgefordert, sich selbst bezüglich ihrer Arbeit und ihrer Rolle in der Gruppe einzuschätzen. Vor allem diejenigen, die sich für die Arbeit in einem Peace Team bewerben, müssen sich der Frage stellen, wie sie selbst mit Werten wie Unparteilichkeit und Gewaltfreiheit umgehen. Die Bezugsgruppe ist der geeignete Ort für solche Reflexionen. Sie ist eine Art Labor, wo mit gegenseitigem Feedback experimentiert und die Kunst der konstruktiven Kritik geübt wird. Hier können sie auch ihre Motivation und ihre Ängste mitteilen, einander unterstützen und füreinander sorgen. Diese Art von Feedback und Unterstützung ist besonders wichtig für Menschen, die mit Flüchtlingen arbeiten oder solche, die unaufhörlich Angst und Streß ausgesetzt sind. Unter solchen Belastungen sind wir besonders geneigt, die Probleme der Menschen um uns herum zu verinnerlichen. Wenn wir keine Möglichkeit haben, diese Gefühle freizusetzen und die Emotionen zu bearbeiten, können wir selbst ähnliche psychische Symptome entwickeln bis hin zu körperlichen Krankheiten.

Analyse- und Strategie-Erarbeitung

Analyse und strategisches Planen sind wichtige Elemente, um die geeignetste Form einer Konflikt-Intervention herauszufinden. Das ›Umgekehrte Dreieck‹ ist ein Grundmodell für Analysen, das Jean Goss und Hildegard Goss-Mayr entwickelt haben, zwei Trainer-Persönlichkeiten, deren Geschichte eng mit dem Internationalen Versöhnungsbund verbunden ist. Das Modell wird an einem Beispiel erläutert, das wenigstens einem Teil der Gruppe bekannt ist. In Kleingruppen wird es auf Konflikte übertragen, in denen die Teilnehmenden als VermittlerInnen tätig sind bzw. sein werden. Das Dreieck, das auf seiner Spitze steht, enthält das Unrecht, das analysiert werden soll, und Pfeiler zu beiden Seiten sind die Kräfte, die das Unrecht stützen und verstärken.

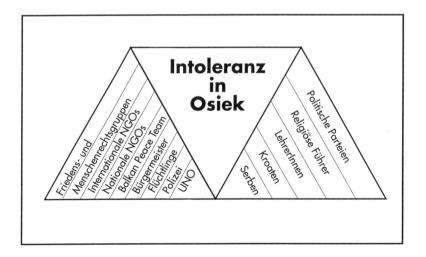

Die Teilnehmenden sollen Personen benennen, die in diese Unrechtssituation verwickelt sind, wobei sie auch ihre eigene Rolle überprüfen. Diese Akteure sind die Pfeiler, die das Unrecht stützen, und ihre Namen werden hineingeschrieben, um das Konzept zu verdeutlichen. Im nächsten Schritt werden unter den Akteuren, die das Dreieck aufrechterhalten, mögliche Verbündete gesucht: Welche Pfeiler könnten verwandelt werden, welche sind die schwächsten? Das Prinzip hinter dem umgekehrten Dreieck ist folgendes: Wenn genügend Stützpfeiler wegfallen, wird das Dreieck instabil und kippt um. Das Unrecht kann nicht fortbestehen. Es ist wichtig, uns unserer eigenen Rolle beim Fortbestehen des Konfliktes bewußt zu werden, denn wir selber und diejenigen, die uns am nächsten stehen, sind wahrscheinlich die Pfeiler, die am leichtesten zu entfernen sind. Kleine Erfolge wie diese sind bedeutend in einem langen Kampf. Um die aktuelle Situation und die Interessen der Konfliktparteien besser zu verstehen, müssen wir auch die historischen Hintergründe des Konfliktes anschauen.

Eine Gruppe von Teilnehmenden, die alle an der Balkan-Frage interessiert waren, benutzte dieses Beispiel, um sich mit dem Problem der Intoleranz in einer kroatischen Stadt zu beschäftigen. Sie benannten als Akteure u. a. den Bürgermeister, religiöse Führer, Friedens- und Menschenrechtsgruppen, politische Parteien, Polizei, UNO, ›Balkan Peace Team‹ und andere internationale Nichtregierungs-Organisationen, LehrerInnen, Flüchtlinge, Menschen, die während des Krieges im Land blieben und andere, die das Land verließen. Als potentielle Verbündete entdeckten sie den Bürgermeister, religiöse Führer, den Ökumenischen Rat und vor allem die Friedens- und Menschenrechtsgruppen.

Nachdem Akteure, potentielle Verbündete, Bedürfnisse und Interessen aller am Konflikt Beteiligten benannt sind, arbeiten die Teilnehmenden am strategischen Vorgehen. Strategien zu entwickeln, hilft einer Gruppe, sich auf das zu konzentrieren, was sie erreichen will. Die Teilnehmenden arbeiten in kleinen Gruppen modellhaft an Konflikten, die sie selbst auswählen. Ein Trainer oder eine Trainerin hilft ihnen Schritt für Schritt dabei, übergeordnete und nahegelegene Ziele herauszuarbeiten und Vorgehensweisen zu überlegen, die Erfolg versprechen. Zum Schluß fühlen sie sich gestärkt und erfolgreich, und sie nehmen konkrete Ideen mit nach Hause. Mit großem Nachdruck werden regelmäßig Auswertungen vorgenommen, um sicherzugehen, daß die Gruppe nicht von ihren Zielen abgekommen oder durch andere Problemstellungen abgelenkt worden ist.

136

Erarbeitung konstruktiver Alternativen

Für Menschen, die gegen Unrecht kämpfen, kommt es darauf an, auch alternative Strukturen zu entwickeln, die das Unrecht ablösen können und die in Kraft treten, sobald die Gruppe erfolgreich ist. Sie arbeiten gleichzeitig daran, Unterstützung für ihren Kampf zu bekommen und jene Kräfte zu besiegen, die den Konflikt am Leben erhalten. Diese Arbeit setzt voraus, auf einen unerwarteten Erfolg ebenso vorbereitet zu sein wie auf ein Scheitern. Ein überzeugendes Beispiel für dieses Konzept ist die ›People's Power‹-Bewegung auf den Philippinen. Der Kampf des Volkes war erfolgreich, weil der Diktator Marcos zum Abdanken gezwungen werden konnte. Zwar übernahm die populäre Kandidatin Cory Aquino die Amtsgeschäfte, doch die ›People's Power‹-Bewegung hatte nur unzureichend an der Weiterentwicklung einer Demokratie gearbeitet, die die schwerwiegenden wirtschaftlichen Ungerechtigkeiten im Lande hätte angehen können. Von einem positiveren Beispiel berichteten Teilnehmende aus einer Friedens- und Entwicklungsorganisation in Bangladesh. Die Gruppe half Dorfbewohnern, deren Häuser durch Stürme zerstört worden waren. Im gleichen Dorf arbeiteten sie an der Entwicklung von Führungsqualitäten, hauptsächlich unter Frauen. Teil ihrer Arbeit war auch die Förderung von religiöser Toleranz, um Unruhen in der Gemeinde einzudämmen. Wenn in diesem Dorf die Menschen schließlich erkennen können, daß Gewalt nicht die Antwort auf tiefe ökonomische und religiöse Spannungen ist, wird es auch Leute geben, die zu einer konstruktiven Bearbeitung der Konflikte beitragen können.

Rollenspiele

Rollenspiele geben den Teilnehmenden die Möglichkeit auszuprobieren, wie sie auf Gewaltsituationen gewaltfrei reagieren können. Szenen waren z. B. die Begegnung mit Soldaten in einem Straßenblock in Sri Lanka, ein Angriff auf einem Markt im Tschad oder in einem Café in Kroatien, Todesdrohungen in Kolumbien oder die ausbleibende Heimkehr eines Mitarbeiters am Abend. Die Teilnehmenden benutzen vorgegebene Szenen oder erfinden neue. Oft werden die Teilnehmenden auch aufgefordert, Szenen aus der Geschichte und Kultur ihres Landes, aus ihrer Familie oder Religion zu spielen. Auf diese Weise können sie den anderen etwas von dem Hintergrund vermitteln, auf dem ihr Verständnis von Gewaltfreiheit gewachsen ist. Die Betonung liegt auf der aktiven Gewaltfreiheit, d. h. die Teilnehmenden lernen zu verstehen, daß Gewaltfreiheit mit Kreativität, Hingabe und Ausdauer einhergeht. Mit der passiven Art von Gewaltfreiheit hat das nichts zu tun.

Perspektiven der Ausbildungswege in gewaltfreier Aktion

Das Trainingsprojekt, das sich auch als ein Modell für eine graswurzelbezogene Form von Ausbildung für Freiwillige und Friedensfachkräfte versteht, wird weitergeführt und auf drei Wochen Länge ausgedehnt. Neben dem englisch-sprachigen Training im Mai/Juni 1997 bietet die Kurve ab März 1998 einen französisch-sprachigen Kurs an. Dieses Angebot, das bei den in diesem Bereich arbeitenden Organisationen auf ein reges Interesse stößt, hat sich damit auf dem ›Markt‹ der Ausbildungskonzepte für Friedensfachdienste einen festen Platz geschaffen. Hier spricht es zunehmend Menschen an, die bereits über Erfahrungen verfügen und eine Unterbrechung in ihrer oft sehr anstrengenden Arbeit dazu nutzen wollen, Kenntnisse und Fertigkeiten zu vertiefen oder sich mit anderen auszutauschen und dabei Kraft zu gewinnen.

Das Wustrower Trainingsprojekt steht neben einem drei- bis vierwöchigen Kursmodell im österreichischen Stadtschlaining, das einem akademischeren, weniger partizipatorischen Konzept folgt und sich mehr an MitarbeiterInnen in UN-Projekten oder strukturierten Nichtregierungsorganisationen als in Graswurzelprojekten richtet. Die Ausbildungsprogramme des ›Ökumenischen Dienstes im konziliaren Prozeß‹ – drei Monate Kurs plus Praktikum – zielen stärker als andere europäische Programme auf Persönlichkeitsentwicklung. Ein dreimonatiger Kurs unter dem Titel ›Working with Conflict‹ im englischen Woodbrooke richtet sich an eine breitere Zielgruppe als das Kurve-Konzept und greift eine Reihe der auch in Wustrow behandelten Themen mit größerer Ausführlichkeit auf, stellt jedoch den befreienden Aspekt gewaltfreier Aktion stärker in den Hintergrund. Theorie, Praxiserfahrungen, konkrete Fertigkeiten im Umgang mit Konflikten werden bei gleichzeitiger Betonung individueller Entwicklungs- und Wachstumsprozesse nur in einem zehnmonatigen Trainingsprogramm im indischen Vedchhi vermittelt. Doch mit der stärkeren Einbindung Indiens in den Weltmarkt und der damit zusammenhängenden Beschleunigung des Lebens, ist dieses Projekt in eine Krise geraten: Auch in Indien werden MitarbeiterInnen von ihren Projekten nur noch für immer gezielter ›verwertbares Wissen‹ freigestellt.

Doch Zeit scheint ein wichtiger Faktor in der Ausbildung von Friedensfachkräften zu sein, insbesondere wenn sie in einer so komplexen Situation wie im Zusammenhang mit bewaffneten Auseinandersetzungen eingesetzt werden sollen. Gleichzeitig ist diese Zeit durch den engen finanziellen Spielraum, in dem sich alle Akteure in diesem Bereich – im Gegensatz zum Mi-

litär – bewegen müssen, sehr begrenzt. Ein viermonatiges Ausbildungspilot-
projekt für Friedensfachkräfte, die ins ehemalige Jugoslawien entsandt werden, nimmt ab Frühjahr 1997 erstmals in Nordrheinwestfalen Gestalt an. Es
soll ein Modell für projektorientierte Ausbildungsarbeit entwickeln, das in die
Zukunft weist und eine Herausforderung für alle diejenigen gesellschaftlichen
Kräfte darstellt, für die Friedenschaffen und Friedenerhalten in den Mittelpunkt des Interesses rückt, für Entwicklungsdienste ebenso wie für Kirchen.
Doch diese Kurse zur Ausbildung von Friedensfachkräften dürfen die anderen Modelle nicht ersetzen. Auch weiterhin wird eine Begleitung der Arbeit
in den Einsatzfeldern durch Trainings wie in Wustrow oder Stadtschlaining
Bedeutung behalten, um Menschen, die bereits Erfahrung sammeln konnten,
die Möglichkeit zu geben, aus ihrer Praxis und der anderer zu lernen.

Anmerkung

*) Die Übersetzung des Teils von Jill Sternberg aus dem Englischen stammt von
Mechthild Eisfeld.

Angela Bähr

Möglichkeiten und Grenzen meines Friedensfachdienstes

Erfahrungen aus Nicaragua

Seit 1991 lebe und arbeite ich in Nicaragua beim ›Nicaraguanischen Menschenrechtszentrum‹ (CENIDH), zunächst in der Hauptstadt Managua und seit Beginn dieses Jahres in Esteli und Matagalpa im Norden des Landes. Immer wieder bin ich dabei auf die Auseinandersetzung mit meinen Werten wie Gewaltfreiheit und pazifistischen Konfliktlösungsmustern gestoßen, die im hiesigen Kontext oft so unerreichbar erscheinen.

Nicaragua hat als Land in den letzten fünfzig Jahren fast nur direkte oder indirekte Kriegssituationen erlebt: eine Diktatur in den Jahren von 1937 bis 1979 unter dem Despoten Anastasio Somoza. In den fünfziger Jahren formierte sich der Widerstand gegen diese blutige Diktatur, und es folgten Jahre des bewaffneten Befreiungskampfes, angeführt von der Sandinistischen Befreiungsfront. Erst am 19. Juli 1979, nach schlimmsten Kriegsverbrechen an der gesamten Bevölkerung Nicaraguas, führte dieser Kampf zur Revolution und zur Befreiung in Nicaragua.

Doch dieser lang erkämpfte Frieden und die neugewonnene Sicherheit und Aufbaufreude der Menschen sollte nicht lange dauern: 1983 begann ein Bürgerkrieg, angeführt von antisandinistischen Contrarevolutionären, ehemaligen Somozisten, die ideologisch und wirtschaftlich unterstützt von den Vereinigten Staaten Amerikas das Land aufs Neue in einen siebenjährigen blutigen Konflikt stürzten. Er verursachte in Tausenden Familien Opfer und polarisierte unter anderem die Gesellschaft so nachhaltig, daß Kompromißlösungen kaum möglich erscheinen.

Offiziell wurde der ›Friedensvertrag von Equipulas‹ 1989 unter der Regierung von Daniel Ortega unterschrieben. Danach gab es trotz zahlreicher Entwaffnungsaktionen immer wieder bewaffnete Auseinandersetzungen. Vor allem in den nördlichen Regionen des Landes lebt die ländliche Bevölkerung bis heute in ständiger Angst vor Terror.

Seit 1990 befindet sich Nicaragua in einem sogenannten Friedensprozeß, der jedoch mit der absoluten wirtschaftlichen Verarmung einhergeht: Keine wirtschaftlichen Alternativen, keine Bildungsmöglichkeiten, keine Basisgesundheitsversorgung für mehr als 70 % der heute ca. 6,5 Millionen zählenden Bevölkerung. Die individuelle Kriminalitätsrate ist ungeheuer angestiegen, Überfälle sind an der Tagesordnung, Morde ebenso, von Gewalt gegen Frauen und Kinder ganz zu schweigen. Nicaragua lebt in einer Nachkriegssituation, in der die wenigsten seiner BewohnerInnen die Möglichkeit gehabt haben, sich mit ihren Kriegs- und Unrechtserlebnissen auseinanderzusetzen oder ihre Trauer zu verarbeiten.

Es ist mir wichtig, dies an den Anfang meiner Erfahrungen zu setzen, um begreiflich zu machen, wie unwirklich und illusorisch es für viele der Menschen hier ist, von ›Gewaltfreiheit‹ zu sprechen. Nichtsdestotrotz sind sie des Krieges müde – doch der Weg zum Frieden ist nur schwach vorgezeichnet.

Wie unterschiedlich sind demgegenüber meine eigenen Erfahrungen: Ich bin ein Kind der deutschen Nachkriegsgeneration, später aktiv in der Friedensbewegung. Mit Ausnahme von Polizeigewalt bei Demonstrationen habe ich persönlich keinerlei Gewalterfahrungen erlebt, geschweige denn schon einmal eine Waffe auch nur in der Hand gehabt. Für viele NicaraguanerInnen ist dies unbegreiflich. Ohne Angst vor Bomben, ohne Schrecken, ohne Verluste von geliebten Menschen...

Inmitten dieser Situation vertritt das Nicaraguanische Menschenrechtszentrum einen integralen Ansatz von Menschenrechtsarbeit, das heißt Verteidigung und Prävention der zivilen, politischen, ökonomischen und sozialen Menschenrechte, und integriert seit 1993 auch fortwährend die spezifischen Menschenrechte der Frauen und der Kinder.

Neben der legalen Verteidigung und Rechtsberatung arbeiteten meine KollegInnen vor allem auch bei der Konfliktlösung von kollektiven Problemen mit, die zu dieser Zeit von der neoliberalen nicaraguanischen Regierung durch Schlagstockeinsatz und vorübergehende Festnahmen von Seiten der Polizei ›gelöst‹ wurden. Das CENIDH fungierte mehrfach als Beobachter und als Mediationspartner zwischen den Konfliktpartnern, wenn dies von beiden Seiten gewünscht wurde. Im Rahmen meiner Arbeit als Freiwillige von Eirene im CENIDH habe ich im Frühsommer 1993 selber eine derartige Erfahrung gemacht, die mich noch bis heute nachhaltig beeindruckt und mir nachträglich viele Fragen gestellt hat.

Hungerstreik von 60 Ex-Militärs

Ende Mai 1993 traten 60 Männer und Frauen, die 10-12 Jahren in der nica-raguanischen Armee (EPS – Ejercito Popular Sandinista) gedient hatten, in einen unbefristeten Hungerstreik. Sie wurden begleitet von ca. 400 Ex-Militärs aus vier verschiedenen Regionen des Landes. Ausnahmslos alle waren ohne jegliche Entschädigungszahlungen aus dem EPS entlassen worden. Bei der Reduzierung des nicaraguanischen Heeres hatte es seit 1991 vor allem für die oberen Dienstgrade Ausgleichszahlungen gegeben, deren Verteilung und Kriterien seitens des EPS sehr willkürlich und undurchsichtig vorgenommen wurde. Aus diesem Grunde hatte sich schließlich diese Gruppierung von Ex-SoldatInnen organisiert, um ihre Rechte einzufordern.

Als Menschenrechtsorganisation begleitete das CENIDH zunächst im Rahmen von humanitärer Unterstützung diesen Hungerstreik und später dann auch die Verhandlungen um Entschädigungen zwischen den Ex-Militärs und der nicaraguanischen Regierung.

Nach fünf dramatischen Wochen erklärte sich die Regierung bereit, in Verhandlungen mit den Ex-Militärs einzutreten: Ein Pastor und das CENIDH waren als Vermittler und Beobachter bei den Verhandlungen zugegen. Es begannen zähe Verhandlungen. Der Hungerstreik wurde zunächst eingestellt, doch zuvor kam es -provoziert durch die Verzögerungstaktik des Innenministers und die Beschuldigung, die Ex-Militärs würden scharfe Waffen in ihrer Unterkunft haben und bewaffneten Widerstand planen – bei einer Demonstration zu gewalttätigen Auseinandersetzungen mit der Polizei. Meine Chefin vermittelte an diesem Tag: Unter Begleitung vom CENIDH und der Polizei fand eine Durchsuchung statt, wobei nicht eine einzige Waffe gefunden wurde, was eine Räumung und weiteres Blutvergießen vermied. In den darauf folgenden Wochen zog sich der Prozeß der Verhandlungen in die Länge. Letztendlich wurde den 600 Frauen und Männern eine Überlebenshilfe in Form von Lebensmitteln und Geld für 3-5 Monate gezahlt. Die Offiziere unter ihnen erhielten darüber hinaus das Recht auf einen Kleinkredit. Das CENIDH fungierte als Garant für die Einlösung der Übereinkommen, deren Erfüllung vor allem von Seiten der Regierung immer wieder verzögert wurde.

Auch in anderen Situationen haben wir es des öfteren erlebt, daß die staatlichen Stellen die in der Mediation erreichten Ergebnisse nicht einhielten. Dies förderte das Mißtrauen in die Funktionäre und ließ Betroffene erneut zu den Waffen greifen, weil sie enttäuscht feststellten, daß der friedliche Weg keinen Erfolg brachte.

Gewalt gegen Frauen und Kinder

Es ist mir wichtig, hier noch einen anderen Schwerpunkt meiner Arbeit der letzten Jahre zu erwähnen: Seit 1994 arbeite ich in einem Programm zu den Menschenrechten der Frauen und habe mich in diesem Rahmen viel mit Gewalt gegen Frauen und Kinder beschäftigt. Diese Form von individueller Gewalt, die zumeist hinter verschlossenen Türen stattfindet, ist auch eine Form von struktureller Gewalt in Gesellschaften, die nach wie vor patriarchalisch strukturiert sind.

Wenn wir von Friedensdiensten reden, dann schließt dies die Arbeit mit Opfern von individueller Gewalt ein. Das bedeutet auch strategische Arbeit zu leisten zur Anerkennung der Gewalt und Machtproblematik zwischen Männern und Frauen. Innerhalb des CENIDH habe ich seit 1993 am Aufbau eines Frauenmenschenrechtsprogramms mitgewirkt, das zum Ziel hat, die Frauenrechte als Menschenrechte zu artikulieren und vor allem die Situation von Frauen im Rahmen der Menschenrechtsarbeit sichtbar zu machen. Es geht dabei insbesondere um die spezifischen Frauenrechte, wie zum Beipiel das Recht auf ein Leben ohne Gewalt, auf den Respekt und die Einhaltung der reproduktiven Rechte der Frauen, aber auch zum Beispiel um die Diskriminierung im politischen und im öffentlichen Leben.

In diesem Rahmen haben wir z. B. Untersuchungen über die Behandlung von Sexualstraftaten an Frauen und Mädchen vor nicaraguanischen Gerichten durchgeführt: Nur ein minimaler Bruchteil der angezeigten Sexualstraftaten, ca. 5 %, endet überhaupt mit einem ordentlichen Gerichtsurteil. Alle anderen Verfahren bleiben aus den verschiedensten Gründen auf der Strecke der langsamen, unergründlichen Justiz. Einer der häufigsten Gründe ist der Mangel an Rechtsberatung der betroffenen Frauen, die sich in den seltensten Fällen einen Rechtsbeistand leisten können. Die Anzeigen über Gewalt gegen Frauen und Kinder machen ca. 25 % der Gesamtkriminalitätsrate in Nicaragua aus. Jede zweite Frau in Nicaragua hat bereits einmal tätliche Gewalt erlitten, in den meisten Fällen durch ihren Partner.

CENIDH arbeitet in einem Projekt mit, das gemeinsam von der nicaraguanischen Polizei, dem staatlichen Fraueninstitut und Nichtregierungsorganisationen, die innerhalb der Frauen- und Kinderbewegung arbeiten, getragen und koordiniert wird. Das Kommissariat gegen Gewalt an Frauen und Kindern ist eine Sondereinheit der Polizei, die Gewaltopfer integral betreut und vor allem die Gewalt als Straftat behandelt und nicht mehr als Kavaliersdelikt. Dieses Projekt ist einer der ersten erfolgreichen Ansätze, bei dem Staat und Zivilgesellschaft ein gemeinsames Ziel verfolgen. Die Sichtbarmachung der individuellen Gewalt fördert einerseits eine präventive Politik und treibt andererseits die Bestrafung der Täter voran. Sie ist ein Beispiel für den Versuch einer konstruktiven Zusammenarbeit und der Suche nach gemeinsamen Lösungsmöglichkeiten im Ringen um eine Reduzierung der Gewalteinwirkung innerhalb der nicaraguanischen Gesellschaft.

In der direkten Begleitung der Frauen, im zähen Kampf um die offene und subtile Diskriminierung der Frauen im Rechtssystem, fällt es mir persönlich sehr schwer, neutral zu bleiben und nicht von Beginn an parteilich zu sein und mit den Frauen viele Männer als potentielle Täter zu betrachten. Der Staat hat seine Verantwortung zu übernehmen in dieser unsichtbaren, doch deshalb nicht weniger wirksamen Gewalt in den Familien, die die bestehen Machtverhältnisse unterstreichen und tagtäglich die Menschenwürde von Frauen und Kindern angreifen.

Möglichkeiten und Grenzen eines Friedensdienstes

Meines Erachtens sollte ein Friedensdienst immer einer nationalen Organisation angegliedert sein, die ihrerseits bereits mit Formen gewaltfreier Konfliktlösung arbeitet oder in denen wir Mediationskompetenz erwerben können. Ich habe mich in Extremsituationen, in denen ich zuweilen auch alleine war, schon gefragt, wie ich mir mit meinem Erfahrungshintergrund anmaßen kann, Menschen die gewalt- und leidgeprüft sind, eine tatsächliche Hilfestellung seinzu wollen. Für einen Friedensprozeß bedarf es der nationalen, internen Überzeugung und des Willens, daran zu arbeiten. Diese Ansätze von Organisationen, die mit neuen Konfliktlösungsmodellen arbeiten, sollten vermehrt von solidarischen finanziellen Hilfen und auch durch Arbeitskräfte unterstützt werden. Wir können unsere Überzeugung der Gewaltfreiheit einbringen, benötigen jedoch viel Flexibilität und Einfühlungsvermögen und vor allem auch Kenntnisse der internen Verhältnisse, um diese Überzeugung nicht blind zu fordern. Ich hätte zum Beispiel diese für mich sehr wichtige Aufgabe nicht wahrnehmen können ohne die ständige Beratung und Begleitung meiner Chefin, von der ich sehr viel gelernt habe.

Auf der anderen Seite ermöglicht unsere Distanz zunächst die nötige Neutralität, die zu einer Verhandlungstätigkeit gehört.

In mancher politischen Extremsituation ist es sicher von Vorteil, wenn in der Friedensarbeit und Verhandlungsprozessen neben nationalen Kräften, auch europäische Freiwillige mitarbeiten: So hatte ich zum Beispiel des öfteren bei Verhandlungen mit Regierungsfunktionären den Eindruck, daß sie in der Gegenwart von AusländerInnen nicht verhandlungsunwillig erscheinen wollten.

Den anderen nützlichen Einsatz von AusländerInnen in der Friedens- und Versöhnungsarbeit sehe ich in der Tatsache, daß viele von uns sich eingehend mit Gewaltlosigkeit auseinandergesetzt haben, im Gegensatz zu großen Teilen der so oft von Gewalt bedrängten Bevölkerung. Wir haben das Privileg tatsächlicher Friedenszeiten während die Einheimischen ständig unter der Gewalt gelitten und gelebt haben. Was natürlich ihren Zugang zur Gewaltfrage vor allem emotional sehr verändert. Ich bin überzeugt davon, daß wir uns deswegen in den Diskussionen und Methoden gut ergänzen können, sofern wir zu den bereits erwähnten Eigenreflexionen über unsere Rolle und Funktion in einem Friedensprozeß bereit sind. Wir können Gesprächspartner sein auf dem langen Weg zu mehr Frieden und Gerechtigkeit. Doch der Prozeß liegt in den Händen der betroffenen Bevölkerung.

Ausbildung zur Gewaltfreiheit im Niger

Interview mit der Eirene-Mitarbeiterin Geneviève Spaak in Niamey/Republik Niger*

Kannst Du beschreiben, wie Eirene seine Entwicklungszusammenarbeit plant und gestaltet?
Wir haben dazu im Team Überlegungen angestellt. Für mich ist die Entwicklungszusammenarbeit breit gefächert. Im Grunde gehört jede Aktion dazu, die zugleich die Lebensqualität und die Lebensbedingungen verbessern will. Aber ich bestehe darauf, daß zur Lebensqualität die Beziehungsqualität gehört im Innern der Gemeinschaften und auch in den Beziehungen nach außen, insbesondere zur Verwaltung, zu den politischen Parteien und zu den Projekten. Bei Eirene gründet unsere Vision einer Gesellschaft auf einem Ideal, das nicht ferne oder unerreichbare Ziele beinhaltet, sondern etwas, das man tagtäglich im Kleinen leben kann. Und jedesmal, wenn man es lebt, kommt man diesem Ideal näher. Natürlich ist es ein Ideal, aber es ist erreichbar. Zu diesem Ideal gehören:

- Toleranz: Es ist nicht leicht, Gefühle des anderen zu respektieren, seine Bedürfnisse, seine Grenzen, seine Kritik. Das alles ist Toleranz, und sie zeigt sich in ganz alltäglichen Dingen.
- Transparenz, damit meine ich die Kohärenz zwischen dem, was ich sage und dem, was ich tue.
- Offene Solidarität, die ich auch über meinen Clan, über meine Gruppe hinaus praktiziere. Für uns ist die Entwicklung dieser offenen Solidarität sehr wichtig für die Verteidigung der Unterdrückten. Denn im Gegensatz zu dem, was man in Europa glaubt, ist diese Solidarität hier selten. Zu dieser offenen Solidarität zu kommen, ist extrem schwierig. Sie wird gegenwärtig zu einer Voraussetzung dafür, daß die Länder überleben: Entweder leben wir alle miteinander, oder wir sterben zusammen. Sie war das Ziel bei der Gründung der nigrischen Nation, aber die kulturelle Identität bleibt auf die Ethnien begrenzt, und das Problem besteht heute nach wie vor.
- Das Übernehmen von Verantwortung und die Verantwortung der einzelnen Personen. Das ist sehr wichtig, weil häufig der Chef der Verant-

wortliche ist. Aber es stellt sich für jeden und jede die Frage, was ihre bzw. seine Rolle ist, welche Verantwortung sie bzw. er übernimmt und welche Verantwortung die Gruppe hat. Das geht wieder auf die Frage der Demokratie zurück. Die Wahl von Personen, sei es nun die des Leiters einer Gruppe von zwölf Personen oder die des Staats- oder Regierungschefs beinhaltet ein Verantwortungsbewußtsein, das traditionellerweise nicht selbstverständlich ist. Es muß langsam wachsen.

- Ein Sinn für Gleichheit und Gleichberechtigung.
- Eine Vision von der Gesellschaft, in der du glücklich sein kannst als Person und in der die Entfaltung der Person und der Gemeinschaft zusammengehen. Dazu braucht man ein Selbstbewußtsein, an dem man arbeiten muß.
- Zu guter Letzt gehört zu all dem Vorangegangenen die aktive Gewaltfreiheit. Damit meine ich die Mittel und Techniken der Gewaltfreiheit, aber insbesondere auch die Geisteshaltung, die dazu führt, daß ich unter verschiedenen Alternativen die Gewaltfreiheit als Weg einer Aktion wähle, egal, ob es darum geht, seine Rechte durchzusetzen, gegen Ungerechtigkeit zu kämpfen oder Gruppenkonflikte zu regeln.

Wenn man dieses Lebensideal in eine programmatische Aktion umsetzen will, dann müssen die Aktivitäten bestimmten Kriterien entsprechen, die eine Übersetzung dieses Ideals darstellen:

- Die Aktion ist nicht individuell, sondern eine gemeinschaftliche Aktion. Selbst wenn sie nur eine einzelne Person durchführt, sind alle betroffen.
- Die Aktion bindet sich in eine langfristige Vision ein. Sie kann punktuell sein, aber sie ist Teil einer weitreichenden Vision der Gemeinschaft, ohne die die Aktion kurzatmig bleibt und keine Frucht bringt.
- Sie dynamisiert die Organisation, die Gruppe, die Beziehungen zwischen den Personen in der Gruppe und zugleich die Beziehungen, die die Gruppe nach außen hat.

In den Entwicklungsprogrammen legt Eirene im Niger besonderen Wert auf die Bedeutung der Gewaltfreiheit. Seht Ihr das als eine spezifische Aufgabe von Eirene im Niger an?

Auf der Ebene der Eirene-Koordination im Niger gibt es ein Arbeitsgebiet ›Ausbildung zu Gewaltfreiheit, Konfliktregelung und Mediation‹. Nächste Woche soll ich beispielsweise ein Seminar mit Lehrkräften eines Erwachsenenbildungszentrums leiten. Die Lehrkräfte dieses Ausbildungszentrums sind Grundschullehrer. Sie wenden wenig kreative und ziemlich autoritäre Schulmethoden an, die sie auch in der Erwachsenenbildung benutzen, was Konflikte zwischen den Ausbildern und den erwachsenen Teilnehmerinnen und Teilnehmern schafft, die es nicht leiden können, wie Kinder behandelt zu werden. Diese Lehrkräfte haben mich also gebeten, mit ihnen über ihre Situation in der Erwachsenenbildung nachzudenken.

Eirene ist also in Kontakt mit Institutionen oder Personen, die Eure Arbeit im Bereich der Gewaltfreiheitsausbildung kennen?
Es gibt zwei Arten von Anfragen bezüglich unserer Ausbildungen. Zum einen gibt es Leute, die Eirene und unser spezielles Aufgabenfeld im Bereich der Gewaltfreiheit kennen, und die uns anfragen. Im Fall dieses Erwachsenenbildungszentrums beispielsweise wurde ich gefragt, ob ich mit den Schülern über die Gewalt nachdenken wolle, der sie in ihrem Leben begegnen. Ich benutzte dabei eine pädagogische Methode, die die SchülerInnen sehr interessiert hat, und sie haben die Direktorin des Berufsbildungszentrums gebeten, bei den Unterrichtseinheiten dabei zu sein. Die Direktorin war dabei, und die SchülerInnen haben sie anschließend gebeten, daß die Lehrkräfte ebenfalls eine solche Fortbildung machen sollten, denn bei den Analysen zur Gewalt kam auch die Frage der Gewalt zwischen Lehrkräften und SchülerInnen des Zentrums zur Sprache.

Neben diesem Typ spezieller Anfragen biete ich auch selber Einführungsveranstaltungen zur Gewaltfreiheit an. Dafür mache ich Anschläge in dem jeweiligen Ort und nehme die ersten 25 Leute, die sich einschreiben. Auf diese Weise habe ich drei Seminare in Agadez organisiert. Diese Einführungsseminare dauern jeweils eine Woche.

Wie sehen solche Einführungsveranstaltungen aus?
Das ist je nach Art der Teilnehmerschaft unterschiedlich. Wenn ich mit Lehrpersonen arbeite, orientiere ich mich an ihren Lehrerfahrungen mit Beispielen, Fallstudien usw. Ich passe meine Methodologie an die Teilnehmerschaft an, auch wenn der ›rote Faden‹ der Veranstaltungen jeweils derselbe ist. Wenn ich mit einer christlichen Gruppe arbeite, baue ich auf der Bibel auf, wenn es Muslime sind, suche ich Bezüge im Koran und in den ›Hadiths‹. Ich bemühe mich immer, die kulturellen Gewohnheiten oder die religiösen und beruflichen Zusammenhänge zu berücksichtigen.

Du paßt also Deine Ausbildung jeweils an die Adressaten an.
Ja. In der Theorie erscheint das ja auch ganz sinnvoll, aber in der Praxis ist
das gar nicht so leicht. Ich bin ja beispielsweise kein Muslim. Natürlich habe
ich den Koran gelesen und eine Reihe heiliger Schriften, ›Hadiths‹, auch aus
dem Leben des Propheten, aber ich teile nicht ihren Glauben. Dennoch muß
ich versuchen, ihren Glauben von innen her zu verstehen, um von ihrer Tradition auszugehen, die ihre Reflexion über die Gewaltfreiheit als eine Alternative bereichern kann.

Es gibt eine andere Arbeit, die ich oft mit Leuten mache: Jede/r sucht in
der eigenen Tradition und den Gebräuchen seines Milieus, was ein bestimmtes
soziales, gewalttätiges, passives oder eben auch gewaltfreies aktives Verhalten
fördert. Wir sind uns nur sehr wenig bewußt, welche Rolle unsere Gesellschaft
für unsere Verhaltensweisen spielt, für Verhaltensweisen, die wir weitgehend
verinnerlicht haben. Man hört oft Dinge von klein auf in der Erziehung, wie:
»Er hat Dich geschlagen, gib es ihm zurück«, oder bei den Tuareg: »Blut wäscht
sich im Blut«, oder auch: »Wenn das Boot schwankt, wirf den Passagier heraus«. Das sind Redensarten, die die Mütter ihren Kindern weitergeben, Sprich-
wörter, die unser Gedächtnis bevölkern und unbewußte Verhaltensweisen prä-
gen. Sich dessen bewußt zu werden, ist sehr schwierig, weil das bedeutet, daß
man eine bewußte Wahl treffen muß und sich nicht einfach nur hinter seiner Tradition oder Religion verstecken kann.

*Geht es in den Ausbildungen zur Gewaltfreiheit wesentlich um diese Bewußtma-
chung, oder geht die Ausbildung noch darüber hinaus?*
Es gibt verschiedene Niveaus. In den Einführungsseminaren wissen die Teilnehmenden meistens nichts über Gewaltfreiheit, oder das wenige, das sie wissen, ist verquer, und sie setzen oft Gewaltfreiheit mit Passivität und einer Ab-
wartehaltung gleich. In diesen Einführungsseminaren habe ich zwei Ziele: zu
klären, was aktive Gewaltfreiheit ist, um auch zu einer Definition zu kommen, und sich selber zu entdecken durch die eigenen Verhaltensweisen in der
Gesellschaft, zu wissen, wie ich funktioniere: Wenn ich gewalttätig bin, was
drücke ich damit durch diese Gewalt aus? Woher kommt sie? Was sind die
inneren Knoten bei mir, die sich in Gewalt umsetzen? Dasselbe gilt für die
Passivität. Das ist eine Bewußtwerdung. Wir machen dabei eine ganze Reihe
von persönlichen Selbstbewußtseinsübungen, und durch Lektüre zur Thematik verstehen die Teilnehmenden am Ende des Seminars besser ihre Verhaltensweisen und auch die der anderen. Ich bin gewalttätig, weil ich ohn-

mächtig bin oder um ein tiefes unbefriedigtes Bedürfnis auszudrücken. Und der, der mir gegenüber gewalttätig ist, drückt vielleicht auch eine Ohnmacht aus oder ein Bedürfnis oder eine Angst. Ich werde mir all dessen bewußt. Und der Blick, mit dem ich den anderen sehe, verändert sich.

Haben diese Einführungsseminare bei allen möglichen Teilnehmergruppen Erfolg?
Ich kann sagen, daß diese Art Seminar niemanden gleichgültig läßt. Es gibt Leute, die sind zu einem solchen Seminar gekommen in der Hoffnung, Arbeit zu finden, mit einer Erwartung also ohne Bezug zum Seminar. Dennoch gehen selbst solche Leute mit einem neuen Enthusiasmus aus dem Seminar heraus. Natürlich heißt das nicht, daß sie sich nachher in der Gewaltfreiheitsbewegung engagieren werden, aber es passiert etwas auf der Ebene der Bewußtwerdung oder auf der Ebene der Befreiung, des Verständnisses der Welt um mich herum, und das läßt niemanden gleichgültig. Das ist meine große Entdeckung, und darauf war ich nicht gefaßt.

Ich erinnere mich an einen Mann, der in großen Schwierigkeiten steckte. Er war zum Seminar gekommen, um Arbeit zu finden. Die Tatsache, daß er so, wie er war, akzeptiert wurde (er war im Gefängnis gewesen und hatte ein sehr bewegtes Leben geführt), daß ihm in der Gruppe zugehört wurde, das hat ihn zur kreativsten Person des ganzen Seminars gemacht. Er hat sogar Theaterszenen entwickelt, um die ganze Gewalt auszudrücken, die er erlebt hatte und um Lösungen zu finden. Jetzt ist er ein regelmäßiger Teilnehmer der Seminare.

Die Seminare waren auch eine Gelegenheit für die Tuareg-Rebellen, ihre Wahl der Waffengewalt in Frage zu stellen. Es war eine Gelegenheit für die Lehrerinnen und Lehrer, ihr Verhalten gegenüber den Schülern erneut zu überdenken. Das sind Gelegenheiten und Erfahrungen. Für sie alle war es eine Gelegenheit, ihre Weltsicht zu ändern, die Weltsicht, die ihre gegenwärtigen oder vergangenen Handlungen begründete.

Ein nicht unbedeutender Teil der Leute, die an dem ersten Einführungsseminar teilnehmen, möchte nicht bei der Einführung stehenbleiben, sondern sieht die Notwendigkeit, gemeinsam weiterzuarbeiten. In Agadez gibt es jetzt eine Gruppe ›Aktive Gewaltfreiheit‹. Besonders die Lehrkräfte haben entdeckt, daß sie ihren Schülern schlecht zuhören. Sie möchten eine Fortbildung zum Thema ›Verhandeln‹ und zum Thema ›Mediation‹.

Es fällt mir schwer zu erklären, wie die Gruppe arbeitet. Es gibt Kommissionen, die eine Analyse der Tuareg-Rebellion vornehmen. Dort arbeiten wir mit den Mitteln der Konfliktanalyse. Sie wollen mit der Analyse der Tuareg-Rebellion bis auf den Grund kommen. Ihr Ziel ist es, zwischen der Rebellion und der Regierung zu vermitteln, denn gegenwärtig handelt es sich bei der Konfliktlösung mehr um eine Verhandlung im Stile des Feilschens. Und sie streben eine gewaltfreie Verhandlung an, ohne Gewinner und ohne Verlierer.

Es gibt andere Kommissionen, die sich mit dem Generationenkonflikt beschäftigen, mit dem Konflikt zwischen Männern und Frauen, mit Konflikten in den Firmen und auch mit internen Konflikten innerhalb der Tuareg-Bevölkerung. Es gibt auch eine Gruppe, die sehen möchte, wie man Konflikte innerhalb der eigenen Tradition regelt, um zu sehen, was in der traditionellen Methodologie positiv erscheint und was verändert werden müßte. Ich kenne die Tuareg-Gesellschaft schlecht, aber in der Zarma-Gemeinschaft wird der Konflikt unter den Teppich gekehrt, und man tut so, als existiere er nicht. Deshalb gibt es eine Reflexion über Alternativen zum traditionellen Umgang mit Konflikten in der Gesellschaft. Das ist eines der Resultate der Seminare.

Aber traditionellerweise regeln sich nicht alle Konflikte auf dieselbe Art. Eine Meinungsverschiedenheit zwischen der Erst- und der Zweitfrau eines Mannes regelt sich beispielsweise nicht so wie eine Meinungsverschiedenheit zwischen Bauern. Müßte man nicht die Natur eines jeden Konfliktes zuerst analysieren, um spezifische Alternativen zu finden?

Aber es gibt gleiche Analyseregeln für welchen Konflikt auch immer. Selbst die Konflikte, die ganz zwischenmenschlich erscheinen, haben eine tiefere Dimension. Nehmen wir ein Beispiel, um das besser zu verstehen. Ich habe den Fall einer Weißen im Blick, die Sekretärin in einer Organisation war und eine afrikanische Kollegin hatte. Die beiden hatten einen Konflikt in bezug auf den Umgang mit der Zeit, den Umgang mit Material usw. Als wir die Analyse dieses zwischenmenschlichen Konflikts machten, entdeckten wir, daß es in der Tat ein interkultureller Konflikt ist. Wir konnten den zwischenmenschlichen Konflikt nicht klären, ohne die kulturelle Frage anzusprechen, d.h. daß ein offensichtlich kleiner Konflikt sehr tiefe historische Wurzeln haben kann, denen man sich bewußt sein sollte, wenn man den Konflikt regeln will. Zwischen zwei Ehefrauen eines Mannes hast Du das ganze Problem der Tradition und der Kultur im Hintergrund, das man mitberücksichtigen muß. Oft sind die kulturellen, religiösen, ökonomischen, politischen und historischen Wurzeln eines zwischenmenschlichen Konfliktes nur sehr schwer zu erkennen und noch schwerer zu regeln. Aber Du wirst niemals einen guten Kampf kämpfen oder eine gute gewaltfreie Arbeit machen, wenn Du nicht eine gute Analyse gemacht hast.

Wenn eine ausländische Organisation ins Spiel kommt, dann erfordert diese Art von Arbeit von den ausländischen MitarbeiterInnen eine gute Milieukenntnis.
Als Ausländer und Ausländerinnen müssen wir versuchen, alle Fragen zu stellen, um den Menschen hier zu ermöglichen, daß sie ihre eigene Analyse machen. Das ist Teil der Aufgabe eines Animateurs. Der Animateur ermöglicht den Gruppen im Konflikt, ihre eigene Analyse zu machen. Er macht die Analyse nicht selber, aber er hilft den Menschen dabei, das ganze Handwerkszeug zur Konfliktregelung in die eigenen Hände zu nehmen. Das ist auch eine Entdeckung, was die Verantwortlichkeit angeht, denn wir haben immer die Tendenz, den anderen für die Situation verantwortlich zu machen. Es ist aber entscheidend, daß jeder seine eigene Verantwortlichkeit entdecken kann. Zu diesem Thema lasse ich eine Übung machen, wo wir alle kleinen Sätze sagen, die man sich so sagt, um die Situation zu rechtfertigen oder um sich selber zu rechtfertigen. Diese Übung erhellt das Phänomen der Rechtfertigung des eigenen Verhaltens. Das ist nur ein erster Schritt, aber es ist der erste bewußte Schritt in Richtung aktiver Gewaltfreiheit. Es ist wirklich die Suche nach dem, was uns zur Gewalt in unserer Tradition drängt, es zu akzeptieren und ehrlich anzuschauen, was man sonst nicht wagt, an sich wahrzunehmen. Oft gebe ich dieses Rätsel auf: Wann war eine Unterdrückung erfolgreich? Für mich war eine Unterdrückung dann erfolgreich, wenn der Unterdrückte sein eigener Unterdrücker wird, wenn er selber Verursacher seiner eigenen Unterdrückung wird.

Kann die Arbeit in der Ausbildung zur Gewaltfreiheit einen Beitrag zur Überwindung dieser völlig verinnerlichten Unterdrückung leisten?
Im Augenblick arbeite ich nicht direkt daran, weil ich ein, zwei Mal versucht habe, das anzusprechen, und es wurde schlecht aufgenommen. Ich muß mich dem Rhythmus der Leute anpassen. Ich denke, daß die gewaltfreie Gruppe in Agadez in naher Zukunft sich diese Frage stellen kann: ›Sind wir nicht unsere eigenen Unterdrücker?‹ Manchmal gelingt es mir, mit einzelnen Personen darüber zu sprechen, aber in einer Gruppe ist das viel schwieriger. Das erfordert vorab Vertrauen und Reflexion, denn in der Psychologie der Menschen hier gibt es zwei Tendenzen, die sie hin- und herreißen: Auf der einen Seite das Gefühl der Minderwertigkeit, das sich durch die Geschichte eingebrannt

hat aufgrund von Beziehungen mit benachbarten Kulturen, durch die Kolonialisierung usw. Und auf der anderen Seite gibt es einen unglaublichen Hochmut, einen maßlosen Stolz als eine Form defensiven Verhaltens, da man vor seinen eigenen Augen bestehen muß. Man braucht ja ein bestimmtes Selbstwertgefühl. Man begegnet diesen beiden psychologischen Verhaltensweisen bei denselben Personen, obwohl sie doch völlig gegensätzlich erscheinen. Menschen haben je nach Situation, der sie sich ausgesetzt fühlen, das Verhalten des Scheiterns oder ein Verhalten des stolzen Hochmuts. Das ist sehr verwirrend für uns Ausländer. Dabei handelt es sich nicht nur um das Verhalten von Einzelpersonen, vielmehr betrifft es auch das Verhalten von bestimmten sozialen Gruppen wie Staatsbeamten und Verantwortlichen in Organisationen. Dieses doppelte Verhalten findet sich nicht bei den Bauern. Es ist eher typisch für die, die zur Schule gegangen sind und die etwas erreicht haben, und der Stolz kommt daher.

Und wie ist es bei den einheimischen Projektmitarbeitern, den Animateuren: Kann man da diese Arbeit machen?
Ja, sicherlich. Das gehört zur Arbeit zum Selbstbewußtsein. Aber wir haben dafür auch bestimmte Methoden und Techniken, die wenig Druck machen, damit jede/r nach dem eigenem Rhythmus vorangehen kann. Jede/r soll das entdecken können, was er oder sie heute entdecken kann, denn morgen wird es etwas Neues sein. Das ist ein richtiger Prozeß.

Sollte Eirene einen besonderen Akzent seiner Arbeit auf diesen Bereich der Gewaltfreiheit richten?
Die Perspektiven betreffen die Ausbildung von Ausbildern auf verschiedenen Ebenen, wozu man mich auch nach Benin und Mali eingeladen hat: die Ausbildung zur Analyse, zur Aktion, zur Menschenführung, Gruppenleitung, Konfliktregelung. Am Ende sollen die Teilnehmenden selber AusbilderInnen in aktiver Gewaltfreiheit werden können. Es ist ziemlich schwierig, das in Gang zu bringen, weil die an einer solchen Ausbildung Interessierten weit voneinander entfernt leben, und daraus ergeben sich natürlich Organisationsprobleme. Auf der anderen Seite erfordert das von mir, ganz genau die Etappen und den Weg zu analysieren, damit ich die Werkzeuge entwickeln und sie im Laufe des Lernprozesses den Ausbildern weitergeben kann. Die Entwicklung von Methoden und Werkzeugen, die jeweils der Ausbildungssituation oder der Analysesituation angepaßt sein müssen, ist ein komplexer

Prozeß, den ich mühsam zu identifizieren und zu erklären versuche, um dies dann weitergeben zu können.

Anmerkung

*) Das Interview führte Sylvie Durgueil. Es wurde übersetzt von Josef Freise.

Priscille Ndjérareou Mékouinodji

Für einen Schritt
in Richtung Gewaltlosigkeit im Tschad*

In Bezug auf Gewalt ist die Welt wirklich ein großes Dorf geworden. In der Tat, sie keimt überall auf, unterstützt von mächtigen Medieninteressen. Was geschieht? Ist dieses Aufflammen vorhersehbar? Würde uns die Analyse der Ursachen zu einer einzigen Quelle führen? So viele Fragen, die man sich stellen kann bezüglich der Gewalttaten, die Tag für Tag geschehen. Ich bin überzeugt, daß es eine unvermutet hohe Zahl von Überlegungen gibt, wie diese schreckliche Plage entsteht, welche Ursachen sie hat, mit welchen Methoden man sie bekämpfen kann. Dennoch sollte jeder von uns, dort wo er steht und lebt, seine Stimme erheben, und sei sie auch noch so unbedeutend, um einmal mehr dagegen zu protestieren.

An diesem großen Maß an Gewalt, das uns umgibt, scheint Afrika einen beträchtlichen Anteil zu haben. Ich frage mich, ob das, was man über die Gewalttätigkeiten, die auf diesem Kontinent begangen werden, weiß, repräsentativ ist für die traurige Realität. Ist es vielleicht, weil hier das Elend so besonders groß ist? Schwierig zu sagen.

Der Tschad ist eines der ärmsten Länder dieses Kontinents, aber er hat auch traurige Berühmtheit erlangt als Schauplatz von drei Jahrzehnten Bürgerkrieg. Während seines Bestehens hat er dunkle Zeiten erfahren, während denen Gewalt sogar ein Mittel des Regierens war. Und viele Opfer wurden gezwungen, über die ihnen zugefügte Gewalt Schweigen zu bewahren; das war daran das Schlimmste.

Das jahrzehntelang erzwungene Schweigen über die unvorstellbaren Greueltaten in diesem Land hat dazu geführt, daß wir uns heute noch scheuen, darüber zu sprechen. Die Angst, bei weitem das erste Ziel dieser Repressionen, lähmt uns immer noch. Und daraus erwächst die Gleichgültigkeit gegenüber dem Tod, das Mißtrauen und viele andere, oft kaum spürbare Folgen, die man fast nicht mehr wahrnimmt.

Als Frau darf ich nicht vergessen, auch diejenige Form von Gewalt zu erwähnen, die ihren Ursprung in unserer Kultur hat und unter der viele Frauen und Kinder leiden. Die körperliche Züchtigung ist in mehreren Kulturen dieses Landes Bestandteil der Kindererziehung. Die Jungen bleiben von den Pubertätsritualen an, in denen sie als ›Männer‹ anerkannt werden, vor diesen Züchtigungen bewahrt. Die Mädchen dagegen müssen sie auch als erwachsene Frauen weiter ertragen. Für sie bleibt es völlig normal, daß ihr Ehemann sie ›in die Zucht nimmt‹. In diesen Kulturen gehört es für den Mann zum Ausdruck seiner Männlichkeit, seine Frau zu schlagen. Das ist so normal, daß einige Anekdoten über Ausnahmen die allgemeine Geisteshaltung nur untermauern. In der Tat, auch in den seltenen Fällen, in denen Frauen die Oberhand haben, geben sie dies in der Öffentlichkeit nicht zu, weil es in ihrer Kultur nicht akzeptiert würde.

Man kann ohne weiteres behaupten, daß die Gewalt mehrere Erscheinungsformen hat:

• Gewalt, die aus der eigenen Kultur erwächst.
• Gewalt, die durch die Medien verbreitet wird.
• Gewalt als Mittel der Herrschaft.

Die Gefahr besteht darin, daß die Menschen angesichts dauernder Gewaltanwendung und fehlenden Widerstands dagegen resignieren und sich unfähig fühlen, auf die Ereignisse, die ihr Leben bestimmen, Einfluß zu nehmen. Bemerkenswert ist, daß die so erzeugte Passivität neue Gewalt provoziert. Denn Gewalt ist auch ein Mittel sich zu artikulieren, vor allem, wenn man schwach ist.

Um auf den Tschad zurückzukommen, so sind am Ende einer schmerzlichen Geschichte die Menschenrechtsvereinigungen entstanden. Logischerweise war das Anprangern von Menschenrechtsverletzungen ihre erste Reaktion. Das mußte getan werden. Das war zumindest für eine bestimmte Zeit sinnvoll. Aber die Menschen wurden müde, um so mehr, als positive Veränderungen nicht zu erkennen waren. Es ist offensichtlich, daß im Kampf für Gewaltfreiheit Proteste nicht genügen.

Was könnten die verschiedenen Komponenten für den Aufbau einer gewaltfreien Tradition im Tschad sein? Meiner Meinung nach ist dies das wichtigste Anliegen. In einer Gesellschaft, in der praktisch alle Bindungen, welche die verschiedenen Mitglieder geeint haben, zerbrochen sind, muß man sich daran machen, sie wieder aufzubauen. Diese Arbeit muß sich auf die Verteidigung und die Förderung der Menschenrechte stützen. Gewalt muß deutlich und in allen ihren Formen erkannt werden. Denn leider wird Gewalt meistens nur in ihrem physischen Ausdruck von uns bemerkt. Information über und Erziehung zur Gewaltlosigkeit müssen den gleichen Stellenwert erhalten.

Gewalt beim Namen zu nennen, ist ein wichtiger Aspekt der Information. Um die Glaubwürdigkeit zu bewahren, muß dieses Anprangern mit viel Fingerspitzengefühl geschehen. Oft ist man entsetzt über das Schweigen der Menschenrechtsvereinigungen im Falle einer offensichtlichen Gewalttat. Es ist wichtig zu verstehen, daß dieses Schweigen notwendig ist, um eine gerechtere Reaktion vorzubereiten.

Ein anderer wichtiger Aspekt ist, daß die Information allen zugänglich gemacht wird. Um das in einem Land mit geringer Alphabetisierung zu erreichen, müßten die Methoden, die anderswo so erfolgreich sind, ständig hinterfragt werden. Theater, Rundfunk und den Gebrauch der lokalen Dialekte würde man als Mittel vorschlagen. Dennoch: Die Herausforderung bleibt. Eine Gesellschaft, die aus so vielen verschiedenen Gruppen besteht, hat ihre Zwänge. Wie kann dieselbe Botschaft in diesen unterschiedlichen Kulturen wahrheitsgetreu vermittelt werden? Hier muß bei allen Aktionen auf den Sinn des Ganzen geachtet werden.

Ohne bei dem, was getan werden muß, Anspruch auf Vollständigkeit zu erheben, hat das Knüpfen eines solchen Netzes zwischen all denen, deren Zusammenarbeit unabdingbar ist für die Entstehung, das Wachsen und die Verwurzelung der Tradition der Gewaltlosigkeit, eine besondere Bedeutung. Es wäre wünschenswert, daß das, was ich gewaltlose Tradition nenne, einen höheren Stellenwert bekäme als die einzelnen Kulturen. Ein blinder Gehorsam gegenüber den Sitten und Gebräuchen ist abzulehnen. Einige von diesen sollte man tunlichst mißachten, wenn man diese gewaltlose Tradition aufbauen will.

Bildung ist ein weiterer Aspekt, der die verschiedenen Bestrebungen in der Waage hält. Diese Bildung in ihrem weitesten Sinn muß sich an jeden einzelnen wenden. Im Tschad steht diese Arbeit noch an ihrem Beginn, um so mehr, als sie aus verschiedenen Gründen rasch an ihre Grenzen stößt. Das Fehlen von fachlich. ausgebildetem Personal und von Lehrmitteln sowie die politischen Zwänge sind einige davon. Um das Ziel möglichst wirkungsvoll und umfassend erreichen zu können, müßten Menschen jeden Alters, die Medien, die verschiedensten Gruppen und Vereinigungen und der Staat eng zusammenarbeiten. Der Wunsch besteht; seine Verwirklichung ist ein wichtiges Ziel, das angestrebt werden sollte.

Man sollte nicht die Wirkung auf die Masse der Bevölkerung unterschätzen. Es besteht immer ein großes Risiko, daß diese gewalttätig wird. Aber unter guter Führung erhält man bemerkenswerte Resultate. Sicher hat es verschiedene Massenbewegungen gegeben. Aber die Goldene Palme gebührt den

Frauen für ihre Teilnahme an der Beerdigung des von Unbekannten ermordeten Anwaltes Joseph Béhidi, Vizepräsident der Menschenrechtsliga im Tschad, am 18. Februar 1992. Während die Männer alle verwirrt waren und unfähig zu handeln, setzten die Frauen ein bemerkenswertes Zeichen. Ein unvergeßliches Heer von Frauen, die Hände über dem Kopf gekreuzt, schritt schweigend vor dem Leichenwagen mit dem Sarg. Und dies auf einer Strecke von wenigstens zehn Kilometern – das war ein schönes Beispiel einer gewaltfreien Aktion.

Sollte Eirene mitwirken an dieser aufkeimenden Arbeit im Tschad? Man ist geneigt, mit einem klaren ›Ja‹ zu antworten. Warum auch sollte man ›Nein‹ sagen? Da aber dieses Land zum armen Teil der Welt gehört, kommt, wenn man ›Ja‹ sagt, der Verdacht auf, als ginge es ums Geld. Das kann sein, und ich will dies keineswegs leugnen, wohl wissend, daß alle Zusammenarbeit mit dem Ausland zunächst unter diesem Gesichtspunkt gesehen wird. Im folgenden will ich einige Gründe darlegen, warum man trotzdem zustimmen sollte.

Mein erster Grund bezieht sich auf eines der Leitworte von Eirene: »Global denken, lokal handeln«. Ist Gewalt nicht überall auf der Welt von heute bestens verteilt? Gemäß seiner gewaltlosen Tradition sollte Eirene sich weder im Tschad noch anderswo der Aufgabe des gewaltlosen Bemühens entziehen. Mein zweiter Grund bezieht sich ganz einfach auf den Austausch von Erfahrungen. Da möchte ich auf Beispiele zurückgreifen, die ich erlebt habe. Mehr als einer von uns ist überzeugt, während der Diktatur die schrecklichsten Augenblicke seines Lebens durchgemacht zu haben. Wenn er seine Geschichte erzählen will, ist er oft überrascht, daß sein Gesprächspartner eine noch viel dramatischere, viel schmerzlichere erlebt hat. Und jeder von beiden wird von einem Gefühl des Mitleids und der Scham erfüllt. Man wird zum Nachdenken gezwungen, zu einem fruchtbaren, konstruktiven Teilen. Sicher hätten Erfahrungen aus anderen Ländern den gleichen, wenn nicht besseren Effekt. Es würde zu der Erkenntnis führen, daß menschliche Erfahrungen überall gleich sind.

Mein dritter Grund bezieht sich auf die Bildung. Jeder, der in den Tschad kommt, darf nicht vergessen, daß die dort herrschende Atmosphäre von ihm eine Haltung der Offenheit und Gesprächsbereitschaft fordert. Ohne Zweifel ist es sinnvoll, eigene Erfahrungen zu bezeugen und zu systematisieren. In dieser Beziehung muß im Tschad noch viel geleistet werden. Es wäre von beträchtlichem Vorteil, Schriften über diese Arbeit zu verfassen, um konkrete Anleitungen an der Hand zu haben. Darüber hinaus werden wir, die wir im

Land leben, uns oft der stattfindenden Veränderungen nicht bewußt. Ein Urteil von außen wäre uns sehr hilfreich.

Das sind nicht die einzigen Gründe. Man würde ohne Zweifel noch wichtigere und überzeugendere finden. Aber man darf dennoch nicht vergessen, daß die Gewaltlosigkeit ein Gebäude ist, das von seiten seiner Erbauer Geduld und Ausdauer verlangt Man kann weder jedes Teilziel genau definieren noch die Zeit, um es zu verwirklichen. Die Gewaltlosigkeit ist keinesfalls ein gelobtes Land, bei dem der Wille genügt, es zu erreichen. Sie verlangt von jedem einzelnen, der sich dafür engagiert, eine unwandelbare Entschlossenheit, zu tun, was getan werden muß.

Anmerkung

* Die Übersetzung stammt von Paul Brugemann

Abel Hertzberger

Briefe an Freundinnen und Freunde aus der Menschenrechtsarbeit im Tschad*

Amersfoort, 10.1.1997

David Passer
Ligue Tchadienne des Droits de l'Homme (LTDH)
Moundou
Tchad

Lieber David,

anbei schicke ich Dir die Fotos, die ich von Dir vor Deinem Büro machte. Ich habe öfters von Dir, Deiner Arbeit und unseren Gesprächen erzählt, wenn Leute nach meiner Reise fragten.

In Moundou ging ich oft in die Stadt – ein Schwätzchen mit dem Apotheker, eine Tasse Tee mit Mohammed, Ahmed und anderen Markthändlern beim Einkaufen, das Essen von Yoghurt mit Brot in einer Imbißstube und anschließend kam ich oft kurz bei Dir vorbei für einen tieferzielenden Gedankenaustausch. Die Gespräche mit Dir waren wichtig, um Einsicht zu nehmen in Verletzungen der Menschenrechte und in die Rolle von Behörden, Politik, Militär, Widerstandsgruppen und Franzosen im Tschad. Auf der Straße, auf dem Markt und bei Trainings bekam ich tiefere Einsicht in die Gedanken und Gefühle der Leute. Auch was auf dem Markt nicht gesagt wird, ist wichtig – die Atmosphäre an sich und die Deutungen der alltäglichen Wirklichkeit.

In unseren ersten Gesprächen hast Du mir vor allem eindringlich klar gemacht, was für Greueltaten verübt werden. Es ist Deine Wirklichkeit. Du hast die Leichen im Fluß gesehen. Was Du weitergeben kannst, sind die Fotos und Deine durch die Erschütterung gefärbte Analyse der Lage im Tschad. Die Analyse rief in mir den Drang zur Nuancierung hervor. Nicht in dem Sinne, daß ein wenig Tod und Folterung so schlimm nicht wäre, sondern in dem Sinne, daß sich auch positive Entwicklungen feststellen lassen. Ganz anders als vor fünf Jahren gibt es jetzt Organisationen wie LTDH, die mit einem gewissen Maß an Freiheit funktionieren können. Wenn man nur das Negative

163

sieht, zerstört das auch die eigene Kreativität. Das war mein Eindruck zumindest eines Teils der Arbeit für die Menschenrechte.

Mitunter landeten wir beide dann in Diskussionen, in denen wir wie Taube einander nicht mehr hörten. Deine Erschütterung führte zur Ungeduld, der ich meine Ungeduld gegenüberstellte, die dem Bedürfnis entsprang, etwas zu bedeuten. Obwohl die Diskussionen dann und wann Klarheit schafften, sahen wir bald ein, wie sinnlos sie waren, und hielten dann inne.

Immer wieder begegneten wir uns. Manchmal unerwartet wie damals im Hochwasserbett der Logone. Du erzähltest vom Entwicklungsprojekt Deiner Verwandtschaft, wobei die Eigeninitiative und die eigenen finanziellen Beiträge der Verwandten die Basis für weitere Entwicklung sind. Was Du erzähltest, war eine von Spendern unabhängige Entwicklungsform mit Beachtung der gegenseitigen Bedürfnisse. Ich glaube, das ist eine festere Basis als jedes in Zusammenarbeit mit Europa erdachte Entwicklungsprojekt.

Bei einem unserer letzten Gespräche war einer Deiner Freunde dabei. Meine weiße Haut rief seinen Unwillen hervor. Es war kurz nach Bekanntgabe des Wahlergebnisses. Fälschungen durch die Franzosen lassen sich kaum nachweisen, aber daß eigene Interessen der Grund ihrer Gegenwart waren, ist klar. Im Grunde behauptete Dein Freund – kurz gesagt –, daß meine Gegenwart an sich schon schädlich sei und ich am besten sofort verschwände. Aus seinen Worten wurde klar, daß der durch meine Gegenwart verursachte Schaden darin bestehe, daß ich und die Entwicklungshelfer überhaupt nur da seien, um das imperialistische, koloniale Europa zu beschönigen, ihm ein besseres Aussehen zu geben, oder als Vertuschung schmutziger Ausbeutung durch Politik, Shell, Elf, Esso usw. Es war ein peinlicher Augenblick, denn ich war doch da, ›um Gutes zu tun‹. Es war peinlich, weil es stimmt, daß es so funktioniert und ich das eigentlich auch weiß. In dem Augenblick habe ich weder widersprochen noch differenziert. Da gibt es nur noch eine einzige Schlußfolgerung: keine Entwicklungshilfe und -helfer mehr aus Europa.

Diese Schlußfolgerung ist die eine Möglichkeit; sie entspricht jedoch nicht anderen Einsichten, Bedürfnissen und Wahrheiten. Kontakt nach außen ist notwendig für Protest in Europa und für Unterstützung in Zeiten, wo Ihr gegebenenfalls beseitigt zu werden droht. In solchen Augenblicken sind wir nicht unnütz, sondern ein Faktor im Kampf gegen das Unrecht. Unsere Beteiligung an der Arbeit für die Menschenrechte im Tschad, etwa durch Trainings und Kurse kann eine Stärkung bei der Entwicklung Eurer Bewegungen bedeuten. Wir können einen Beitrag zu Erkenntnissen in Gewaltfreiheit und Veränderungsprozessen liefern. Ein Blick eines Außenstehenden vermittelt andere Einfallswinkel für die eigene Evaluierung und Bestimmung der Strategie. Möglicherweise ergeben sich dadurch Fragen und Einsichten, auf die eine Person innerhalb des Prozesses nicht gekommen wäre. Viele erfahren es als eine moralische Unterstützung, daß es in Europa auch Leute gibt, die sich ohne eigenen Gewinn einsetzen wollen.

Das erfordert aber von den EntwicklungshelferInnen und ihrer jeweiligen Organisation, daß sie die Kritik, Vertuschung zu sein, ernst nehmen. Ernstnehmen heißt: a) Eingeständnis; b) Bereitschaft zum Konfrontiertwerden mit der aus dieser Analyse hervorgehenden Kritik und zur einschlägigen Selbstkritik; c) Diesen Erkenntnissen Taten folgen zu lassen in der Form von Dabeisein. Das kann u. U. das Eingehen von Risiken erfordern, wie etwa das Hinweggehen über die von der Macht gesetzten Grenzen. Ein ganz andersgeartetes Beispiel ist die Tatsache, daß es nicht angeht, große Summen für Autos und andere geldverschlingende Hilfsmittel auszugeben, damit Weiße ›funktionieren‹ können, die mit Tschadern zusammenarbeiten müssen, die nichts haben. Es kann viel effektiver sein, mit dem Moped oder dem öffentlichen Verkehr zu fahren oder einfach auf der Straße zu gehen. Wenn ich so etwas Entwicklungshelfern von europäischen Organisationen sage, ist oft ein mitleidiges Lächeln die Antwort. Dieses Lächeln muß weg!

Wer Friedens- oder Entwicklungsarbeit macht, muß mit Gespür für Nuancen seinen Weg suchen und sich nicht hinter Sicherheiten von Wissen, Kenntnis und Urteil zu verschanzen suchen.

Friedensarbeit ist nur möglich, wenn Freiwillige und die Organisation, die aussendet, bereit sind, jene Risiken einzugehen, die die Zusammenarbeit mit Demokratisierungs- und Menschenrechtsorganisationen mit sich bringt. Wenn wir endlos viel Zeit und Geld für Gedanken über Geld, Begrenzungen und eigene bürokratische Bedürfnisse draufgehen lassen und nur bis zu den Grenzen gehen, die die Mächtigen setzen, sind wir tatsächlich nicht mehr als eine Vertuschung.

Ich danke Dir für Deine Offenheit und für das, was Du mich lehrtest, und wünsche Dir für Deine wertvolle Arbeit und Dein Leben alles Gute.

Herzliche Grüße

Abel

Amersfoort, 29.12.1996

Priscille Ndjérareou Mékouinodji
Eirene-Koordination
N'Djamena
Tschad

Liebe Priscille,

ich hoffe, es geht Dir und Deiner Familie gut. Weihnachten ist vorüber. Ich habe keine Ahnung, wie Ihr diese Tage feiert. Bei uns zu Hause bedeutet es vor allem Ruhe und größere Aufmerksamkeit fürs Zusammensein. In der Stadt ist alles anders; dort herrscht in der Woche vor Weihnachten Hektik, weil das Gedenken an die Geburt Jesu für die meisten Leute bedeutet, noch mehr als sonst zu kaufen und in noch größerem Luxus als sonst zu leben.

Ich denke oft an die drei prall gefüllten und vielseitigen Monate im Tschad zurück. Wichtig für die Lebens- und Arbeitsqualität ist ein regelmaßiges Überdenken dessen, was man tut und getan hat. Für einen weißen, europäischen Mann, der nach Afrika geht, ist das eine Pflicht. Eigentlich sollte jede/r EuropäerIn, die/der nach Afrika geht, sich auf die Frage ›Wer bin ich‹ besinnen: Was ist mein Hintergrund? Welche Ideen, Werte und Normen bringe ich mit? Wie schlagen diese etwa in meiner Reaktion auf Armut oder Betteln durch? Was treibt mich an? Wie wirkt es sich aus, daß ich im Reichtum herangewachsen bin? Was bewirkt in mir als Person die bei uns vorherrschende Auffassung, daß Afrikaner und Frauen dumm sind? Inwieweit bin ich geprägt durch Sexismus und Rassismus? Ich möchte bei all diesen Fragen vor allem den Zusammenhang erkennen zwischen der Machtposition und der denkenden und handelnden Person. Oft ist das ganz subtil. Es handelt sich um die Frage, wie wir sind. Das ist zum größten Teil unbewußt – tief in unseren Fasern. Das Bewußtsein, das jeden Kontakt beeinflußt, ist das Wichtige.

Ich rede von Unterdrückung – Rassismus und Sexismus. Ich will erklären, was ich darunter verstehe.

Unterdrückung ist eine Kombination von drei Faktoren:

1. Ideologie – z.B. »Die Frau ist dümmer«. Ich stieß u.a. darauf bei einem Aktivisten für Menschenrechte, der sich fragte, warum in seiner Organisation nur so wenig Frauen aktiv seien, und dieses folgendermaßen er-

klärte: »Es ist eine schwierige Arbeit mit gelegentlichen Konfrontationen. Dazu sind Frauen nicht imstande.«

2. Gesellschaftsstrukturen – z.b. Kopplung mit ökonomischer Macht. Es gibt nur wenige Frauen in führenden Stellungen. Die Politik wird von Männern bestimmt. Oft entscheidet der Mann über die finanziellen Ausgaben.

3. Das Verhalten im Alltag: In einem Dorf, wo ich die Einsetzung einer neuen ›cellule‹ einer Menschenrechtsorganisation miterlebte, saßen die Männer in einem Kreis auf Stühlen. Dort wurde das Wort geführt. Die Frauen hockten dahinter auf dem Boden. Bei einem Training in einem Viertel Moundous waren viele Männer darüber erstaunt, daß ich es nicht als normal betrachtete, wenn ein Mann seine Frau schlägt, »weil sie Gehorsam lernen muß«.

Für einen Europäer ist die Unterdrückung der Frau in Afrika klar ersichtlich. Aber eigentlich erkennen wir bei Euch, was von unseren Normen abweicht. Wir setzen unsere Werte und Normen ins Zentrum und schränken dadurch unser Blickfeld ein. Unser Rassismus und Neokolonialismus sind damit verwoben. Was wir sehen, ist also sehr relativ, weil es abhängig ist von den bei uns momentan vorherrschenden Werten und Normen. Die Relativität unseres Denkens und Handelns verringert sich, wenn wir festgelegte Formen übersteigen und uns entwickeln auf die universelle Ebene des Lebens in der Wahrheit hin. Besinnung und Realitätssinn können dabei helfen.

Meine Kontakte mit Frauen beschränkten sich nicht auf ein freundliches Wort oder einen kleinen Witz auf dem Markt, auf die Frauen, die bei Trainings fürs Essen sorgten und auf ein kurzes Gespräch mit Frauen, die sich anboten, weil ich allein war und weiß bin. Ich hatte auch ein paar inhaltlich bedeutendere Gespräche mit Frauen. Du, Amine Miantoloum (Koordinatorin von INADES in Moundou), Achta Sy (Koordinatorin von Oxfam) und Brigitte Topinanty (Vorsitzende von Tchad Non-Violence) sind Ausnahmen auf der Ebene, auf der Ihr arbeitet.

Amina will mit ihrer Arbeit aufhören, weil die Männer in der Organisation die Führung einer Frau nicht akzeptieren. Dadurch kann sie ihre Arbeit nicht richtig erfüllen. Achta erzählte, wie wichtig sie es findet, daß Frauen in Organisationen ihre Erfahrungen und Gedanken austauschen. Das sei von wesentlicher Bedeutung für die gegenseitige Unterstützung, für das Umgehen mit den täglichen Erfahrungen von Unterdrückung und das Zunehmen an

Einsicht. Sie betonte sehr deutlich, daß Frauen natürlich genau wissen, was los ist, aber noch wenig darüber reden. Sie brauchen noch sehr die Erkenntnisse und Erfahrungen anderer Frauen, die schon länger bewußt an der Stellung der Frau und der Befreiung aus der Unterdrückung arbeiten. Sie erzählte auch von der Bedeutung von Stadtteilprojekten, wo Frauen lehren oder im wirtschaftlichen Bereich zusammenarbeiten. Mitunter ergibt sich dann so etwas wie ein Gespräch untereinander – ganz vorsichtig.

Ein anderes Projekt ist ›Sparen und Kredit‹. Bei dem Projekt, das ich besuchte, gab es die Vorschrift, daß Frauen nur dann teilnehmen können, wenn der Mann zustimmt und eine schriftliche Erklärung unterschreibt. Auf den ersten Blick fand ich das merkwürdig und nicht in Ordnung. Aber bei dieser Beurteilung waren vor allem meine eigenen Normen im Spiel. Später verstand ich die Maßnahme unter den gegebenen Umständen besser.

Brigitte wurde im Mai beim Nationalkongreß der TNV zur Vorsitzenden gewählt. Auch in dieser Organisation sind nur wenige Frauen aktiv. Dennoch herrscht dort eine deutlich andere Atmosphäre als bei anderen Organisationen, wie auch diese Wahl beweist. Du beteiligst Dich an Frauenaktivitäten im Rahmen der Kirche. Es fiel mir auf, daß die großen von Euch veranstalteten Treffen neben der Beschäftigung mit dem Evangelium auch Information über die Rechte der Frau zum Thema haben. Auf Austausch der Frauen untereinander wird viel Wert gelegt und dabei sind gewiß die Frauen selbst und ihr Leben Hauptthema.

APLFT hat ein Heft zusammengestellt: ›Les droits de la femme Tchadienne‹. Es handelt von der Rechtsposition der Frauen in christlichen, muslimischen und Urreligionen und stellt die Regeln bezüglich Ehe, Scheidung, Erbschaft usw. dar. Ich nahm an einer Sitzung teil, wo 20 Leute sich ausdachten, wie dieses Heft in ein Bühnenstück verwandelt werden könnte. Die sechs Frauen in dieser Gruppe konnten oft das Wort nehmen. In einer offenen Atmosphäre wurden die einzelnen Tatsachen und Regeln in Sketchen dargestellt.

Diese Gruppe setzt sich vornehmlich aus 20- bis 30-jährigen Studierten zusammen, die in N'Djamena leben. Das bestimmt ihr Bild eines möglichen Verhältnisses zwischen Männern und Frauen. Das von ihnen skizzierte Zukunftsbild steht dem mir bekannten näher als der Wirklichkeit in den Dörfern, die ich besuchte. So besitzt jede Gesellschaft eine große Vielfalt an Einsichten und Aktivitäten für die Arbeit an der Befreiung aus Unterdrückung und unehrlicher Ungleichheit.

168

Als wir einmal über Kultur, Traditionen und Strukturen der tschadischen Gesellschaft sprachen, sagtest Du: »Il faut casser les traditions« (»Man muß die Traditionen zerstören«). Gesprächsthema waren damals vor allem die Chefs und das Chefsystem.

Zunächst reagierte ich fassungslos. Als gutmeinender Europäer hatte ich mir die Haltung auferlegt, nach Anschluß an den Ist-Zustand zu suchen, um von daher einen Beitrag zu liefern. Durch diese Haltung hatte sich in mir gleichsam ein nostalgischer Idealismus fürs Urwüchsige herausgebildet, als eine Art von Überreaktion, um ja nicht die gleichen Fehler wie die europäischen Kolonialisten zu machen, die früher so viel kaputtgemacht haben.

Als ich Dir nach zwei Monaten im Süden wieder begegnete, wußte ich besser, was Du meintest, was für Schaden die traditionellen Strukturen tatsächlich anrichten. Aber es ist auch klar, daß die Zerstörung dieser Strukturen ein Vakuum kreiert. Das durch die koloniale und moderne Zeit geschlagene Loch wird dann mit Diktatur, Eigennutz und Banditentum angefüllt. Wiederherstellung im Sinne einer Rückkehr zum Alten hat keinen Sinn, aber das was entsteht, muß in den tschadischen Kulturen wurzeln können.

Wir sprachen nicht davon, was »Il faut casser les traditions« bedeutet im Zusammenhang mit der Stellung der Frauen im Tschad. Ich kann zu diesem Thema nur Bilder haben, die zu meiner hiesigen Erfahrung passen. Die Veränderungen im Verhältnis zwischen Männern und Frauen sind charakteristisch für unsere, auf das Individuum gerichtete Kultur.

Raum für die Entfaltung eines jeden Menschen ist selbstverständlich überall ein großer Wert. Aber ich spüre, daß ich zu europäisch bin für eine Phantasie über die Gestaltung einer ehrlichen Frau-Mann-Beziehung in der tschadischen Gesellschaft, wie diese anders sein könnte als bei uns.

Die Fasern des Herzens sind anders als die eines Steaks.

Ein Herz mit Fasern eines Steaks kann nicht klopfen.

Ich wünsche Dir, Abel und den anderen Familienmitgliedern, Gesundheit und alles Gute fürs neue Jahr.

Auf Wiedersehen! Herzliche Grüße,

Abel

Amersfoort, 16.1.1997

Julien Beassemda und Marc Mougnan
Association Tchadienne pour la Non-Violence (ATNV)
Moundou
Tschad

Lieber Julien, lieber Marc,

Euch und Euren Familien wünsche ich alles Gute für dieses neue Jahr.
Immer wieder durchlaufen meine Gedanken die Erfahrungen, die ich gewonnen habe in der Zeit, als ich bei Euch war. Die sieben dreitägigen Trainings, die ich bei Ortsgruppen der ATNV begleiten durfte, waren lehrreiche
Stunden während meines Aufenthalts im Tschad.

Beim ersten Training in Sarh sah mein Programm noch ganz anders aus
als nachher. Das ursprüngliche Programm war zwar auch offen, aber ich hatte trotzdem eine vorgefaßte Idee über die einzelnen Teile und deren Reihen-
folge im Kopf. Jenes erste Programm hatte ich zusammengestellt aufgrund
von Gesprächen, die ich mit Euch führte, in einem Versuch, mich einzustel-
len auf die Personen der TeilnehmerInnen. Ich hatte mich eingestellt auf Personen mit einer Ausbildung, mit Fähigkeiten im Organisieren und Unterrichten, aber mit wenig Erfahrung im Bereich von Gewaltlosigkeit und
Konfliktlösung. Ich habe mich an vieles gewöhnen müssen. Die Art, wie Ihr
analysiert, ist anders als die mir vertraute. Auch die Weise, in der Probleme
(nicht) erzählt werden, ist anders. Als ich nach Beispielen von Konflikten fragte, kamen meist allgemeine Betrachtungen als Antwort. Bis es sich um eine
Schlägerei handelte, und was man da machen kann. Auf meinen Vorschlag,
das als kleines Drama zu spielen, wurde positiv reagiert. Durch die Anschau-
lichkeit des Spiels änderte sich auch das weitere Gespräch.

In den nachfolgenden Trainings bildete immer das Vorspielen des Ver-
laufs eines Konflikts den Kern des Programms. Erst danach folgte ein mehr
betrachtender, analysierender Teil, in dem versucht wurde zu benennen, was
in dem Prozeß vor sich gegangen war, und zu verstehen, daß jeder Konflikt
zwei Seiten hat. Daraus entstand ein sich wie eine Spirale vertiefendes Gespräch über jenen spezifischen Konflikt in der tschadischen Situation, über
Gewaltlosigkeit sowohl im konkreten Handeln als auf der spirituellen, religiösen Ebene. Mitunter löste die Zerrissenheit im Glauben an Gott und in
den Gefühlen der TeilnehmerInnen in bezug auf die Wirklichkeit Erschütte-

170

rung aus. Neben solchen Gesprächen übten die TeilnehmerInnen auch Möglichkeiten ein, die Sache anders in Angriff zu nehmen. In einigen Trainings wiederholten wir eine solche Spiel- und Gesprächseinheit fünfmal innerhalb von drei Tagen anhand verschiedener Konfliktbeispiele.

In den Gesprächen schreckten wir nicht vor der Besprechung empfindlicher Themen zurück. So handelte es sich in einigen Trainings in Moundou um Christsein und einen aufgeschlossenen, unvoreingenommenen Kontakt mit Muslimem, einen austauschenden, Interesse zeigenden Kontakt. Im Grunde gab es niemanden, der sich einen guten Kontakt mit Muslimen vorstellen konnte, geschweige denn, ihnen zu trauen.

Aber andererseits ist Christ sein und nicht lieben auch nicht möglich. Und Gewaltlosigkeit erfordert Leben und Handeln in Wahrheit und Liebe. Wahrheit ist Gott. Das ist eine Konfrontation mit dem Emotionellen, Haß, Neid und durch Kämpfe hervorgerufene Traumata und mit der Kirche, die lehrt, daß es nur gut ausgeht, wenn man Jesus als Sohn Gottes annimmt. Solche Gespräche stifteten manchmal Verwirrung; denn sie greifen die Übersichtlichkeit an. Die Übersichtlichkeit von Ideen und Sätzlein, die das Bild von Muslimen als Gefahr bestärken: »Sie sind bewaffnet«, »Sie gehen mit Messern umher«, »Sie beten nicht wirklich«. Und natürlich gibt es die politische Realität, in der die Macht den im Norden des Tschads wohnenden Muslimen gehört.

In jeder Gruppe entwickelte sich Bereitschaft zur Besinnung, zu einem offenen Suchen nach dem Wesentlichen. Um das zu lernen, brauchte es keine hochgeschraubten Programme mit unterschiedlichsten Arbeitsformen. Denn ein großer Unterschied zu der Trainingsarbeit bei vielen europäischen Gruppen ist die Tatsache, daß die Egos in Europa viel aufgeblasener sind. Die Menschen sind hier so stark ichbezogen, daß sie fortwährend auf der Suche nach Möglichkeiten sind, nur sich selbst gelten zu lassen. In Europa erfordert es einen Großteil der Aufmerksamkeit eines Trainers, statt eines Wirrwarrs an Reaktionen, die vor allem zeigen, daß alle vornehmlich mit sich selbst beschäftigt sind, einen Lernprozeß in Gang zu setzen.

Bei Euch sind die Strukturen hierarchischer, aber ich habe festgestellt, daß man Interesse hat für alles, was jede/r aus einer Dorfs- oder Stadtteilgemeinschaft beiträgt. Die meisten sind nicht darauf aus, für sich den Augenblick zu erhaschen, wo sie das Wort ergreifen können, um sich dann zufrieden über die eigenen Aussagen zurückzulehnen, wie das hier so oft der Fall ist.

Allerdings mußte den TeilnehmerInnen an Trainings im Tschad oft zunächst bewußt werden, daß der Beitrag aller wichtig war und es sich nicht nur darum handelte, was die führenden Personen zu sagen hatten. Das Ergebnis der Trainings: Die Hierarchie wurde respektiert, und es entstand zugleich mehr Raum für andere.

Zwei Aspekte standen in den Trainings im Mittelpunkt: 1. Mehr Einsicht in das Wesen der Gewaltlosigkeit; 2. Konfliktlösung als Prozeß. Ungemein lehrreich war es für mich, anhand konkreter, von den Anwesenden selber beigebrachter Beispiele, ihre Auffassungen über Gewaltlosigkeit zu lernen und dadurch größere Einsicht in die Realität Eures Lebens und Umgangs miteinander zu gewinnen.

Die Vermittlung durch die ATNV-Gruppe in Mankoula im Konflikt zwischen dem Chef de Village und dem Schmied hatte einen Konflikt zwischen dem Chef und ATNV herbeigeführt. Indem wir in der Gruppe daran arbeiteten, wurde ersichtlich, was in dem Prozeß vor sich gegangen war und daß überdies der Chef sich durch das Können dieser neuen Gruppe im Dorf bedroht fühlte. Wir überlegten, welche Schritte zur Versöhnung von der Seite des ATNV möglich seien. Erfreulicherweise machte der Chef beim letzten Tag des Trainings mit.

Der Familienkonflikt über das Geld des Ernteertrags, das der Mann versoffen und beim Spiel verloren hatte, führte zu einem regen Austausch über die Stellung des Mannes überhaupt. Im Verlauf dieses Gesprächs entstand eine immer größere Meinungsvielfalt über die Macht des Mannes. Daß er seine Macht durch Gewaltanwendung behält, kann mancher in den Dörfern nicht gutheißen, aber daß er bei einem Streit nicht Recht behalten würde, kann man sich kaum vorstellen. Ein Spiel in Moundou, in dem Mann und Frau stritten und in dem vermittelt wurde, weil die Frau sich scheiden wollte, ging so aus, daß der Mann sagte: »Schon gut, ich entschuldige mich für mein Tun, aber du mußt mir gehorchen«.

Von Bedeutung waren auch Konflikte mit Soldaten, die plündernd Dörfer überfallen. Wie darauf reagieren? Um eine solche Frage zu beantworten – insoweit es für derartige Situationen überhaupt klare Antworten geben kann –, ist es wichtig, das Problem zu durchschauen – was ist die Dynamik, wie erfährt der Soldat es? Einerseits genießt er eine Art Unantastbarkeit, andererseits hat er monatelang keinen Sold erhalten. Als kleiner Bub wurde er geschlagen, wenn er nicht tat, was der ältere Bruder befahl. Der seinerseits vom Vater geschlagen wurde, der auch die Mutter schlug.

Alle lernen: Wer Macht besitzt, dem wird gehorcht, und er darf dafür Gewalt anwenden. Der Soldat besitzt die Macht von Uniform, Unantastbarkeit,

Gewehr und gegebenenfalls Auftrag seines Vorgesetzten. Er hält es also für normal, Gewalt anzuwenden, wenn er nicht bekommt, was er will. Er hält es nicht für ungebührlich, Angst und Panik zu säen und zu sehen. Das Sehen von Angst gibt ihm im Gegenteil das ersehnte Machtgefühl.

Für in Angst lebende Menschen ist die Angst ein so bestimmender Faktor, daß die Idee, mit Soldaten Kontakt aufzunehmen, zunächst unvorstellbar ist. Der Terror des vorigen Regimes, die jetzigen willkürlichen Überfälle und die Unantastbarkeit der Soldaten haben viel Angst in die Leute eingepflanzt.

Während der Trainings arbeiteten wir auch an den Streitereien mit nachbarlichen oder vorbeiziehenden Viehzüchtern. Auch dieser Konflikt erfordert, daß man ihn nicht nur gewaltfrei am Ort anpackt, sondern auch strukturell auf der Ebene der regionalen Verwaltung und der staatlichen Politik, denn es gibt viele Fälle, wo das Eigeninteresse des Kommandanten oder Präfekten im Spiel ist.

Von überragender Bedeutung bleibt es in allen Fällen, wie Frau/Mann auf der eigenen Ebene handelt, Klugheit entfaltet und lebendig erhält. Denn wieviel Ehrlichkeit kann man von Leuten an der Spitze erwarten, wenn wir nicht versuchen, im eigenen Denken und Handeln in der Wahrheit zu leben?

Es war eine bereichernde Erfahrung, daran so offen mit Euren örtlichen Gruppen arbeiten zu dürfen. Die Arbeit mit Euren ›cellules‹ hat mich viel gelehrt über den Einfluß der Landes- und kantonalen Verwaltung auf das lokale Leben und über die Verhältnisse zwischen Menschen in der lokalen Kultur. Die TeilnehmerInnen haben mir zum Durchblick in die gegenseitigen Verhältnisse verholfen, und wie diese der bestimmende Faktor in einem Konflikt sind. Ich habe einen kurzen Blick werfen dürfen in das, was sich in Eurer Gesellschaft hinter den Kulissen abspielt. Daraus wächst Verbundenheit und Freundschaft mit den Menschen, die mich so offen an ihrer Realität teilnehmen ließen.

Wir hatten mehrere Gespräche über Entwicklungsarbeit, über reich-arm. Julien, sehr wahr ist Deine Aussage: »Der Reiche hat immer recht«. Der Entwicklungshelfer und die europäische Organisation sind jene Reichen. Auch wenn ich in meiner Gesellschaft arm bin und Ihr in Eurer Gesellschaft mitnichten nicht, unsere Beziehung liegt fest. Das hat unsere Zusammenarbeit irgendwie beeinflußt. Es ist mir schwer gefallen, mit den Unterschieden in unseren Positionen gut umzugehen. Vielleicht bin ich auch nicht gut damit umgegangen. Julien, manchmal rieben wir uns etwa über die Zahl der Trainings oder über die Zahl der TeilnehmerInnen je Training. Es waren Augenblicke der Suche, wie wir zusammenarbeiten könnten. Für mich, und ich vermute auch für Dich, waren es Augenblicke des Prüfens. Wer ist er, was will er? Und: Wer bin ich und weshalb will ich eine kleine Gruppe oder eben eine große Anzahl TeilnehmerInnen? Warum will ich dieses oder jenes, und ist es von Belang oder klammere ich mich an Unwesentliches? Als Schönheit solcher Augenblicke betrachte ich die Entdeckung der Wirklichkeit des anderen und die Festigkeit, die wir darin hatten. Keiner von uns beiden war aus Pappe, aber beide konnten wir auf eigene Ideen bestehen, wenn die uns gut zu sein schienen.

Ich kann mir denken, daß Du mich dadurch nicht wirklich positiv erfahren hast. Ich entschuldige mich für jene Fehler, die vielleicht negativ in Deiner Erinnerung zurückgeblieben sind und versuche, sie zu untersuchen und daraus zu lernen.

Marc, ich habe hier in den Niederlanden immer wieder erzählt von dem Witz, den Du einmal machtest, als wir abends draußen saßen und miteinander sprachen unter dem strahlenden Sternenhimmel, und ich die vielen Sterne genoß.

Bei uns ist der Himmel oft grau. Du botest an, mit einigen Leuten in die Niederlande zu kommen, um den hiesigen Himmel sauber zu putzen. Aber dann würde ich nicht entdecken, warum die Sterne bei Euch fast immer strahlen und bei uns so selten. Wir werden hier erst dann wirklich glücklich und selbständig werden, wenn Du kommst und uns lehrst, wie wir unseren Himmel selbst sauber kriegen. Das wäre echte Entwicklungshilfe.

Ich denke viel an Euch und wünsche Euch und Euren Familien und den vielen Leuten von ATNV alles Gute, Kraft und Inspiration.

Abel

Anmerkung

*)   Die Übersetzt stammt von Theo van Oorschot

174

Martin O'Brien

Die Rolle ausländischer Freiwilliger und Friedensfachkräfte in Nordirland*

In diesem Beitrag will ich zuerst meine unterschiedlichen Arbeitserfahrungen mit Menschen außerhalb Nordirlands untersuchen, die sich mit unserem Konflikt auseinandersetzen. Danach will ich versuchen zu erläutern, was Außenstehende einbringen können bei künftigen Anstrengungen, den Konflikt in Nordirland beizulegen.

Das ständige Lernen am Beispiel Nordirlands

Im Alter von 12 Jahren wurde ich in die nordirische Friedensbewegung hineingezogen, als ich mit meinem älteren Bruder und meiner Schwester bei mehreren Friedensmärschen mitging. Mit sechzehn war ich in der glücklichen Lage, an einem Ferien-Friedenslager für junge nordirische Protestanten und Katholiken in Norwegen teilzunehmen.

Nach meiner Rückkehr aus dem Camp gründeten einige von uns zusammen mit einer norwegischen und einer amerikanischen Freiwilligen, die in Belfast arbeiteten, die ›Youth-for-Peace‹-Gruppe, um das in Norwegen begonnene Projekt weiterzuführen.

Ich glaube, daß die Richtung, die ich in meiner eigenen Arbeit verfolgt habe, weitgehend auf das zurückzuführen ist, was ich von diesen beiden Freiwilligen aus Norwegen und Amerika gelernt habe. Ihre Tatkraft, ihre Fähigkeiten und ihre Begeisterung waren eine wesentliche Quelle, aus der wir uns als Gruppe entwickeln und neue, unterschiedliche Projekte angehen konnten.

Seit jener Zeit habe ich meine Arbeit Seite an Seite mit Freiwilligen aus Deutschland, Nordamerika, Skandinavien und anderen Teilen der Welt weitergeführt. Freiwillige, die nicht aus Nordirland sind, benehmen sich oft freier. Sie handeln und bewegen sich in verschiedenen Gebieten auf eine Art, die Einheimischen nicht ohne weiteres gegeben ist. Damit vermitteln sie uns einiges von dem, was möglich wäre. In einer Gesellschaft, in der es der Konflikt oft erforderlich macht, auf der einen oder anderen Seite zu stehen, zeigt uns die Anwesenheit Außenstehender, daß dies nicht immer notwendig oder wünschenswert ist. Wenn sie diese Trennungen überwinden können, warum können wir es nicht? Es ist gewiß nötig, daß jeder, der in eine fremde Kultur zum Arbeiten kommt, der Tatsache gewärtig sein muß, daß nicht alles so funktioniert wie zu Hause. Probleme entstehen oft in diesem Bereich. Flexibilität ist eine Voraussetzung für jeden, der in einer anderen Kultur oder Umgebung arbeiten will. Ohne diese Eigenschaft ist die Wahrscheinlichkeit für alle Betroffenen groß, daß die Erfahrung frustrierend ist oder das Gewollte gar ins Gegenteil umschlägt.

In meiner jetzigen Arbeit mit dem ›Committee on the Administration of Justice‹ (CAJ = Rechtspflegeausschuß), einer religionsübergreifenden bürgerlich-freiheitlichen Organisation zur Sicherstellung der bürgerlichen Rechte, sind wir uns der Vorteile des Engagements von außerhalb für unseren Konflikt sehr bewußt. Unsere Arbeitskraft wird regelmäßig von Freiwilligen sowohl aus Nordirland als auch von außerhalb ergänzt. Wir hatten bisher zwei ›Eirene‹-Freiwillige, die einen einzigartigen Beitrag zu unserer Arbeit leisteten. Eine dritte fängt jetzt bei uns an. Diese zusätzlichen Hilfsquellen in Gestalt kundiger und talentierter Einzelpersonen haben es uns ermöglicht, unsere Leistung zu vergrößern und deren Wirksamkeit zu erweitern.

Die Vereinten Nationen und der Europäische Gerichtshof

Kennern des Nordirland-Konfliktes wird bewußt sein, daß es zusätzlich zu den entsetzlichen Gewalttaten der Paramilitärs beider Seiten eine weit zurückreichende Vergangenheit von Menschenrechtsverletzungen durch Regierung, Sicherheitskräfte, Gesetz und Gerichte gibt.

Wir arbeiten daran, diese Menschenrechtsverletzungen zu dokumentieren und zu beenden. Nicht nur, weil sie Unrecht sind, sondern auch, weil wir überzeugt sind, daß sie dem Konflikt neue Nahrung geben und ihn schüren. Jugendliche, die erlebten, wie Familienmitglieder von Armee oder Polizei beleidigt und gedemütigt oder für eine nicht von ihnen begangene Straftat in Gefangenschaft gehalten wurden, können leicht in eine paramilitärische Organisation gelockt werden, um zurückschlagen zu können. Und damit schließt sich der Kreis der Gewalttätigkeiten wieder.

Eine unserer Hauptaufgaben war es immer, unsere Besorgnis über die Menschenrechtssituation in Nordirland dem Europäischen Gerichtshof für Menschenrechte und den Vereinten Nationen vorzutragen. Wenn wir uns an

Minister und an das Parlament wenden oder im lokalen Radio und Fernsehen sprechen, ist dies nach unserer Feststellung immer dann besonders wirkungsvoll, wenn es eine internationale Aufmerksamkeit gibt. Sie führt am ehesten zu Änderungen.

Als 1991 Gefangene zunehmend über physische Mißhandlungen durch die Polizei berichteten, zeigten wir dem zuständigen Minister unsere Besorgnis und die Beweise, aber es kamen weiterhin Beschwerden bei uns an. Erst als wir beim Ausschuß gegen die Folter bei den Vereinten Nationen vorstellig wurden, der in Genf tagte, und dieser das Verhalten der Regierung verurteilte, ging die Anzahl der Beschwerden zurück. Die Aufmerksamkeit durch die Medien, die daraus resultierte, brachte ein Land beträchtlich in Verlegenheit, das normalerweise jedes andere wegen seiner Menschenrechtsverletzungen kritisiert.

Der strittige Punkt ›religiöse Benachteiligung am Arbeitsplatz‹ ist ein weiteres international beachtetes Thema, besonders in den USA, was dazu führte, daß die Regierung eine neue und weiterreichende Gesetzgebung zur Behandlung des Problems erließ. Es ist unwahrscheinlich, daß sich die britische Regierung ohne das Interesse und den Druck von außen eines dieser Probleme angenommen hätte.

Wir haben festgestellt, daß dieses Vorgehen auch bei vielen anderen Anlässen wirkungsvoll war. Das Vereinigte Königreich hat sich einer ganzen Reihe von international anerkannten Regeln in Sachen Menschenrechte angeschlossen. Es ist unsere Aufgabe, sicherzustellen, daß Wort gehalten wird und darauf hinzuweisen, falls dies nicht geschieht. Diese internationalen Regeln selbst sind sehr wichtig, weil sie einige Werte transparent machen, die auch außerhalb des Konfliktes gelten. Als solche haben sie ihre eigene Legitimität, und es ist oft leichter, über sie innerhalb der verschiedenen Konfliktparteien eine Übereinstimmung zu erreichen.

Das Einbeziehen internationaler Menschenrechtsgruppen

Ein weiterer sehr wesentlicher Bestandteil unserer Herangehensweise ist es, internationale Menschenrechtsgruppen zu ermutigen, die Menschenrechtssituation in Nordirland zu untersuchen und die Ergebnisse zu veröffentlichen. Als Folge davon haben Gruppen wie ›amnesty international‹, ›Human Rights Watch‹, ›International Commission for Jurists‹ und die ›International Federation for Human Rights‹ einige Bedenken zum Ausdruck gebracht. Ihre Stimmen gaben der Besorgnis, die von den Betroffenen vor Ort selbst geäußert wurde, zusätzliches Gewicht. Dies ist um so mehr der Fall, wenn Behörden der Vereinten Nationen oder des Europäischen Gerichtshofs kommentieren oder entscheiden. Die Tatsache, daß sie ähnliche Schlüsse ziehen wie wir selbst, ist ebenfalls eine Bestätigung für die Genauigkeit und Unabhängigkeit unserer eigenen Sicht und unserer Schlußfolgerungen. In einer Gesellschaft, in der diese Themen zwischen den Konfliktparteien so strittig sind und wo die jeweils andere Seite beschimpft und abgelehnt wird, ist das Interesse von außen von unermeßlichem Wert. Es bestärkt beachtlich die Bereitwilligkeit lokaler Gruppen, ihre Arbeit für eine Änderung der Situation fortzusetzen.

Auswärtige Beobachter

Das Engagement von Menschen außerhalb Nordirlands hilft außerdem dabei, mit jenen umzugehen, die die Glaubwürdigkeit unserer Arbeit zu untergraben versuchen. Im letzten Sommer haben wir in Nordirland z.B. eine große Anzahl von Freiwilligen angeworben, um die Vorgehensweise der Sicherheitskräfte anläßlich der umstrittenen Paraden und Gegendemonstrationen an verschiedenen Orten zu beobachten. Unser Wunsch, eine gemischte Gruppe von Mitarbeitern mit unterschiedlichem Lebens- und Erfahrungshintergrund zusammenzustellen, hatte großen Einfluß auf die Auswahl unseres Freiwilligen-Teams. Die Anwesenheit mehrerer Ausländerinnen und Ausländer in der Beobachtergruppe stärkte beachtlich die allgemeine Glaubwürdigkeit dieses Unternehmens und erhöhte das Vertrauen in die Objektivität der Gruppe und in das Ergebnis.

Es ist häufig Gebrauch gemacht worden von außenstehenden Beobachtern, um wichtige Gerichtsverhandlungen und Ermittlungen in Fällen eines Fehlurteils zu überwachen. Ihre Anwesenheit hat Gerichten und Behörden gezeigt, daß deren Aktionen und Verhalten international beobachtet werden. Sie waren außerdem eine Quelle der Ermutigung und Unterstützung für Angeklagte und deren Familien.

Einbeziehung anderer Regierungen

Unsere Arbeit beinhaltet außerdem, unsere Besorgnis bezüglich der Menschenrechtssituation bei der britischen, amerikanischen und irischen Regierung hervorzuheben. Wenn wir die Lage in Nordirland beeinflussen wollen, müssen wir uns an die wenden, die unmittelbar an der Gestaltung beteiligt sind. Einige der Hauptakteure in diesem Prozeß kommen von außerhalb Nordirlands. Wir sind z.b. darauf bedacht sicherzustellen, daß in Präsident Clintons Reden zu Nordirland auch die Themen Gerechtigkeit und Fairneß zur Sprache kommen. Wir sind ebenso darum bemüht, dazu beizutragen, daß die amerikanische und die irische Regierung die britische Regierung drängen, zum Thema der Menschenrechte aktiv zu werden.

Eine wesentliche Rolle beim Untergraben des Friedensprozesses spielt unserer festen Meinung nach, daß keine Abhilfe geschaffen wird bei auffallenden beunruhigenden Menschenrechtsangelegenheiten wie etwa der Situation von Gefangenen, der Aufhebung der Notstandsgesetze und der Änderung im Bereich der Sicherheitskräfte. Die britische Regierung sprach während des jüngsten Waffenstillstandes oft über die Notwendigkeit, den Frieden zu prüfen und zu sehen, ob er ernst gemeint sei. Stattdessen sollte sie darum bemüht sein, ihn aufzubauen und zu stärken. Internationale Vermittlung spielt eine Rolle dabei, sicherzustellen, daß dieser Fehler in Zukunft nicht wiederholt wird.

Wenn die Beteiligten an einem Konflikt zögern, Schritte zur Lösung zu unternehmen, brauchen sie oft Hilfe von außen. Diese Hilfe kann in einem unabhängigen Mediator bestehen oder auch darin, daß Druck auf die verschiedenen Parteien ausgeübt wird, zusammenzukommen und den Konflikt anzugehen. Die britische Regierung hat nach altem Brauch versucht, jedes Engagement von außen zu verhindern, und hat darauf bestanden, daß es eine ausschließlich interne Angelegenheit sei. Ihre Einstellung ist keine Ausnahme. Viele Länder mit internen Schwierigkeiten versuchen, die Einwirkung anderer auszuschließen. Die irische Regierung hingegen war relativ offen für Teilnahme von außen. Die Schlichtungsgespräche, bei denen der frühere US-Senator George Mitchel den Vorsitz hatte, waren ein unbefriedigender Kompromiß dieser unterschiedlichen Ansichten, und tatsächlich waren sein Engagement und seine Machtbefugnisse sehr umstritten.

Die traditionelle Rolle eines auswärtigen politischen Mediators im Falle einer Weigerung, sich von der Stelle zu bewegen, ist oft, Druck auszuüben und/oder beide Parteien zu einer Übereinkunft zu ermutigen. Konnte man dies in Bosnien oder im Mittleren Osten beobachten, so scheint diese Dimension bei den Nordirland-Verhandlungen zu fehlen. Es ist ersichtlich, daß die Lösung jedes langanhaltenden und tief verwurzelten Konflikts von einer Vielzahl sich ändernder Gegebenheiten abhängt, und eine davon ist der Druck von außen auf alle Parteien, sich aufeinander zuzubewegen und zu einer Schlichtung zu kommen. Wenn der Druck nur auf eine der Parteien – oder gar nicht – angewandt wird, ist ein Zusammenbruch des Prozesses eher wahrscheinlich. Natürlich ist es wichtig, sicherzugehen, daß dieser Druck nicht auf eine Vereinbarung hinausläuft, die keinen Bestand hat.

Politikertreffen außerhalb Nordirlands

Unsere Arbeit, die Menschenrechtssituation zu verbessern, enthält auch eine Anzahl von Initiativen mit Politikern der verschiedenen politischen Parteien. Diese konzentrieren sich zum großen Teil auf die Notwendigkeit festgeschriebener Grundrechte für Nordirland. Eine dieser Initiativen war, Vertreter der fünf wichtigsten politischen Parteien während eines Treffens in den USA zusammenzubringen, um den möglichen Inhalt dieses Grundrechtekatalogs mit einer kleinen Gruppe von Fachleuten zu diskutieren. Das war zweifellos ein fruchtbares Ereignis, weil es ins einzelne gehende Überlegungen zu diesem wesentlichen Thema in einer persönlichen und für die Politiker relativ sicheren Umgebung ermöglichte. Im Laufe der Jahre hat es eine Reihe solcher Veranstaltungen gegeben in der Absicht, Vertrauen zwischen den verschiedenen Teilnehmern aufzubauen und Möglichkeiten zum Kennenlernen und zum Dialog anzubieten – abseits von der Öffentlichkeit. In dieser Hinsicht ist die Rolle außenstehender unparteiischer Gastgeber unschätzbar. Teilnehmer an diesen Veranstaltungen haben die Chance, die Ansichten und Standpunkte ihrer Gegner außerhalb formaler Unterhandlungen zu erkunden. Es scheint, daß Fachleute auf diesem Gebiet die Wichtigkeit solcher Ereignisse betonen, weil sie die Grundlage für formale Verhandlungen von Angesicht zu Angesicht bilden.

Das Hauptproblem für diese Herangehensweise in Nordirland ist, daß es den Anschein hat, als habe es sehr wenige solcher Treffen gegeben, an denen alle Parteien beteiligt sind, besonders jene, die in Verbindung mit paramilitärischen Gruppen stehen, wie etwa ›Sinn Fein‹, die ›Unionist Party‹ und die ›Ulster Party‹. Für die zwei wichtigsten Unionistischen Parteien gehört es zum Beispiel zur offiziellen Politik, die gleichzeitige Teilnahme an Veranstaltungen mit ›Sinn Fein‹ zu verweigern.

Wege bereiten für Kommunikation und Mediation

Wo eine solche Abneigung herrscht, dem ›Feind‹ oder seinem Gegner ins Angesicht zu blicken, gibt es sogar ein noch größeres Bedürfnis für eine Vermittlung durch unbeteiligte Dritte. Unabhängige und gut ausgebildete
Schlichter von auswärts könnten dabei eine positive Rolle spielen. Dies ist seit
Jahren auf unauffällige Weise durch eine Anzahl von Einzelpersonen von innerhalb und außerhalb Nordirlands geschehen – und das muß fortgesetzt und
weiterentwickelt werden.

Wo aus politischen oder anderen Gründen ein direkter Kontakt für unmöglich erachtet wird, mögen die verschiedenen Konfliktparteien trotzdem
begierig darauf sein zu erfahren, was ihre Gegner denken. In Zeiten besonders großer Spannung kann es nötig sein, der anderen Seite eine Botschaft
zukommen zu lassen. Es mag auch sein, daß die Parteien bemüht sind, inoffiziell die Ansichten der anderen Seite über einen besonderen Vorschlag herauszufinden, mit dem sie sich anfreunden könnten. Unter diesen Umständen
kann ein solches Vorgehen unschätzbar sein. Verfahrensweisen wie diese sind
die Bausteine zukünftiger Verhandlungen.

Damit eine solche Arbeitsweise funktioniert, müssen die Mediatoren das Vertrauen der verschiedenen Parteien gewinnen. Sie müssen unbedingt unter strengster Einhaltung der Vertraulichkeit handeln. Es bringt nichts, wenn sie das Verdienst ihrer Aktivitäten hinterher für sich in Anspruch nehmen, denn dadurch
kann kaum das Vertrauen der Konfliktparteien aufrechterhalten bleiben.

Zusätzlich zur Arbeit auf dem Niveau der hohen Politik gibt es viel zu tun
auf örtlicher Ebene, wo Streitigkeiten zwischen den verschiedenen Gemeinschaften entstehen. Auch hier ist ein Wirkungsfeld für Unterstützung von
außen gegeben. Auswärtige und örtliche Mediatoren waren z.B. bei Versuchen dabei, die Streitigkeiten wegen der Paraden durch bestimmte Stadtviertel hindurch zu lösen. Auch bei anderen Problemen wurde diese Methode angewandt.

Aus anderen Konfliktsituationen lernen

Ein weiteres Arbeitsgebiet ist der Versuch, aus Erfahrungen mit anderen Konfliktsituationen zu lernen. In den letzten Jahren gab es eine Anzahl Veranstaltungen und Projekte dieser Art. So fand in Nordirland ein Treffen mit

Vertretern gegnerischer Konfliktparteien aus Südafrika und dem Mittleren Osten statt, um über die Vorbereitungen zu Verhandlungen und über die Verhandlungen selbst zu sprechen.

Bei anderen Gelegenheiten sind Politiker und Gemeindearbeiter aus Nordirland herumgereist, um sich aus erster Hand ein Bild von der Situation in anderen Ländern zu machen. Desgleichen sind Menschen aus anderen Ländern eifrig bemüht, aus den verschiedenen Anstrengungen, die in Nordirland zur Konfliktlösung unternommen werden, zu lernen.

Während wir selbst viel aus anderen Situationen lernen können, gibt es auch vieles, was wir lehren und weitergeben können. In diesem reichen Arbeitsfeld hat CAJ ein wesentliches Thema herausgegriffen und führt gegenwärtig eine vergleichende Untersuchung über das Verhalten der Sicherheitskräfte durch. Darin wird untersucht, wie Länder, die ebenfalls ernsthafte Probleme im Zusammenhang mit dem Einsatz von Sicherheitskräften hatten, mit diesen Schwierigkeiten umgegangen sind. Wir führen Forschungen über Südafrika, Spanien, Kanada, Palästina, El Salvador und Australien durch, um zu sehen, was wir daraus lernen und auf die schwerwiegenden Probleme mit den Sicherheitskräften in Nordirland anwenden können. Das bedeutet Besuche in diesen Ländern und Gespräche mit direkt an den Auseinandersetzungen Beteiligten. Wir hoffen, einen Bericht zu veröffentlichen und eine Debatte über dieses Thema herbeizuführen.

Eine ähnliche Untersuchung wurde vor einiger Zeit von einer anderen Gruppe in Nordirland über die Wiedereingliederung von Gefangenen in die Gesellschaft als Teil des Friedensprozesses durchgeführt.

Es gibt sicher vieles, was wir lernen können, indem wir Ideen und Methoden mit denen austauschen, die Erfahrungen mit anderen Konfliktherden haben.

Schlußfolgerungen

Interessierte von außerhalb, die bei der Lösung des Konfliktes in Nordirland behilflich sein wollen, können durchaus einen positiven Beitrag leisten. Wenn jemand Probleme hat, sind oft sogar Freunde und Nahestehende unfähig zu helfen.

Damit eine Schlichtung von außen erfolgreich verläuft, müssen die Vermittler zu allererst das Vertrauen der verschiedenen Konfliktparteien gewinnen. Außerdem müssen sie bereit sein, zuzuhören und die Gefühle und Interessen der Beteiligten zu verstehen. Die Fähigkeit, Erlerntes und Erfahrungen an die besonderen Umstände und die Tradition der jeweiligen Umgebung, in der der Konflikt schwelt, anzupassen, ist eine wesentliche Voraussetzung. Mir fällt eine Gruppe auswärtiger Mediatoren ein, die unbedingt am 11. und 12. Juli Nordirland besuchen wollte, um die verschiedenen Konfliktparteien zu treffen. Trotz des Hinweises auf die anstehenden Feiertage und auf den damit normalerweise zu erwartenden Höhepunkt der lokalen Spannungen, hielt sie daran fest. Es war die unpassendste Zeit, sich um eine so heikle Vermittlung zu bemühen.

Es ist besonders wichtig, daß Vermittlern von außen bewußt wird, daß sowohl innerhalb als auch außerhalb Nordirlands viel Arbeit geleistet wurde – und immer noch wird. Sie müssen eine gute Arbeitsbeziehung zu denen herstellen, die bereits ähnliche Anstrengungen unternehmen.

Dazu gehört auch, ob die Beteiligten immer wieder ins Land einfliegen, um ihre Rolle wahrzunehmen, oder ob sie in das Gebiet selbst ziehen und sich für eine längere Zeit dort niederlassen. Obwohl es zweifellos möglich ist, Fortschritte während eines kurzen Besuchs zu erzielen, ist es unwahrscheinlich, genau so ergiebig zu sein wie bei einer ununterbrochenen und kontinuierlichen Anwesenheit über einen längeren Zeitraum.

Erfolgreich wird eher die Arbeit in Nordirland sein, die auf die Bedürfnisse der Beteiligten am Konflikt eingeht, als der Versuch derer, die mit Ideen von außen kommen und ihr eigenes Programm und ihre eigene vorgefaßte Meinung mitbringen. Manchmal allerdings kann eine frische und unvoreingenommene Herangehensweise Einsichten hervorbringen, die es ermöglichen, vorwärtszukommen, z.B. wenn dadurch das Augenmerk eher auf die verschiedenen Bedürfnisse gerichtet wird als auf festgefahrene Positionen.

Vieles kann von Menschen erreicht werden, die von außen kommen – sofern sie kooperativ und respektvoll Seite an Seite mit den Nordiren zusammenarbeiten. Jeder neue Vorstoß verlangt allerdings sehr viel Zeit und eingehende Aufmerksamkeit, verbunden mit dem Wunsch, zuzuhören und zu lernen, bevor mit der eigentlichen Arbeit begonnen werden kann.

Anmerkung

*) Die Übersetzung stammt von Ingeborg Ott.

Tilman Metzger

Gemeinwesenorientierte Mediation als Form der Friedensarbeit

Am Beispiel der Mediationsstelle ›Brückenschlag‹

›Eirene‹ und die Arbeit für eine zivile Konfliktkultur – lokal und global

Als ich 1984 ›Eirene‹ kennenlernte, faszinierte mich der ganzheitliche Ansatz dieser Organisation: ›Eirene‹ war nicht irgendeine beliebige Entwicklungshilfe-Organisation, die ganz weit weg auf dem südlichen Globus an irgendwelchen unschönen Problemen herumdokterte, sie stellte vielmehr in Denken und Handeln das Elend der südlichen Hemisphäre in den Kontext der gesellschaftlichen und politischen Fehlentwicklungen in der nördlichen Hemisphäre. Der in die Jahre gekommene Slogan der alternativen Bewegung »global denken – lokal handeln« fand hier seine praktische Fortsetzung in erweiterter Form: Global denken und handeln, lokal (in Europa und den USA) denken und handeln. In ›Eirene‹-Sprache auf den Punkt gebracht: Das Süd- und Nordprogramm gehören zusammen.

Dieser ganzheitliche Blick entsprach und entspricht meinen Überzeugungen. Und ich möchte noch einen Schritt weitergehen: Nicht nur ›unsere‹ reichen Gesellschaften des Nordens beeinflussen intensiv das Weltgeschehen, sondern wir selbst als einzelne Mitglieder unserer Gesellschaft beeinflussen den Ton, der in dieser Gesellschaft angestimmt wird. Ich möchte damit WirtschaftslenkerInnen und PolitikerInnen nicht aus ihrer Verantwortung entlassen. Aber letztlich – so meine Überzeugung – fängt der gerechte Frieden zwischen den Staaten bei dem gerechten Frieden innerhalb der Staaten an und der gerechte Friede innerhalb der Staaten bei dem gerechten Frieden zwischen zwei NachbarInnen. Meine These: Erst wenn NachbarInnen erleben können, daß sie ihren Streit über die überhängenden Äste gemeinsam und einvernehmlich lösen können (und zwar sehr viel besser, als wenn sie den ›Rechtsweg beschreiten‹ würden, der in Wahrheit ein Kriegspfad ist, auf dem nicht würdevoll geschritten, sondern unwürdig und unfair gestritten wird), können

185

sie sich vorstellen, daß auch der Konflikt um die Hauptstadt Jerusalem friedlich und kooperativ durch Palästinenser und Israelis gelöst werden kann. Wer im alltäglichen Leben erfährt, daß das Recht des Stärkeren gilt (und vermeintlich funktioniert), wird für die ›Große Politik‹ nichts anderes erwarten können. Erst eine zivile Konfliktkultur in unserer eigenen Gesellschaft kann Mehrheiten für gewaltfreie internationale Beziehungen schaffen. Im Makrokonflikt kann nur funktionieren, was auch im Mikrokonflikt gelebt wird.

Wem der Zusammenhang zwischen dem Nachbarstreit um die Früchte des Grenzapfelbaumes einerseits und dem existentiellen Konflikt um die Nutzung des Euphratwassers zwischen Syrien und der Türkei andererseits zu weit hergeholt erscheint, der sollte sich einmal ein paar Geschichten von RechtsanwältInnen erzählen lassen. Ein Münchener Rechtsanwalt sagte einmal: »Nachbarschaftsstreitigkeiten sind Schulbeispiele dafür, wie Kriege entstehen.«

Mediation

Mediation, das ›naturheilkundliche‹ Konfliktbearbeitungsverfahren

Der Begriff Mediation ist dem englischen ›mediation‹ entlehnt und bedeutet, kurz gefaßt, Vermittlung in Konflikten durch einen neutralen und allparteilichen Dritten.[1] Nicht nur in Deutschland wird der Begriff ›Mediation‹ noch häufig mit der ›Meditation‹ verwechselt. In England war es jahrelang noch dramatischer. Dort wurden ›mediation‹ mit ›meditation‹ und ›medication‹ durcheinandergebracht, wie Marian Liebmann vom britischen Berufsverband ›Mediation UK‹ kürzlich berichtete. Doch das ist kein Zufall. Mediation, Meditation und Medizin gehen auf eine gemeinsame lateinische Wurzel zurück: mederi, heilen.

So wie Medizin auf der körperlichen Ebene heilt und Meditation auf der geistig-seelischen Ebene, so heilt Mediation auf der Beziehungsebene – sei es zwischen NachbarInnen, sei es zwischen Staatschefs.[2] Mediation ist dabei kein ›Antibiotikum‹, das den Konfliktkeim mit Mitteln ausmerzte, die dem gestörten Beziehungsorganismus fremd wären. Denn ein Antibiotikum läßt den Organismus bestenfalls zwar keimfrei zurück, entfaltet aber zugleich eine zerstörerische, körperfremde Kraft, die auch den zu heilenden Organismus schwächt und anfällig für neue Störungen macht. Um die Analogie am Beispiel zu verdeutlichen: Ein medizinisches Antibiotikum stört z. B. die Darmflora und macht den Organismus anfällig für Durchfallerkrankungen. Auf der Ebene der

186

Konfliktlösungsverfahren entspricht das einem Gerichtsurteil: Ein vollstreck-
bares Gerichtsurteil schafft einen Konflikt zumeist effektiv von der juristischen
Bühne. So wissen z. B. die zerstrittenen NachbarInnen Herr Ratzekahl und
Frau Sprießdrauflos aufgrund des Gerichturteils, daß ihre Grenzhecke höch-
stens bis zu 1,20 m hoch sein darf. An das Gerichtsurteil würde sich Frau
Sprießdrauflos dann wohl auch halten – zähneknirschend. Aber die konfron-
tative Art und Weise, in der juristische Verfahren üblicherweise betrieben werden, bewirkt, daß die soziale Beziehung zwischen Herrn Ratzekahl und Frau
Sprießdrauflos durch die ›Lösung‹ nicht aufgebaut, sondern nur noch mehr
gestört wird. Auf diese Weise entstehen zahlreiche neue ›Nickligkeiten‹: Streit
über Lärm, Autostellplätze, den Geruch von Komposthaufen.

Mediation ist demgegenüber kein ›Antibiotikum‹, sondern vergleichbar mit
der naturheilkundlichen Medizin: Mediation stärkt die Selbstheilungskräfte
im Konflikt. Mediation geht von der Erfahrung aus, daß in aller Regel die Konfliktbeteiligten eine faire Beilegung ihrer Streitigkeiten wollen und diese auch
herbeiführen können. Das ist das tägliche Brot einer jeden menschlichen Beziehung: Wir haben eine Meinungsverschiedenheit und unterschiedliche
Interessen und suchen eine Lösung dafür. Manchmal sind diese täglichen
Selbstheilungsprozesse des sozialen Organismus aber blockiert. Die Menschen
werden sprachlos vor Mißtrauen, Trauer und Angst oder explodieren vor Frust
und Wut. Die konstruktive Kommunikation bricht zusammen. Das ist die Situation, die landläufig erst als ›Konflikt‹ wahrgenommen wird. Genau in dieser Situation ist Mediation als Heilmittel indiziert: Die MediatorInnen unterstützen die Konfliktbeteiligten dabei, ihre emotionalen Blockaden abzubauen,
ihre Beziehung zur stärken, ihre Sprache wiederzufinden und ihre Gaben in
der richtigen Balance zur Konfliktbearbeitung zu nutzen: Gesunden Men-
schenverstand, gegenseitiges Einfühlungsvermögen, Selbstbehauptungskräfte.
Zusammengefaßt: Das Ziel der Mediation ist es, daß die Konfliktbeteiligten
selbständig eine einvernehmliche, effektive und bedürfnisorientierte Regelung
des Konfliktes zu beiderseitigem Vorteil finden.

Grundsätze, Menschenbild, Ethik

Zwei Aspekte der eben angeführten Zielbeschreibung möchte ich heraushe-
ben, den der Konfliktregelung und den der Selbständigkeit. Ja, der Konflikt
wird ›geregelt‹, nicht gelöst. Die meisten Konflikte (Interessengegensätze) lassen sich nicht wirklich ›lösen‹ – es sei denn, die Beteiligten wollten dafür ihre
Beziehung restlos auflösen. Es wäre geradezu erschreckend, wenn wir als in-

dividuelle Menschen und wenn die unterschiedlichen Völker nicht divergie-
rende Bedürfnisse, Interessen, Ansichten, Gewohnheiten und Bräuche hätten. Wünschenswert im Sinne der Mediaton ist nicht, daß wir unsere Interessen im Dienste eines faulen Kompromisses nivellieren, sondern daß wir den
Konflikt transformieren, so daß wir trotz (und wegen!) unserer Unterschiedlichkeit eine gesunde, vielfältige Beziehung leben können. Es war z. B. nicht
nötig, daß Frau Sprießdrauflos sich zähneknirschend mit einer Heckenhöhe
von 1,20 m zufrieden gab. Es stellte sich in der Mediation zwischen Herrn
Ratzekahl und Frau Sprießdrauflos heraus, daß Herr Ratzekahl Gartenarbeit
haßt und rheumatische Beschwerden hat – er möchte einfach den Aufwand
im Garten möglichst gering und die Hecke daher möglichst kurz halten. Es
war für ihn daher bequem, sich auf die restriktive örtliche Verordnung zu
berufen. Frau Sprießdrauflos liebt dagegen hohe Hecken und tobt sich als
Ausgleich zu ihrem Bürojob mit Lust bei der Gartenarbeit aus. Ein unüber-
brückbarer Interessengegensatz? Die in der Mediation gefundene Vereinbarung, die beide Seiten zu mehr als 100% befriedigte: Die Hecke wächst bis
1,80 m und Frau Sprießdrauflos schneidet sie – auch auf der Seite von Herrn
Ratzekahl. Damit ist das weite Feld der potentiellen Interessengegensätze zwischen Hasser und Liebhaberin der Gartenarbeit bei weitem nicht in Luft auf-
gelöst. Aber Herr Ratzekahl und Frau Sprießdrauflos haben erfahren, daß sie
den Konflikt transformieren können, daß sie die Interessengegensätze durch
Kooperation zu ihrem Vorteil wenden können. Daß im örtlichen Nachbar-
schaftsrecht 1,20 m Heckenhöhe vorgesehen war, war völlig unerheblich. Das
Recht kann immer nur unterste allgemeine Mindeststandards des Interessen-
ausgleichs aufstellen. Wenn die Streitbeteiligten eine für alle Seiten befriedi-
gendere Regelung finden: um so besser!

Die MediatorInnen sind beim Vermittlungsgespräch nur auf der Pro-
zeßebene aktiv. Sie stärken und regeln die Kommunikation zwischen den Beteiligten. Sie greifen aber inhaltlich nicht ein. Sie machen keine Lösungsvor-
schläge und haben keine inhaltliche Entscheidungsgewalt.

Berufliche und gemeinswesenorientierte Mediation
Mediation kann in ganz unterschiedlichen Rahmen praktiziert werden. Zwei
Möglichkeiten möchte ich hier gegenüberstellen: Berufliche und gemeinwe-
senorientierte Mediation.

Verschiedene Berufsgruppen, die ohnehin schon mit Konflikten zu tun
haben, interessieren sich für die Methode der Mediation, um ihre berufliche

Kompetenz zu erweitern und neue Ertragsfelder zu erschließen. Dazu gehören insbesondere JuristInnen, PsychologInnen und SozialpädagogInnen. Demgegenüber gibt es in den Ursprungsländern der Mediation, USA und England, eine starke Mediationsbewegung, die in großen Teilen auf das Engagement von ehrenamtlichen MitarbeiterInnen aus den unterschiedlichsten Berufs- und Bevölkerungsgruppen baut. Hunderte von sogenannten ›community mediation centers‹[4] bilden diese ehrenamtlichen MediatorInnen aus und koordinieren deren Arbeit.

Vermittelt wird in sehr unterschiedlichen Konflikten: Streit zwischen Nachbarn, Arbeitskollegen, Familien, Scheidungspaaren, Händlern und Verbrauchern etc. Der Vorteil der beruflichen Mediation ist, daß die Klienten von der erweiterten Kompetenz der beruflichen KonfliktbearbeiterInnen profitieren. Der Nachteil: Ein wesentliches Element der Mediation, das der selbständigen Konfliktregelung, wird dadurch geschwächt. Wird Mediation allein beruflichen Anbietern überlassen, so lautet die implizite Botschaft: Die Vermittlung in Konflikten ist so kompliziert, das kann nur berufsmäßig durchgeführt werden. Tatsächlich ist Mediation jedoch eine Methode, die von jedem erlernt und angewendet werden kann, der bestimmte soziale und intellektuelle Komptenzen mitbringt: Einfühlungsvermögen, Konflikt- und Analysefähigkeit. So die Erfahrungen aus 20 Jahren Mediationsarbeit in US-amerikanischen ›community mediation centers‹. Wer effektiv die konstruktive Konfliktkultur stärken will, dem muß daran gelegen sein, dieses Potential zu nutzen und möglichst vielen Menschen Mediationskompetenz zu vermitteln. Die Arbeit mit ehrenamtlichen MediatorInnen läßt mediative Fähigkeiten unmittelbar in die Bevölkerung hineinwachsen.

Aus der Praxis: Mediationsstelle ›Brückenschlag e.V.‹ in Lüneburg

Im Rahmen meines Freiwilligendienstes mit ›Eirene‹ in Belfast, Nordirland, habe ich 1985/86 miterleben können, wie US-amerikanische Mediatoren ihre ersten Trainings in Nordirland gaben. Mediation hat mich sofort als Friedensarbeit im Alltag fasziniert. Ich konnte die Zeit in Belfast nutzen, um zusammen mit anderen die erste Mediationsinitiative in Irland aufzubauen. Als ich zurück nach Deutschland kam, war es mein Traum, einmal an der Einrichtung eines ›community mediation center‹ in Deutschland mitzuwirken.

189

Aufbau der Mediationsstelle

Seit 1989 bin ich in der Mediationsarbeit in Deutschland aktiv und Anfang 1995 begann ich in Lüneburg, meinem jetzigen Wohnort, für die Einrichtung einer gemeinwesenorientierten Mediationsstelle zu werben. Dazu sprach ich zunächst einmal wichtige MultiplikatorInnen aus dem Gemeinwesen an: Top-Leute der Gewerkschaften, Wohlfahrtsverbände, Verwaltung, Politik, Kirche, Polizei, Hochschule etc. Aus dieser Gruppe entstand ein Gründungskomitee, das anderthalb Jahre lang die Entwicklung der Mediationsstelle vorantrieb. Im Januar 1997 war die 80stündige Mediationsschulung von 22 ehrenamtlichten MitarbeiterInnen aus dem Gemeinwesen abgeschlossen. Die Ehrenamtlichen kommen aus verschiedenen Bevölkerungs- und Berufsgruppen, auch Hausfrauen und ein Hausmann sind dabei. Mittlerweile ist die Vereinsarbeit von dem Gründungskomitee auf diese Ehrenamtlichen übergegangen. Der ›Brückenschlag‹ ist ein gemeinnütziger, eingetragener Verein und arbeitet zur Zeit in den Feldern Nachbarschaft, Miete, Schule und Arbeitsteams. In Zusammenarbeit mit Universität, VHS und einem Sponsor wird Bildungsarbeit auf dem Gebiet der Mediation und Konfliktlösung betrieben. Von Januar bis März 1997 kamen neun Anfragen, die für Mediation ernstlich in Frage kamen. Zwei Fälle wurden erfolgreich mediiert, einer regelte sich von alleine, vier sind aus unterschiedlichen Gründen nicht zur Mediation gekommen, zwei sind noch in der Fallentwicklung. Dringend benötigt wird jetzt ein Hauptamtlicher, um die viele Arbeit zu koordinieren. Ob die Finanzierung eines hauptamtlichen Geschäftsführers gelingt, daran hängt zur Zeit die Zukunft des Projekts. Nach zwei Jahren intensiver Vorbereitungsphase ist jedenfalls deutlich geworden, daß ein großer Bedarf für eine Einrichtung besteht, die für die unterschiedlichsten Konfliktfelder im Gemeinwesen Konfliktlösungskompetenz bündelt und diese über Öffentlichkeits-, Bildungs- und konkrete Konfliktlösungsarbeit in das Gemeinwesen streut.

Fallbeispiel: Die bolivianische Familie

Abschließend der kurze Abriß eines typischen Falls aus der Nachbarschafts- bzw. Mietmediation, der kürzlich von einem Ehrenamtlichen des ›Brückenschlags‹ bearbeitet wurde. Der Fall wurde zwecks Anonymisierung leicht abgewandelt. Konfliktbeteiligte: Eine alleinerziehende Bolivianerin mit drei Kindern und ein Hausmeister. Der Konflikt, wie er sich darstellte, als er durch die Bolivianerin an den Mediator herangetragen wurde: Die Bolivianerin wohnt mit ihren Kindern in einem Mehrparteien-Mietshaus, in dem auch der Hausmeister wohnt. Der Hausmeister terrorisiere sie und wolle sie aus der Mietwohnung »herausschmeißen«. Die Bolivianerin war völlig verängstigt und zermürbt. Der Hausmeister hatte um Ecken von dem ›Terror‹-Vorwurf gehört und drohte mit einer Verleumdungsklage. Der ursprüngliche Stein des Anstoßes war für ihn aber, daß die Kinder wiederholt Fahrräder im Hausflur stehen gelassen und spät nachts laut Musik gehört hatten. Als der Hausmeister deswegen eines Nachts die Mieterin zur Rede stellen wollte, hatte sie die Tür zugeworfen. Der Hausmeister hatte daraufhin die Polizei gerufen.

Bei der Mediation in Anwesenheit eines Dolmetschers konnte der Hausmeister überrascht wahrnehmen, wie stark verängstigt die Bolivianerin war und daß sie kaum Deutsch verstand. Auch wunderte er sich über die Angst der Bolivianerin, er könne sie ohne weiteres aus dem Mietshaus werfen. Es stellte sich heraus, daß die Bolivianerin sich in diese Angst hineingesteigert hatte, nachdem ein Landsmann ihr erzählt hatte, daß sie mit einem Rauswurf durch den Hausmeister rechnen mußte. In Bolivien hätten angeblich Hausmeister diese Macht. Daß dies hier nicht möglich war, beruhigte die Bolivianerin sehr. Es war in der Mediation bemerkbar, daß der Hausmeister sehr laut sprach. Wenn er im Treppenhaus mit Mietern sprach, hallte das durch das ganze Haus. Das hatte die Bolivianerin, die die Gespräche nicht verstand, als Schimpfen gegen sie, als ›Terror‹ interpretiert. Der Hausmeister meinte aber, das habe nichts zu bedeuten, er falle nun einmal leicht in einen lauten Ton. Er wolle die Familie gar nicht herausekeln. Er war aber schon verärgert, weil er den Eindruck hatte, die bolivianische Familie würde die Hausordnung ignorieren und ihm damit das Leben unnötig schwer machen.

Die Mediation hatte zum Ergebnis, daß die Hausordnung ins Spanische übersetzt und der Familie ausgehändigt werden sollte. Die Mieterin versprach, sich mit ihren Kindern daran zu halten, insbesondere an die Ruhezeiten und an die Stellplätze für Fahrräder. Der Hausmeister anerkannte die Sprachschwierigkeiten, die zu diesen Mißverständnissen führen konnten. Die Verleumdungsklage sei kein Thema mehr. Er versprach, sich besonders um die Familie zu kümmern, falls es im Mietshaus einmal Probleme geben sollte.

Beide Seiten hatten ein paar Wochen später noch einmal Kontakt mit dem Mediator. Die Einigung war umgesetzt worden und beide Seiten waren zufrieden.

Im Konflikt zwischen der bolivianischen Familie und dem Hausmeister war für mich beispielhaft erkennbar, wie wenig es braucht, um aus Nachbarschaft Feindschaft werden zu lassen und wie überraschend klein auch wiederum der Schritt von Feindschaft zu gegenseitigem Verständnis sein kann. Das im Alltag erleben zu können, ist für mich ein Zeichen der Hoffnung. Hoffnung, daß wir Menschen es doch noch schaffen können, friedlich miteinander auf dieser Erde zu (über-)leben, so unterschiedlich wie wir sind.

Anmerkungen

1) Vgl. die ausführliche Entfaltung der Definition in: Tilman Metzger, Mediation: Definitionselemente und Definitionsvorschläge, in: Heinrich-Böll-Stiftung (Hg.), ExpertInnengespräch Mediation, Dokumentation einer Tagung vom 5. September 1996 in Bonn, Köln 1996, S. 47ff.

2) Zu den Methoden der Mediation siehe Christoph Besemer, Mediation, 3. Aufl. Königsfeld/Freiburg 1995.

3) Vgl. Beschluß des Bundesverfassungsgerichts vom 7.2.1990: »Auf der Grundlage der Privatautonomie, welche Strukturelement einer freiheitlichen Gesellschaftsordnung ist, gestalten die Vertragspartner Rechtsbeziehungen eigenverantwortlich. Sie bestimmen selbst, wie ihre gegenläufigen Interessen angemessen auszugleichen sind und verfügen damit zugleich über ihre grundrechtlich geschützten Positionen ohne staatlichen Zwang.« Zitiert nach von Duss, von Werdt, S.2.

4) Vgl. z. B.: Mediation UK (Hg.), Directory of Mediation & Conflict Resolution Services, Bristol 1994. Und: American Bar Association (Hg.), Dispute Resolution Program Directory, Washington D.C. 1993.

192

Anhang

Zu den Autorinnen und Autoren

Angela Bähr,
Jg. 1964, Diplomsozialpädagogin der Ev. Fachhochschule des ›Rauhen Hauses‹, Hamburg, seit 1991 als Entwicklungshelferin im ›Nicaraguanischen Zentrum für Menschenrechte‹ (CENIDH) tätig, zuerst mit Eirene und z. Zt. mit dem DED, Veröffentlichung von zwei Untersuchungen zur Situation der Frauenmenschenrechte in Nicaragua.

Hagen Berndt,
Jg. 1959, Muslim, verh., 3 Kinder, Studium der Indologie, Islamwissenschaft und Kommunikationsforschung in Bonn und Peradeniya (Sri Lanka), fünf Jahre gewaltfreie Trainingsarbeit in Sri Lanka und Indien, seit 1992 päd. Mitarbeiter der Bildungs- und Begegnungsstätte für gewaltfreie Aktion ›Kurve Wustrow‹ im Wendland.

Jürgen Deile,
Studium der Agrarentwicklung und Politik, Freiwilliger der ›Aktion Sühnezeichen/Friedensdienste‹ in Norwegen, Engagement in Gruppen zum Konziliaren Prozeß, seit 1986 Mitarbeiter von ›Dienste in Übersee‹, derzeit für den Friedensfachdienst zuständiger Personalreferent.

Tilman Evers, Dr.,
Jg. 1942, verh., Privatdozent für politische Wissenschaft. Nach mehrjähriger Tätigkeit in der Lateinamerika-Forschung u.a. am Lateinamerika-Institut der FU Berlin arbeitet er heute als Referent für politische Bildung bei der Deutschen Ev. Arbeitsgemeinschaft für Erwachsenenbildung; Mitglied im SprecherInnenrat des ›Forum Ziviler Friedensdienst e.V.‹.

Josef Freise, Prof. Dr. päd.,
Jg.1951, verheiratet, zwei Kinder, studierte kath. Theologie und Pädagogik. Berufliche Tätigkeiten als Pastoralassistent, Jugendbildungsreferent; seit 1986 bis Febr. 1997 bei Eirene in verschiedenen Funktionen, davon sieben Jahre als Geschäftsführer; seit März 1997 Professor an der Kath. Fachhochschule in Köln, Fachbereich Sozialwesen.

Eckehard Fricke,
Jg. 1948, verheiratet, zwei Kinder, studierte ev. Theologie und Erziehungswissenschaften. Er war als Entwicklungshelfer in der Elfenbeinküste und in Mosambik sowie in Deutschland in der entwicklungspolitischen Bildung tätig. Seit 1995 leitet er die Geschäftsstelle von ›Eirene International‹.

Hildegard Goss-Mayr, Dr. phil.,
Jg. 1930, zwei Kinder und acht Enkelkinder, seit 40 Jahren mit Jean Goss (gestorben 1991) im Namen des ›Internationalen Versöhnungsbundes‹ weltweit im Einsatz für gewaltfreie Veränderungen tätig, Trägerin mehrerer Friedenspreise, zahlreiche Publikationen, zuletzt die Autobiographie »Wie Feinde Freunde werden«, Freiburg 1996.

Abel Hertzberger,
Jg. 1950, Studium der tropischen Landwirtschaft (Viehzucht), 2 Jahre Entwicklungsarbeit in Kenia und Tansania, danach ab 1979 entwicklungs- und friedenspolitische Bildungsarbeit in den Niederlanden, heute vom Zentrum für gewaltfreie Veränderung ›De Expeditie‹ (Amersfoort) aus zu ethnischen Konflikten und Fragen des Rassismus international tätig.

Jochen Hippler, Dr. rer. pol.,
Jg. 1955, Studium der Sozial- und Politikwissenschaften, Mitarbeiter der Fraktion der Grünen im Bundestag 1985-90, Fellow des ›Transnational Institute‹ (TNI) in Amsterdam und dessen Direktor (1993-95), Contributing Editor des ›Middle East Report‹ Washington/New York, freiberuflicher Journalist, zahlreiche Veröffentlichungen.

Wolfgang Huber, Prof. Dr. theol.,
Jg. 1942, verh., 3 Kinder, zuerst Vikar, Pfarrer und Mitarbeiter bei der Forschungsstätte der Ev. Studiengemeinschaft in Heidelberg, 1980 – 1994 Professor in Marburg, Heidelberg, Emory University/Atlanta, seit 1994 Bischof der Evangelischen Kirche in Berlin-Brandenburg, zahlreiche Publikationen.

John Paul Lederach, Dr. phil.,
Jg. 1952, verh., zwei Kinder, Studium der Geschichte, Soziologie und Friedensforschung mit dem Schwerpunkt ›Soziale Konflikte‹ an der University of Colorado; Forschung und zahlreiche Veröffentlichungen zu Gewaltfreiheit, Me-

diation und Konfliktregelung in Mittelamerika und Europa, work-shops und Trainings in mehr als 25 Ländern, gegenwärtig Direktor des ›Conflicts Transformation Program‹ an der Eastern Mennonite University in Harrisonburg.

Priscille Ndjérareou Mékouinodji,
Jg. 1952, verh., 5 Kinder, Literatur- und Linguistikstudium an der Université du Tchad und der University of Texas in Arlington, unterrichtete afrikanische Literatur, Englisch und Französisch am Collège Evangélique in N'Djaména, Gründungsmitglied einer Grundschule und eines Vereins für mittellose Waisen, Mitglied der ›Union Christlicher Frauen‹ und des ›Kreises christlicher Schriftsteller und Künstler‹, seit 1991 Mitarbeiterin bei ›Eirene-Tschad‹ in N'Djaména.

Tilman Metzger,
Jg.1964, Jurist, 1985/86 Freiwilligendienst mit Eirene beim Versöhnungsbund in Belfast: Aufbau der ›Mediation Initiative for Northern Ireland‹. Seitdem Mediationsarbeit in Deutschland, Vorsitzender des bundesdeutschen ›Mediation e.V.‹, Initiator und Geschäftsführer der Mediationsstelle ›Brückenschlag‹, Lüneburg, Dozent für Kommunikation und Mediation in der freien Erwachsenenbildung und an der Universität Lüneburg.

Martin O'Brien,
Jg. 1964, Studium der Soziologie und ›Social Administration‹ an der Queen's University in Belfast mit dem Schwerpunkt ›Menschenrechte‹, Engagement in der nordirischen Friedensbewegung, seit 10 Jahren Mitarbeiter im ›Committee on the Administration of Justice‹ (CAJ), als Menschenrechtsbeobachter ausgezeichnet durch ›Human Rights Watch‹ und mit dem ›Reebok Human Rights Award‹.

Geneviève Spaak,
Jg. 1943, verh., drei Kinder, Lehrerin, lebt seit 1966 in Afrika (Marokko, Algerien und Niger), seit 1986 als Eirene-Mitarbeiterin in Niamey (Niger) in verschiedenen Bereichen tätig, u.a. in der Ausbildung für gewaltfreie Konfliktregelung.

Hermann-Josef Spital, Dr. theol.,
Jg. 1925, 1952 Priesterweihe, anschließend Pfarrseelsorge in verschiedenen Pfarreien, 1969 Leiter der Hauptabteilung Seelsorge im Generalvikariat

Münster, 1973 Generalvikar von Münster, 1980 Weihbischof von Münster, 1981 Bischof von Trier, Vorsitzender der Publizistischen Kommission der Deutschen Bischofskonferenz und der Deutschen Sektion der Friedensbewegung ›Pax Christi‹.

Jill Sternberg,
Jg. 1963, M.A., Studium der Friedensforschung (›peace studies‹) in Wisconsin und Indiana, 1992-95 hauptamtliche Koordinatorin des Projektes für Ausbildung und Training in Gewaltfreiheit beim ›Internationalen Versöhnungsbund‹, heute tätig beim National Council des Versöhnungsbundes der USA und als selbständige Beraterin und Trainerin im kreativen Umgang mit Konflikten.

Uwe Trittmann,
Jg. 1960, verh., 1 Kind, Lehrer, 1988-91 als Gemeindepädagoge tätig, seit 1992 Referent der Ev. Kirche von Westfalen für Kriegsdienstverweigerer, Zivildienstleistende und Friedensarbeit, Vorstandsarbeit im ›Bund für Soziale Verteidigung‹ und im ›Forum Ziviler Friedensdienst‹.

Wilfried Warneck,
Jg. 1929, ev. Theologe, verh., Gründungsmitglied des Laurentiuskonvents, seit 1962 tätig in Friedensdiensten, so 1966-71 Geschäftsführer von ›Eirene‹. 1975-94 in der Leitung von ›Church and Peace‹, seit 1992 Vorsitzender des ›Ökumenischen Dienstes im Konziliaren Prozeß‹ (Schalom-Diakonat).

Zeitschriftenschau

Mit dieser Zeitschriftenschau wollen wir Sie regelmäßig mit den aktuellen Ausgaben von einigen Zeitschriften aus dem Spektrum der Friedens- und Dritte-Welt-Arbeit bekanntmachen. Vielleicht entdecken Sie in den gekürzt aufgeführten Inhaltsverzeichnissen ja Themen, die interessant für Sie sind.

4/3 – Fachzeitschrift für Kriegsdienstverweigerung und Zivildienst

Heft Nr. 1/97, März 1997, 44 Seiten, A4
40 Jahre Zentralstelle KDV • KDV in der Türkei • KDV-Bericht 1996 • Zivildienst-Statistik • Nimmt Europa Abschied von der Wehrpflichtarmee
erscheint vierteljährlich, Jahresabo 38 DM
Bezug: DFG-VK, Schwanenstraße 16, 42551 Velbert

antimilitarismus information (ami)

Heft Nr. 4/97 April 1997, 44 Seiten, A5
• KDV in der Türkei • Albanien: Bundestag stimmt Verfassungsbruch zu • Rußland: Gefährlicher Zerfall einer Supermacht • Birma: Kampf um Demokratie • Rechtsextremismus in der Bundeswehr • Zaire: Bürgerkrieg und Flächenbrand
erscheint monatlich, Einzelpreis 3,50 DM, Jahresabo 44 DM
Bezug: ami-Verlag, Elßholzstraße 11, 10781 Berlin

blätter des iz3w (informationszentrum dritte welt)

Heft Nr. 220, März 1997, 52 Seiten, A4
• Themenschwerpunkt: Folter – Die organisierte Barbarei • Globalisierung – Blühende Dreiecke • Iran – Intellektuelle in der Opposition • Gerwerkschaften – Perspektiven in der internationalen Zusammenarbeit
erscheint achtmal jährlich, Einzelpreis 7,50 DM, Jahresabo 54 DM
Bezug: informationszentrum dritte welt, Kronenstraße 16, 79100 Freiburg

Christ in der Gegenwart

Heft Nr. 17/97, 27. April 1997, 8 Seiten, A4
• Erträge der Qumran-Forschung • Über Macht und Ohnmacht der internationalen Diplomatie • Ausstellung über die frühen Jahre in der DDR

erscheint wöchentlich (mit Monatsbeilage), Einzelpreis 2,00 DM, Halbjahresabo 50,70 DM
Bezug: Verlag Herder, Zeitschriften, 79080 Freiburg

Friedensforum (Rundbrief der Friedensbewegung)
Heft Nr. 2/97, März/April 1997, 44 Seiten, A4
• Themenschwerpunkt: Friedensforschung • Sonderteil: Startphase Ziviler Friedensdienst • Der Dritte Castor-Transport • Skandalöse Abschiebepolitik gegen bosnische Flüchtlinge • Aufarbeitung der deutschen Jugoslawienpolitik • Bundeswehr Einsatz in Tirana • Plädoyer für eine globale Abrüstungspolitik
erscheint alle zwei Monate, Einzelpreis 4 DM, Jahresabo 25 DM
Bezug: Netzwerk Friedenskooperative, Römerstraße 88, 53111 Bonn

friedenszeitung
Heft Nr. 186, April 1997, 24 Seiten, A3
• Themenschwerpunkt: Kampagne für ein Verbot der Kriegswaffenausfuhr
• Umweltzerstörung als Kriegsgrund • 20 Monate nach der Weltfrauenkonferenz
erscheint zehnmal jährlich, Einzelpreis 6 SFr, Jahresabo 60 SFr (außerhalb der Schweiz 70 SFr)
Bezug: friedenszeitung, Postfach 63 86, CH-8023 Zürich

Gewerkschaftliche Monatshefte
Heft Nr. 4/97, April 1997, 64 Seiten, A5
• Trendwende auf dem Arbeitsmarkt: überfällig und machbar • Geht das ›Modell Deutschland‹ an seinem Erfolg zugrunde? • Globalisierungslehre ist Mythenbildung
erscheint monatlich, Einzelpreis 11 DM, Jahresabo 132 DM
Bezug: Bund-Verlag, Postfach 90 08 40, 51118 Köln

graswurzel revolution
Heft Nr. 218, April 1997, 20 seiten, A3
Themenschwerpunkte: Dritter Castor-Transport, Gentechnologie • Neonazis im Internet • Abwiegelung der Kohlekumpel • Soldaten sind Mörder: Tucholski-Stiftung gegen DFG-VK
erscheint zehnmal jährlich, Einzelpreis 3,50 , Jahresabo 35 DM
Bezug: Vertrieb Graswurzelrevolution, Kirchstraße 14, 29462 Wustrow

Ökumenischer Informationsdienst

Heft Nr. 47, März 1997, 32 Seiten, A4

• Die Suche nach Versöhnung • Was kommt nach dem Kapitalismus • Weltmission: Spagat zwischen den Kulturen • Reform des Ökumenischen Rates

erscheint vierteljährlich, Einzelpreis 3 DM, Jahresabo 15 DM (incl. Versandkosten)

Bezug: Ökumenisches Büro, Mittelstraße 4, 34474 Wethen

Die Orientierung

Heft Nr. 7/97, 15. April 1997, 12 Seiten, A4

• Zweites Vatikanisches Konzil und die Anerkennung nichtkatholischer Kirchen
• Dreißig Jahre Enzyklika Populorum progressio • Die Dritte Welt hat nicht nur Probleme • Wachsende Effizienz der Tötungspraxis

erscheint zweiwöchentlich, Jahresabo 58 DM

Bezug: Orientierung, Scheddeggstraße 45, CH-8059 Zürich

Tauwetter (Franziskanische Zeitschrift)

Heft Nr. 1/97 März 1997, 32 Seiten, A5

• Themenheft: Kleine franziskanische Gemeinschaften

erscheint vierteljährlich, kostenlos (Spende)

Bezug: Tauwetter, Franziskanerkloster, Postfach 20 09 53, 53139 Bonn

tilt – Wehrpflicht, Zwangsdienste, Militär

Heft Nr. 1/97, März 1997 44 Seiten, A4

• Themenschwerpunkt: Abzug der russischen Armee • Den Boden bereiten für weltweite Kriegsführung • Militär und Emanzipation • Burma: 7jährige zum Killen dressiert • Ungerecht: Wehrdienstausnahmen • Weniger Bundwehr oder mehr Europaheer: Quo vadis starke Truppe?

erscheint vierteljährlich, Einzelpreis 4 DM plus Spende, Jahresabo 20 DM

Bezug: DFG-VK, Schwanenstraße 16, 42551 Velbert

zivil

Heft Nr. 1/97, März 1997, 32 Seiten, A4

• Themenschwerpunkt: Problem Computer • Rückblick auf 900 Jahre Kreuzzüge
• Kindersoldaten

erscheint vierteljährlich, Einzelpreis 3 DM, Jahresabo 12 DM

Bezug: Pfarrer Schlüter, Postfach 26 02 30, 50515 Köln

EIRENE stellt sich vor

Eirene (eirene: griechisches Wort für Frieden), Internationaler Christlicher Friedensdienst e.V., ist einer der sechs staatlich anerkannten Entwicklungsdienste in der BRD sowie anerkannter Täger des anderen Dienstes im Ausland nach Paragraph 14b Zivildienstgesetz.

Unsere Dienste finden im Süden UND im Norden unserer Erdkugel statt. In fast 40 Jahren waren es mehr als 800 Freiwillige (so nennen wir diejenigen, die im Ausland einen Dienst leisten) geworden, die mit Eirene in Afrika, Nord- und Südamerika, in Asien sowie in Westeuropa und den USA einen Auslandsdienst absolviert haben.

Die Wurzeln von Eirene

Eirene wurde 1957 von den historischen Friedenskirchen der Mennoniten und Brethren sowie vom Internationalen Versöhnungsbund gegründet. Mitbegründer war Pfarrer André Trocmé, der im zweiten Weltkrieg mit seiner Gemeinde gewaltfreien Widerstand leistete gegen den Befehl, jüdische Mitmenschen auszuliefern. Tausenden von ihnen wurde damals das Leben gerettet.

Diese Option für Gewaltfreiheit, Arbeit an den Menschenrechten und für die Versöhnung (zum Beispiel zwischen den Ex-Contras und Sandinisten in Nicaragua, zwischen Protestanten und Katholiken in Nordirland, bei gewalttätigen Auseinandersetzungen im Niger) ist prägender Bestandteil unseres Selbstverständnisses geblieben.

Die eigenen Kräfte stärken

Der Friedensdienst in den Projekten soll Zeichen für ein partnerschaftliches Verhältnis zwischen Nord und Süd, zwischen Nord und Nord und zwischen Süd und Süd sein. Durch die Dienste wird der Austausch zwischen Basisgruppen des Nordens und des Südens gefördert.

203

Mit unseren Projektpartnern suchen wir nach Wegen gemeinschaftlicher und selbstgetragener Entfaltung der Menschen im Einklang mit der Wirtschaft, Kultur und Tradition der jeweiligen Region. Unser entwicklungspolitischer Ansatz ist mit den Begriffen der ›Autopromotion‹ (gemeinschaftliche Selbstförderung) und ›Educacion popular‹ (Volkserziehung) beschreibbar.

Im Süden unterstützen wir finanziell verschiedenste Entwicklungsprojekte (zum Beispiel den Aufbau eines unabhängigen Behindertenverbandes im Tschad oder das landwirtschaftliche Projekt ›Bauern lernen von Bauern‹ in Nicaragua) und entsenden EntwicklungshelferInnen.

Im Norden arbeiten Eirene-Freiwillige in den USA zum Beispiel mit Obdachlosen- und Flüchtlingsinitiativen, in Frankreich und Belgien mit den sog. ›Archegemeinschaften‹ nach Jean Vanier, in denen Behinderte und Nicht-Behinderte familiär zusammenleben.

Im Inland haben sich die Eirene-Mitarbeiterinnen und Mitarbeiter in der Geschäftsstelle von Neuwied entschieden, ihre Löhne einheitlich zu begrenzen als Zeichen der Bereitschaft zum Teilen und als Zeichen der Glaubwürdigkeit gegenüber unseren Partnern und Freiwilligen in Süd und Nord. Zudem bemühen sie sich um eine verstärkte Öffentlichkeits- und Lobbyarbeit, mit der notwendige strukturelle Veränderungen im Norden angestoßen werden sollen.

Internationaler Christlicher
Friedensdienst e.V.
Postfach 1322
56503 Neuwied

Tel.: 02631/8379-0
Fax: 02631/31160

http:\\www.eirene.org

Bank für Kirche und Diakonie Duisburg
Konto-Nr. 1011380014 (BLZ 35060190)

**Bitte beachten Sie
die nachfolgenden
Seiten**

Andreas Buro

Totgesagte leben länger:
Die Friedensbewegung
Von der Ost-West-Konfrontation
zur zivilen Konfliktbearbeitung

ca. 200 Seiten,
24,80 DM / 181,00 ÖS / 23,00 sFr

ISBN 3-929522-42-X

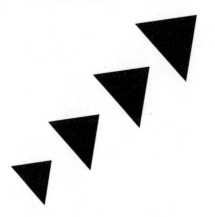

»Wo ist die Friedensbewegung?« fragte manch einer höhnisch mit Blick auf die Kriege im ehemaligen Jugoslawien. Die angebliche Untätigkeit der Friedensbewegung dient hervorragend der Verschleierung eigener Ratlosigkeit.

Andreas Buro, einer der herausragenden Vertreter der deutschen Friedensbewegung, legt mit diesem Buch eine beeindruckende Antwort vor.
In knappen und gut lesbaren Beiträgen greift er jene Konstellationen auf, die für den friedenspolitischen Diskurs wesentlich waren, so z. B. das Ende der Blockkonfrontation, die Kriege im ehemaligen Jugoslawien, die ›Neue NATO‹ und den Mythos von der ›humanitären Intervention‹. Wo ihren Kritikern meist nur der zur Lösung von Konflikten untaugliche Ruf nach militärischer Intervention der NATO einfällt, versucht die Friedensbewegung mit ihren bescheidenen Mitteln praktische Überlebenshilfe zu leisten und Initiativen für zivile Konfliktbearbeitung zu ergreifen. Buros Analysen bieten Orientierung in einer sich rasant verändernden weltpolitischen Situation und zeigen auf, warum die Friedensbewegung heute vielleicht wichtiger ist als jemals zuvor.

Probleme des Friedens im Abo

4 Bücher zu aktuellen Fragen der Friedensbewegung für 50 DM im Jahr

Wenn Sie dieser Band noch nicht überzeugt hat, senden wir Ihnen gerne ein (älteres) Probeexemplar.

KOMZI Verlags GmbH • Magdeburgstraße 11 • 65510 Idstein
Tel 0 61 26/ 36 03 • Fax 0 61 26/ 33 50 • email KOMZI@t-online.de